EUROPAVERLAG**BERLIN**

Ludger Volmer

KRIEGS
GESCHREI

und die Tücken
der deutschen Außenpolitik

EUROPAVERLAGBERLIN

Für Robin
und die anderen von der Grünen Jugend

FSC
Mix
Produktgruppe aus vorbildlich
bewirtschafteten Wäldern und
anderen kontrollierten Herkünften
Zert.-Nr. GFA-COC-1223
www.fsc.org
© 1996 Forest Stewardship Council

© 2013 Europa Verlag GmbH, Wien · Berlin · München
Umschlaggestaltung: Hauptmann & Kompanie Werbeagentur
Satz: BuchHaus Robert Gigler, München
Druck und Bindung: cpi Clausen & Bosse, Leck
ISBN 978-3-944305-24-0

www.europa-verlag.com

Nichts Bessers weiß ich mir an Sonn- und Feiertagen
Als ein Gespräch von Krieg und Kriegsgeschrei,
Wenn hinten, weit, in der Türkei,
Die Völker aufeinander schlagen.
Man steht am Fenster, trinkt sein Gläschen aus
Und sieht den Fluss hinab die bunten Schiffe gleiten;
Dann kehrt man abends froh nach Haus,
Und segnet Fried und Friedenszeiten.

Goethe in *Faust I*

Inhalt

Was steht uns in der Welt bevor
Kriegsrecht ausrufen in Osttimor
Staatsminister Ludger Volmer mahnt Djakarta
Hört sofort auf, sonst wird es hart da.

(Rappender Zeitungsverkäufer, zitiert nach
R. W. B. McCormack, *Mitten in Berlin*[1])

Vorwort

Vor 30 Jahren zogen die Grünen zum ersten Mal in den Deutschen Bundestag ein, vor 15 Jahren kam es zur ersten rot-grünen Koalition auf Bundesebene. Die Partei, die aus der Friedensbewegung entstanden war, musste nun auch praktisch Außenpolitik betreiben. Und war sofort mit dem Schlimmsten konfrontiert: Kriegsgeschrei auf dem Balkan, lebensfeindliche Dschihadisten, Gotteskrieger aus Texas. Daneben schwierige Zeitgenossen in Kuba und Kolumbien, Libyen und Jemen, Nordkorea und Kambodscha. Eskalierende Konflikte zwischen Israel und Palästina, Eritrea und Äthiopien. »Privatisierte Gewalt«, Kriegsökonomien, Staatszerfall und organisierte Kriminalität begannen zwischenstaatliche Kriege als Hauptproblem der Sicherheits- und Friedenspolitik abzulösen. Wie haben sie sich bewegt – die rot-grünen Akteure – in der gefahrvollen Unübersichtlichkeit nach dem Ende des Kalten Krieges? Haben sie ihre Prinzipien verraten? Haben sie versagt? Oder haben sie angesichts schwierigster Bedingungen versucht, ihre Vision von der »Zivilmacht Deutschland« zu behaupten? Unserem Land internationale Anerkennung verschafft? Deutschland – nicht Teil des Problems, sondern Teil der Lösung?

Zur Außenpolitik der rot-grünen Bundesregierung wurde vieles geschrieben, Bücher, Abhandlungen, Essays, gute und flache, nachdenkliche und egomanische. Es gibt scheinbare Gewissheiten und offene Kontroversen. Als Staatsminister im Auswärtigen Amt[2] und außenpolitischer Sprecher der grünen Fraktion steckte ich meist mittendrin, erlebte das Entstehen von Krisen, die Angst und Verunsicherung der betroffenen Menschen, die politische Entscheidungsfindung mit ihren Zweifeln und Dilemmata, die praktische Diplomatie und das Ringen um Konzepte. Seite an Seite mit Bundeskanzler Gerhard Schröder, mit Außenminister Joschka Fischer, mit dem Staatsminister und späteren EU-Kommissar Günter Verheugen, der von Christoph Zöpel abgelöst wurde, mit dem Kanzleramtschef und späteren Außenminister Frank-Walter Steinmeier, mit zahlreichen Diplomaten des Auswärtigen Amtes und internationaler Organisationen, in Kooperation mit Kollegen aus dem Deutschen Bundestag, Experten von Nichtregierungsorganisationen und Parteifreunden. Viele haben Ähnliches erlebt wie ich, manche Wichtigeres, einige ihre Erinnerungen niedergeschrieben. Was fehlt, ist ein Blick hinter die Kulissen, auf Themen, die nicht in der Tagesschau auftauchten, auf die menschliche Dimension der historischen Ereignisse.

Meine Erfahrungen als Staatsminister habe ich zunächst nur zum Eigengebrauch notiert. Freunde, Studierende, Neugierige, denen ich davon erzählte, forderten mich auf: Das musst du unbedingt weitergeben, das darf nicht verloren gehen! Vieles davon ist nicht bekannt, manches vielleicht bedeutsam. Also habe ich die Spuren gesichert.

Anders als meine Schrift »Die Grünen und die Außenpolitik«, mit der ich die »Ideen-, Programm- und Ereignisgeschichte« dieser Partei von der Entstehung bis zum Eintritt in die Bundesregierung nachgezeichnet habe,[3] handelt es sich bei dem vorliegenden Buch nicht um eine wissenschaftliche Abhandlung. Dennoch ist es eine Art Fortsetzung, mit anderen Mitteln. Was dieses Buch anbieten möchte, sind in erster Linie persönliche Schilderungen, durchzogen allerdings vom Versuch historischer Einordnung und politikwissenschaftlicher Analyse, subjektive Geschichten als Beitrag zur objektivierten Geschichtsschreibung. Andere Akteure mögen die Dinge anders interpretieren. Es geht nicht um Enthüllung oder Entlarvung, wie manch einer vielleicht von mir erhofft. Doch auch Neues und Überraschendes wird sichtbar, im Großen wie im Detail. Manche Einschätzung widerspricht den kursierenden Deutungen, die zu Gewissheiten zu werden drohen. Auf jeden Fall habe ich nicht versucht, meine Erfahrungen diplomatisch zu verklausulieren. Vielleicht können die kleinen Beiträge den Blick auf die Ereignisse verändern, bevor diese zu falschen Geschichtsbildern gefrieren.

Berlin, im Juli 2013

1
Die letzte Schlacht der Veteranen
(Afrika und der Krieg zwischen Eritrea und Äthiopien)

Der Jetstream, verquirlt mit aufsteigender feuchtwarmer Mittelmeer- und heißer Saharaluft, wirft unsere kleine Challenger hin und her wie eine Kugel in der Lostrommel. Der Steuerzahler möge bitte nicht glauben, Politiker hätten in den Maschinen der Bundeswehrflugbereitschaft ein Luxusleben. Stundenlang werden wir kräftig durchgeschüttelt. Selbst für Vielflieger ist dies ungewöhnlich. An Essen oder Lesen ist nicht zu denken. Auch die Unterhaltung erstirbt. Dabei sind wir auf Friedensmission.

Zwischen Eritrea und Äthiopien droht Krieg. Seit Monaten rasseln beide Seiten mit dem Säbel und haben Truppen an der umstrittenen Grenze in Stellung gebracht. Steht ein weiterer verheerender Waffengang in einer Region bevor, die nicht zuletzt kriegsbedingt von Dürrekatastrophen heimgesucht worden war? Sollten erneut Hunderttausende ihr Leben lassen müssen?

Die Europäer wollten versuchen, den drohenden Krieg am Horn von Afrika in letzter Minute abzuwenden. Deutschland hatte die EU-Präsidentschaft inne, als Staatsminister leitete ich die »Troika-Mission«, begleitet von Kollegen aus Österreich[4] und Finnland. So waren wir nun, im Februar 1999, unterwegs in die Hauptstädte der verfeindeten Bruderstaaten. Gemeinsam hatten diese die von der Sowjetunion unterstützte Diktatur Mengistus in Äthiopien gestürzt. Dann war der Bruderkrieg ausgebrochen, Eritrea hatte sich – mit viel deutscher Sympathie – abgespalten. Nun stritten sich die einstigen Kampfgefährten um ein nutzloses Stückchen Land an der ungenau vermessenen, wüstenhaften Grenze. Aus europäischer Sicht grotesk.

Aber was verstehen wir Europäer schon von Afrika? Im Gerüttel über den Wolken führen meine Gedanken mich zurück zu meinen ersten Reisen südlich der Sahara. Damals noch als Student, Rucksacktourist, Low-Budget-Traveller. 1978 hatte ich einige Wochen lang einen Freund in Obervolta (heute Burkina Faso) begleitet, der dort im Auftrag des Deutschen Entwicklungsdienstes DED medizinische Geräte reparierte. Die deutschen Hightech-Apparate konnten die kompliziertesten Krankheiten diagnostizieren; nur fehlte hier im Sahel jede Möglichkeit, sie zu heilen. Unnütze Investitionen, die Sandstürmen, Monsunregen und Rattenfraß nicht gewachsen waren. Einfache Dinge wie Pflaster und Kanülen fehlten hingegen.

Sein Wohnkollege, ein einsilbiger Förster, stemmte sich der Desertifikation entgegen. Setzlinge – Reihe um Reihe – pflanzte er im Kampf gegen den nach Süden wandernden Sand. Eine Sisyphusarbeit. Wenn die letzte Reihe fertig war, verschwand die erste schon wieder im Sand. Eine andere Helferin, gelernte Krankenschwester, versuchte eine Basisgesundheitsstation an der Siedlungsgrenze zu errichten. Wenige Wochen nach unserem Besuch erlitt sie bei einem Unfall auf der sandigen Buckelpiste eine Querschnittslähmung.

Vieles hatte ich damals über den Sinn und Unsinn von Entwicklungshilfe gelernt und über vieles andere mehr, als ich solo weiter durch Westafrika reiste. Tagelang hockte ich auf Pritschen von »Buschtaxis«, abenteuerlich überladen mit Oma und Opa, Kind und Kegel, Koffern und Kisten, Säcken und Ziegen, verbrachte Nächte auf der stockdunklen Straße oder in lokalen Herbergen oft fragwürdiger Qualität. Kaum jemand verstand Englisch – außer in Ghana –, ich selbst sprach kein Französisch, lokale Sprachen beherrschte ich erst recht nicht. Mal half mir ein Tuareg aus dem Norden, mal ein afrikanischer Student auf Heimaturlaub. Doch meist war ich auf mich allein gestellt.

Lange vor der Zeit im Bundestag konnte ich so die ersten persönlichen Eindrücke von Afrika gewinnen. Sicher, bereits seit Jahren hatten wir an den Universitäten die afrikanischen Befreiungsbewegungen mit politischen Resolutionen und Geldsammlungen unterstützt, kannten Historie und Landkarte einigermaßen. Aber die Alltagserfahrung war neu und befremdlich, selbst die vordergründige Ästhetik: die Menschen braun, die Erde rot, die Flüsse gelb. Doch ein kleiner Kulturschock kann ganz heilsam sein. Er befreit von der Seuche des »Eurozentrismus«. Den eigentlichen Schock hatte ich bereits im Kindergarten, Mitte der 1950er Jahre, erlitten. Die katholische Ordensschwester, die auch schon einmal ein Kind blutig schlug, das beim Beten aus der Reihe tanzte, ließ uns Schwarz-Weiß-Filme aus dem Land der »Heiden« zeigen: Ein Krokodil fraß ein Kind, das nicht schnell genug davonsprang. Ein Mann stach einem Gefangenen mit einer glühenden Lanzenspitze die Augen aus. So ging es zu bei den Gottlosen. Die traumatisierenden Bilder sollten uns Kleinkinder anhalten, für die Heiden zu beten und einen Groschen in das »Nickemännchen« zu werfen, eine Spardose, bei der ein »Negerkind« mit dem Kopf wackelte, wenn es eine milde Gabe für die Mission kassiert hatte. Das Mittelalter war in Europa noch nicht ganz vorbei.

Zurück in die afrikanische Moderne 1978. Ein großes Transparent war über die Hauptstraße von Lomé gespannt: »Togo grüßt den Präsidenten von Deutschland.« Gemeint war Franz-Josef Strauß, dessen Besuch bevorstand. Jeder dort wusste, dass er mit dem Diktator Eyadema nicht nur beste Beziehungen pflegte, sondern mindestens indirekt an einer großen Viehfarm und Schlachterei beteiligt war.

»Super Wuarst giptet da.« Den Tipp gab ein Fernfahrer aus Schalke, der gerade einen Truck überführte. Ich stamme aus Schalke. Die Welt ist klein – einerseits. Andererseits überlagern sich Epochen. »Ungleichzeitigkeit« nennt das die Philosophie: Als ich den Verkaufsraum betrat, kam mir der rosagesichtige Fleischermeister im weißen Kittel entgegen, drückte mich an die Brust und stammelte: »Landsmann, willkommen.« Wie zu Zeiten Gustav Nachtigals.[5]

Sah ich so deutsch aus mit dem wilden Studentenbart, den langen Haaren und dem Maisstrohhut vom lokalen Markt? Übernachten wollte ich – so hatte mein Freund es empfohlen – im Gästehaus des Deutschen Entwicklungsdienstes DED. Doch dort komplimentierte man mich nächsten Tags hinaus. Keine Gammler! Nicht deutsch genug! So nahm ich Quartier in der alten Seemannsmission, die noch aus der Zeit stammte, als die »Deutsche Afrika Linie« von Hamburg aus dorthin dampfte. In der Nähe lag das einzige Touristenhotel – leer, zu teuer, außer Betrieb –, in der Personalkantine der einzige Fernseher weit und breit. Der »Hang zum Küchenpersonal« lohnte sich in diesem Fall einmal mehr, denn dort konnte man das WM-Endspiel Argentinien gegen die Niederlande verfolgen. Als einziger Europäer unter Afrikanern verhielt ich mich strikt neutral. Die Einheimischen übten geschlossen Dritte-Welt-Solidarität mit den Vertretern des südamerikanischen Militärregimes.

Über 20 Jahre später saß mir im Auswärtigen Amt der togoische Außenminister gegenüber. Eyadema klammerte sich immer noch an die Macht, immer noch gestützt durch die CSU-nahe Hans-Seidel-Stiftung. Die togoische Opposition wurde im Wahlkampf geschurigelt, und dafür warb der Diplomat nun um deutsche Unterstützung. Erinnerungen an Wilhelm Zwo und Franz-Josef wurden mobilisiert: »Wir waren doch immer gute Freunde.« Ich klärte ihn auf, dass Rot-Grün weder der deutschen noch der bayerischen noch der togolesischen Monarchie verpflichtet sei. Faire Bedingungen für alle Parteien, forderte ich. Der Ton wurde rauer. Zum ersten Mal seit Ausrufung des deutschen Protektorats 1884 wurden Togos Machthaber von Deutschland schlecht behandelt. Die andere Seite schien höchst irritiert und verließ mit zerbeultem Weltbild das Hauptquartier der vermeintlichen Schutzmacht. Kurz darauf empfing ich demonstrativ den togoischen Oppositionsführer, für dessen Haftentlassung ich mich eingesetzt hatte. Wir sprachen über eine Demokratisierung des Landes. Die erfahrene und engagierte Afrikabeauftragte des Auswärtigen Amtes sondierte danach eine gemeinsame Strategie mit Frankreich. Aber in der Frankophonie hat unser europäischer Freund seine eigenen Interessen. Sich mit Frankreich wegen Afrika streiten – das wollte unser Außenminister Joschka Fischer nicht.

Zurück nach Westafrika 1978. Der Neokolonialismus trug damals viele Gesichter. Nebenan, in Cotonou, der Hauptstadt Benins, verkündete das rote Transparent: »Der Sozialismus ist unser Ziel, der Marxismus-Leninismus ist unser Weg.« Im Restaurant ertönte zur Begrüßung die »Internationale« aus der Musikbox. Und beim Spaziergang durch die warme, blaue afrikanische Juninacht schmeichelten sich sanft helle Kinderstimmchen ins Ohr. Auf Deutsch. Aus dem Kulturzentrum, gesponsert von der DDR, erklang: »Stille Nacht, heilige Nacht«.

Einige Tage später, in Ghana, geriet ich in eine Revolution. In dem angegammelten Hotel in der Hauptstadt Accra war ich der einzige Übernachtungsgast, doch unten, im Saal, saßen und diskutierten zahlreiche finster und entschlossen dreinblickende junge Männer. Mir wurde mulmig des Nachts, und ich fragte mich, warum sie mich überhaupt hineingelassen hatten. Es war klar, dass ich von hier besser zu verschwinden hatte, und so machte ich mich am nächsten Tag auf zur Elfenbeinküste.

Jahre später las ich über diese Zeit im »Handbuch der Dritten Welt«: »Eine Clique oberster Militärs und ihre Komplizen bereicherten sich auf Kosten aller anderen gesellschaftlichen Gruppen hemmungslos und führten dabei die Ökonomie in den Ruin.«[6] Diese Beschreibung konnte ich aus eigenem Erleben nur bestätigen! Noch nie hatte ich eine so heruntergekommene Stadt wie Accra gesehen. Die Straßen waren leer, die Märkte geschlossen, das Hotel ohne Wasser und Licht. Beim Grenzübertritt von Togo nach Ghana hatte ich einen Großteil meiner Reisekasse investieren müssen. Das Buschtaxi mit meinem Rucksack war schon hinübergewinkt worden. Mich wollte man nicht hineinlassen. »Wo ist Ihr Visum?« Ich wusste, dass keines nötig war. Es kostete viele Dollar, eins zu »kaufen«. Am Tag meiner Weiterreise zur Elfenbeinküste explodierte die Lage. »Palastrevolte« von bisherigen Komplizen der herrschenden Clique, die sich übervorteilt gefühlt hatten, steht in dem Buch. Es müssen die Männer aus dem Hotel gewesen sein …

Doch im Verborgenen wuchs in diesen Tagen des Sommers 1978 auch Großes heran in Ghana. Eine gewisse Frau Asamoah ging schwanger mit ihrem künftigen Sprössling Gerald, den wir 20 Jahre später »Auf Schalke« bejubeln konnten. Beim Sommermärchen 2006 machte er sich als Rechtsaußen und DJ im deutschen Nationaldress für das Land verdient, das nicht sein Vaterland war. – Ein anderer ging wenige Jahre nach Geralds Geburt zurück von Deutschland nach Ghana. Mein alter Studienfreund James Dankwa, den wir Gelsenkirchener Ende der 70er Jahre als Leiter unseres selbst erkämpften Jugendzentrums angeheuert hatten, wurde von Leutnant Rawlings nach erfolgreichem pro-demokratischem Putsch ins ghanaische Erziehungsministerium berufen. Das Echo seines überirdisch tönenden, breiten Lachens hallt heute noch durch die Katakomben des alten Hochbunkers, der das Jugendzentrum beherbergte. Ob er in Accra auch für Geralds Erziehung zuständig war?

Mich selbst trieb es weiter, Richtung Abidjan. Ein alter VW-Bus – keine Fensterscheiben, die Fensterholme durchgerostet, sodass wir Fahrgäste das Dach, das nur noch an den vorderen Streben hing, mit den Händen über unserem Kopf halten mussten – brachte uns auf den Hügel vor der Grenzlagune, die zu überqueren war. Der Motor spotzte und verstarb, der Fahrer schob das Gefährt an, sprang auf seinen Sitz, und ohne Sprit rollten wir bergab. Unten angekommen, bekam der Veteran einen Tritt, galt als ausgemustert und zierte fortan als Schrotthaufen die Landestelle der Piroge, die zur Elfenbeinküste übersetzte.

Dort spürte ich die extreme Überbewertung afrikanischer Währungen am eigenen Leib. Ein westafrikanischer Franc sollte zehn Dollar kosten. Der wirkliche Wert auf dem Schwarzmarkt: zehn Franc für einen Dollar! Ich konnte mir nur eine einzige Übernachtung leisten, nicht in einem der großen Hotels Abidjans, nicht in der Herberge, nur einen »private room« in einem Slum, in einer fensterlosen Lehm- und Blechhütte, mit einem abgebrannten Kerzenstummel auf dem mit Wachsflecken übersäten Boden, bewohnt von vielen kleinen Tierchen, ausgestattet mit einer morschen Holzpritsche und mit schlammig-gelber Brühe aus einem Wasserloch für die Morgentoilette. Kein Environment für einen sperrmüllverwöhnten europäischen Studenten – und so rettete ich mich mit der Eisenbahn, chiligepfefferte zähe Hühnerflügel kauend, zurück nach Bobo-Dioulasso, ins Buschland Obervoltas.

Vom Bahnhof fuhr ich mit dem Taxi (»Vorsicht, Kopfjäger«, hatten einige Weiße mich zu erschrecken versucht) an den Stadtrand, dort – keine Menschenseele weit und breit – lungerte ich bis zum Sonnenuntergang herum, wartete auf den Lkw nach Diebougou. Er kam tatsächlich, und plötzlich quollen aus den Hütten und Gassen Mensch und Tier, enterten die Ladefläche, zogen mich hinauf, und so, zwischen Leibern und Säcken auf einem Bein stehend, halb über das Führerhaus gelehnt, fuhr ich, das Kreuz des Südens vor Augen und den tief hängenden Ästen ausweichend, stundenlang durch die afrikanische Nacht.

Angekommen in einer dörflichen Arztpraxis, vom DED betrieben, folgte eine wunderbare Übernachtung auf der offenen Terrasse. Ein Moskitonetz gegen Insekten und die Speikobra, die dort zu Hause war; die Pfosten des Feldbetts in Ölschälchen gegen Krabbeltiere. Aus den Dörfern ringsum tönte die ganze Nacht der Klang der Bongos. Paradiesisch. Aber die Arztpraxis! Kein Strom, keine Medikamente, kein Pflaster, nichts. Was tat das Arztehepaar den ganzen Tag, wenn es schon nicht behandeln konnte? Es ging in die Lehre, beim dörflichen Medizinmann. Lernte Kräutermedizin für das sich alternativ-ökologisch entwickelnde Heimatland.

Mein neu entdecktes entwicklungspolitisches Interesse hatte ich genutzt, um die Werke von Julius Nyerere zu studieren, und so bereiste ich ein Jahr später samt Freundin[7] einige Wochen lang Tansania. Wieder benutzten wir lokale Busse, übernachteten in schlichten Unterkünften, fuhren mit einheimischen Führern durch die Serengeti und bestiegen den Gipfel des Kilimandscharo. Besuch in Bagamoyo, der alten Sklavenhalterstadt am Indischen Ozean. Ein alter Mann erhob sich aus dem Schatten eines Baumes, kam auf uns zu, umschlang meine Knie und bedankte sich auf Deutsch (!) dafür, dass die Deutschen ihn aus der Sklaverei befreit hätten! Er war einer von Lettow-Vorbecks[8] überlebenden Askari.

Dann der Besuch in Dodoma, der politischen Hauptstadt. Am Stadtrand wurden wir verhaftet. Plötzlich waren wir von schwer bewaffneter Polizei umstellt, wurden in einen Jeep gestoßen und fanden uns auf der Wache wieder – als mutmaßliche südafrikanische Spione, wie wir später erfuhren. Wir hatte nur ein Landschaftsfoto gemacht, standen dabei aber unwissentlich mit dem Rücken zu einem Gefängnis, in dem die Todesstrafe vollzogen wurde. Nach langen Verhören, anfangs feindselig, am Ende des Tages fast kumpelhaft, wurden wir vom Polizeipräsidenten mit den besten Wünschen freigelassen.

Eine weitere politische Lektion folgte. Wir gingen zum Gebäude der Staatspartei Chama-Cha-Mapinduzi, um es zu fotografieren. Diesmal aus reinem Trotz, denn es war verboten. Vor der Tür wurden wir von einem eleganten Herrn angesprochen: »Aus Deutschland? Politikstudenten? Kommen Sie herein. Ich kenne Willy Brandt.« Er war der außenpolitische Beauftragte der Einheitspartei Tansanias. Dann bekamen wir Privatunterricht. Über Kolonialismus und Neokolonialismus, über Brandts Nord-Süd-Bericht: Sozialdemokraten wollten die Verhältnisse nur abmildern, um effektiver ausbeuten zu können. Das klang damals, 1979, nicht schlecht für kritische Studenten, die die Gründung der »Grünen« betrieben. Heute bin ich stolz, dass Brandt mit mir später im Bundestag plauderte und ich mit seinen Getreuen Egon Bahr, Horst Ehmke, Hans-Jürgen Wischnewski und Karsten Vogt zusammenarbeiten konnte. Doch der Tansanier geriet damals in Rage: Hätten die Afrikaner Atomwaffen, dann müsste Europa sich hüten! – Die Friedensbewegung hatte noch allerhand zu tun.

Im Bundestag war ich später oft mit Afrika befasst; mein Lieblingsthema. Aber der Geschäftsverteilungsplan machte meine Kollegin Uschi Eid hauptzuständig. Zusammen mit sechs anderen Grünen – Petra Kelly, Gert Bastian, Willi Hoss, Eberhard Bueb, Hannegret Hönes und Lukas Beckmann – hatten wir im September 1985 die deutsche Botschaft in Pretoria 48 Stunden lang besetzt gehalten, um gegen die Apartheid zu protestieren. In Deutschland spielte die Presse die Aktion herunter. Nur nichts Interessantes über die Grünen berichten! In Südafrika waren die Zeitungen voll von Meldungen über unsere Protestaktion. Von den rechtsradikalen Buren erhielten wir Morddrohungen, von Bischof Tutu, dem Friedensnobelpreisträger, eine Einladung.[9] Der Geschäftsträger der Botschaft hatte nach Überwindung des Misstrauens Sympathien signalisiert, was seiner Laufbahn im Auswärtigen Amt nicht gut bekam. Denn der abwesende Botschafter war ein konservativer Knochen und Außenminister Genscher nicht gerade die Speerspitze der Anti-Apartheid-Bewegung. Als Staatsminister konnte ich den Karriereknick, den die Aktion den Diplomaten gekostet hatte, später halbwegs wieder ausbügeln.

All diese alten Geschichten schwirrten mir nun durch den Kopf, als wir, im Februar 1999, in 10 000 Metern Höhe über die Sahara hinwegflogen mit dem Ziel Addis Abeba. Unser Quartier dort war ein Luxushotel aus rotem Marmor, außerhalb der Stadt gelegen, eine Kathedrale in der Wüste. Ein absurder Kontrast zur Tatsache, dass Äthiopien eines der ärmsten Hungergebiete Afrikas war. Aber Addis war auch Sitz der Organisation für Afrikanische Einheit (OAU), der heutigen Afrikanischen Union.

Hier lag auch das afrikanische Krisenverhütungszentrum, schlecht ausgerüstet mit zusammengestückelten Computerbauteilen. Doch selbst wenn von hier aus die Lage auf dem Kontinent einigermaßen realistisch analysiert und beurteilt werden konnte, die Handlungsmöglichkeiten waren dürftig. Wer sollte eigentlich wo eingreifen? Es fehlte an allem, vom politischen Willen über Konzepte bis hin zu Transportkapazitäten. Meine Inspektion der von Deutschland mitfinanzierten Einrichtung führte zu dem Ergebnis, dass man eine dezentrale, regionale Sicherheitsstruktur brauchte. Im südlichen Afrika gab es bereits eine Kooperation der Staaten. Auch hier intensivierten wir Zusammenarbeit und Finanzierung. Zudem regte ich die Gründung eines Friedenszentrums in Westafrika an. Einige Jahre später konnte Bundeskanzler Schröder dort in Ghana das Kofi-Annan-Zentrum eröffnen.

Die politischen Gespräche in Addis über den bilateralen Konflikt mit Eritrea verliefen nicht unfreundlich. Staatschef Meles Zenawi machte seinen Standpunkt deutlich: Er sei friedliebend, wolle eine friedliche Lösung des Grenzkonflikts, allein die andere Seite sei hinterhältig und angriffslustig, und dagegen müsse man sich wappnen: »Der Krieg ist unvermeidlich, den anderen ist nicht zu trauen.« Wir Europäer zogen alle Register, wir versuchten zu überzeugen und zu überreden, zu appellieren und zu locken. Wir boten mehr Entwicklungs- und Finanzhilfe an. Wir betonten die Chancen einer Vermittlung durch die OAU, eines UNO-Schiedsspruchs über die Grenzziehung, den beide Seiten akzeptieren sollten. Als alles nicht zu verfangen schien, versuchten wir es unfreundlich, indem wir Zenawi ins Unrecht setzten: »Die Menschen in Europa sammeln jährlich Millionen, um den Hunger hier zu besiegen, und ihr macht mit euren Kriegen die Landwirtschaft kaputt.« Wir argumentierten geduldig, wir argumentierten ungeduldig. Es half nichts. Wir drei von der Troika hatten dasselbe Gefühl: Sie hatten mit uns geredet, weil es diplomatisch geboten war, aber der Wille zum Krieg war nicht zu brechen.

Wie hatten die zu Gewissheiten gewordenen friedenspolitischen Theorien gelautet? Wenn zwei Seiten nicht mehr miteinander reden können, muss die internationale Gemeinschaft vermitteln. Kriege sind verhinderbar, wenn durch Mediation ein friedlicher Interessenausgleich zwischen den Parteien geschaffen wird. Anreize von außen können die Konfliktparteien zu der Einschätzung führen, der Friede brächte mehr Vorteile als ein Krieg. Internationale Beobachter, Blauhelmsoldaten, könnten einen Konflikt unter die Eskalationsschwelle militärischer Gewalt drücken.

Genau so hatten wir verhandelt. Aber Addis hatte auf stur geschaltet. Deshalb hofften wir auf den Durchbruch in Asmara, der eritreischen Hauptstadt. Wenn wir Eritrea, den Liebling Europas, überzeugen könnten, einem OAU- oder UNO-Friedenskonzept zuzustimmen, müsste Äthiopien von seinem Feindbild Abschied nehmen. Doch in Asmara lief spiegelverkehrt dasselbe ab. Die Gespräche verliefen in freundlicher Atmosphäre. Staatschef Afewerki erklärte seinen Standpunkt: »Ich bin friedliebend« etc. ... Das kannten wir bereits; wörtlich der Sermon vom Tag zuvor. Die Troika hatte den gleichen Eindruck wie in Addis. Auch hier waren sie zum Krieg entschlossen.

Eine interessante Beobachtung am Rande: Die deutsche Botschafterin in Addis und der Botschafter in Asmara, beide erfahrene Diplomaten, tendierten jeweils zur Sichtweise ihres Gastlands. Eine bekannte diplomatische Falle: Botschaften sollen einen guten Draht zum Gastland herstellen und dessen Interessen und Motive verstehen lernen. Doch dabei kann die innere Distanz verloren gehen. Vor allem, wenn man die Interna der Nachbarstaaten nicht ebenso gut kennt. Deshalb dürfen Botschafter nur wenig eigenmächtig entscheiden. Sie berichten an die Zentrale in Berlin. Dort, im Auswärtigen Amt, wird aus den unterschiedlichen Informationen eine Politik entwickelt, die alle Länder einer Region umfasst. Sie geht als Weisung zurück an die einzelnen Botschafter. Aber mancher Widerspruch lässt sich nicht einfach auflösen. Und die indirekte Kommunikation der Botschaften einer Region via Berlin ist zu schwerfällig. Deshalb griff Außenminister Joschka Fischer nach den geschilderten Erfahrungen meinen Vorschlag auf, Regionalkonferenzen einzuführen, bei der die Botschafter einer Region an einen Tisch kommen, um ihre Sichtweisen auszutauschen – ein enormer Gewinn für die Außenpolitik.

Abends in Asmara der typische Botschaftsempfang. Auch beim Cocktail versuchten wir, die Eritreer zum Einlenken zu bewegen. Vielleicht würde ja Alkohol plus Kumpanei plus Philosophie helfen. Es wurde unter Sicherheitspolitikern viel darüber gemutmaßt, welche Interessen denn wirklich hinter dem Konflikt stünden. Anders als im Kongo gab es hier keine Rohstoffe, keine Interessen ausländischer Konzerne, keine Einmischung von Großmächten, die hier Stellvertreterkonflikte austrugen. Manche meinten, das Binnenland Äthiopien wolle einen freien Zugang zum Meer erkämpfen, unabhängig sein vom islamisch geprägten Dschibuti und zerfallenen Somalia. Eritrea habe einen Hafen, aber der äthiopische Chef wolle gegenüber dem eritreischen nicht als Bittsteller dastehen. Es gehe ihm ums Prestige, auch um sich innenpolitisch als Oberhäuptling behaupten zu können.

Ein Phänomen, das wir aus vielen Entwicklungsländern kennen. Ehemalige Rebellenführer, die erfolgreich Diktaturen oder ausländische Besatzungsmächte vertrieben haben, werden zu Staats- und Regierungschefs. Aber ein Militärführer ist nicht unbedingt ein guter Staatsmann und Wirtschaftsführer. Ein Demokrat schon mal gar nicht. Er hat gelernt, in den Kategorien militärischer Macht zu denken und zu handeln. Kompromisse gelten als Zeichen von Schwäche, nicht von Weisheit. Kein Gedanke, dass auch der Gegner einmal recht haben könnte. Innenpolitischer Demokratiemangel, dazu die afrikanische Ehrfurcht vor den Chiefs verfestigen das Imponiergehabe. Wenn der Anführer klug ist, lässt er sich zum Präsidenten mit rein repräsentativen Aufgaben wählen und ernennt einen fähigen Regierungschef.

Bill Clinton hatte gerade Afewerki und Meles sowie die Chefs aus Uganda, Museveni, und Ruanda, Kagame, als die vier großen Hoffnungen Afrikas herausgestellt. Die Adelung schien diesen Herren zu reichen. Die Vorschusslorbeeren halfen, sich intern an der Macht zu halten, doch der Kredit wurde nie abgelöst. Museveni startete zwar eine ehrgeizige Anti-Aids-Kampagne, stoppte aber nicht seinen Bruder, der mit Truppen tief in den Kongo einfiel, um sich an dessen Diamanten gütlich zu tun. Kagame schützte zwar die Tutsi, die Opfer eines Völkermords geworden waren. Aber seine als Vorwärtsverteidigung getarnte Besetzung der Grenzregion des Kongo destabilisierte dieses afrikanische Herzland und wurde Teil des Problems. Und jetzt waren die beiden anderen Hoffnungsträger dabei, einen der überflüssigsten und dümmsten Kriege der Neuzeit mutwillig vom Zaun zu brechen.

Der wirkliche Grund? Der eritreische Luftwaffengeneral nahm mich beim Rückweg vom Botschaftsempfang zu unserem Billighotel beiseite und zeigte auf all die jungen, modisch gekleideten, fröhlichen und ausnehmend hübschen Menschen um uns herum: »Die wollen in die Disco. Die wollen nicht mehr kämpfen. Die wollen ein schönes Leben. Alles, was nur durch Krieg zu lösen ist, müssen wir Alten noch erledigen, bevor unsere Zeit abgelaufen ist.« Der alte Kämpfer fand sich im zivilen Leben nicht mehr zurecht.

Ziemlich frustriert bestieg die Troika am nächsten Morgen die Challenger. Wir hatten kaum unsere Reiseflughöhe erreicht, als die feindlichen Brüder ihre MiGs zum Angriff starten ließen. Bevor OAU und UNO den überflüssigen Grenzstreit schlichten konnten, tobte eineinhalb Jahre der Krieg. Er forderte Tausende unschuldiger Opfer, die in das Gewehrfeuer der anderen Seite getrieben wurden. Junge Leute, die viel lieber in die Disco wollten.

2.
Olduvai, Neandertal, Berlin
(Europa und Afrika)

»Dass die Amerikaner auf dem Mond gelandet sind, ist reine Ideologie. Wenn so eine Rakete da hineinkracht, dann platzt der doch!« Als ich 1978 Obervolta bereiste, erfuhr ich, solche Sätze seien selbst in der gebildeten Schicht von Ouagadougou zu hören gewesen. Das gelte als antiimperialistische Kritik. Jahrzehnte ist das her und vielleicht nur schlecht erfunden. Dennoch stellt sich die Frage: Können Europäer und Afrikaner einander wirklich verstehen? Afrika hat seine modernen Sektoren, seine modernen Eliten, seine beachteten Philosophen; Afrika stellt mit den Friedensnobelpreisträgern Kofi Annan, Bischof Tutu und Nelson Mandela einige der weltweit am höchsten geachteten Politiker. Aber Afrika ist auch durchdrungen von magischen Weltbildern, von Stammesdenken, von Mythen, von Animismus – der »Realität« hinter der Realität. »Unter der schwarzen Sonne Afrikas«[10] wirken auch heute noch Mechanismen, die dem westlichen Rationalismus nicht nur zuwiderlaufen. Wir kennen nicht einmal ihre Tiefendimension. Wir können nicht einmal selbstbewusst beurteilen, ob wir mit der Vermutung der Zweiten Realität einen Beweis für Empathie oder für Rassismus erbringen. Wie oft habe ich selber als deutscher Vertreter mit afrikanischen Partnern dieses Phänomen erlebt!

Im Kleinen zum Beispiel bei der erwähnten Reise durch Westafrika: Wir sitzen des Abends am Stadtrand von Ouaga rund um das Lagerfeuer, essen Foufou und trinken Hirsebier aus Kalebassen. Neben mir der zukünftige Landwirtschaftsminister, der in Marburg studiert hatte, Hoffnungsträger seines Landes. Sie müssten sich aus eigener Kraft aus dem Elend ziehen, sagte er. Die westlichen Experten verstünden zu wenig von den Alltagsproblemen der Afrikaner. Seine Assistentin stimmte lebhaft zu. Als es Zeit ist aufzubrechen, weigert sie sich plötzlich. Was denn los sei, fragen wir. Sie könne nicht nach

Hause; in ihrer Wohnung sei seit Tagen ein böser Geist! – Eine Chiffre? Für einen Mann, der sie prügelte? Oder wollte sie vom Minister in spe begleitet werden? Oder doch ein Mythos – irreal, aber machtvoll? Sicherlich, Afrikaner haben andere Interessen als die Europäer. Das ist nicht das Problem. Darüber wird rational gesprochen. Im persönlichen Gespräch, beim Wein, ist es mit den meisten einfach – herzliche Menschen mit einem Lachen, das auch so gemeint ist. Anders verhält es sich bei offiziellen Gesprächen. Denn anschließend gehen sie zurück in ihre Familien, in ihre Dörfer, in ihre Stämme, treffen Medizinmänner und Schamanen. Dort wird das abgewogen, was mit den Europäern »rational« verhandelt wurde. Es wird geschaut, ob die Verabredungen der afrikanischen Seele entsprechen. Wenn wir die Gesprächspartner wieder treffen, sind sie manchmal wie verwandelt. Gestern so offen, heute geht nichts. Und als Europäer versteht man nicht, woher die Blockaden plötzlich kommen. Gerade wir Sicherheitspolitiker bilden uns ja ein, mit nüchternem Interessenkalkül Konflikte entschärfen zu können. Wir Europäer glauben, dass der rationale Diskurs der Schlüssel zur Weltverständigung sei. Mag sein. Aber wirkungsmächtiger sind in vielen Teilen dieser Erde noch Traditionen, Mythen, Verwandtschaften – oder parteiinterne Ränkespiele, wie bei uns.

Vielleicht steckt eine tiefere Weisheit hinter der afrikanischen Haltung, nur im Konsens zu entscheiden. Eine Weisheit, die im europäischen Parteiengezänk, das sich hochtrabend pluralistische Demokratie nennt, nicht immer zu entdecken ist. Das dörfliche Palaver im Kreis der Ältesten, das Ausdiskutieren bis zum Konsens – über Jahrhunderte war es die Methode eines Interessenausgleichs, der Mord und Totschlag verhinderte. Doch ist diese noch zeitgemäß? Effektiv im internationalen Raum angesichts eines globalisierten Zeitbegriffs, der den Takten einer maximal beschleunigten technologischen Rationalität zu folgen hat?

Im November 2000, auf einer Konferenz von EU- und den SADC-Staaten des südlichen Afrikas, zeigten unsere Gesprächspartner ambitionierte Pläne zur wirtschaftlich-technologischen Entwicklung ihrer Region. Eindrucksvoll. Doch als wir von ihnen verlangten, sich von Staatspräsident Robert Mugabe wegen seines diktatorischen Kurses in Simbabwe zu distanzieren, schalteten sie auf stumm: »Wir müssen erst intern beraten.« Und weil es keinen Konsens gab, folgte keine

Stellungnahme. Die schöne Fiktion der all-afrikanischen Einheit war wichtiger als eine Einmischung in die realen Probleme Simbabwes. Zudem spielte Simbabwe eine bedeutende Rolle bei der gemeinsamen Regionalentwicklung. Von den alten Kolonialstaaten, die Afrika durch Landnahme, willkürliche Grenzziehungen, Versklavung und Apartheid das Unheil eingebrockt hatten, ließ man sich schon gar nichts sagen. »Außerdem«, so wurde uns beschieden, »habt ihr Europäer in Belarus euren eigenen Schurken, den ihr nicht in den Griff bekommt.«

Der deutsche UNO-Botschafter sagte mir einmal, ein ständiger deutscher Sitz im Sicherheitsrat sei letztlich nicht an den Italienern gescheitert, die hingebungsvoll gegen uns intrigierten, sondern an den Afrikanern. In einer Paketlösung, bei einer gründlichen Reform dieses Gremiums, hätte es nämlich auch zwei afrikanische Sitze geben sollen. Weil sich die afrikanische Gruppe aber nicht einigen konnte, hat sie an der gesamten Abstimmung nicht teilgenommen. Geschlossen, um die Fiktion einer gemeinsamen Identität zu pflegen. Stimmen, auf die Deutschland gezählt hatte, fehlten daher. – Palaverdemokratie und Tribalismus – dürfen wir uns darüber aufregen? Ein Blick zur EU nach Brüssel zeigt, dass andere Europäer Deutschland geradezu afrikanische Züge bescheinigen. Immer öfter stimmt Deutschland nicht mit ab, weil Bund und Länder keine gemeinsame Position finden. Auch wir pflegen den Tribalismus. Institutionalisiert. Bei uns heißt er Föderalismus.

Als Staatsminister setzte ich einiges daran, gegenüber den Staaten Afrikas eine neue, aktivere, partnerschaftliche Politik auf Augenhöhe zu entwickeln. Die Öffentlichkeit war schwer dafür zu interessieren. Sie wollte Afrika als den Kontinent von Kitsch und Katastrophen behalten. Das Parlament beschränkte sich auf die entwicklungspolitische Sicht. Plötzlich aber entdeckte die Opposition die Chance, Außenminister Joschka Fischer damit anzugreifen, er kümmere sich zu wenig um Afrika. Der Minister hatte eigentlich genug um die Ohren in jenen schwierigen Jahren. Doch statt auf die Aktivitäten des zuständigen Staatsministers zu verweisen, ließ er sich von Opposition und Medien treiben – Außenpolitik aus innenpolitischen Motiven prangerte er sonst gern und zu Recht an.

So startete er zwecks innenpolitischer Frontverkürzung zum Kurztrip auf den Krisenkontinent. Im Schlepptau – juppheidi! – die abenteuerlustige Journalistenschar, Hauptstadtkorrespondenten, darunter kaum Afrikakenner. Angola, Burundi, Ruanda wurden angeflogen. Ein schöner Ausflug. Endlich Afrika! Die Themen: Schuldenerlass, Minenräumen, Kongo, Naturschutz. Was man, salopp gesagt, so auf die Schnelle zusammenstoppeln kann. Dabei hatten wir eigentlich mehr und Neueres zu bieten. Am Tag darauf erschienen in den Zeitungen voluminöse Artikel mit dürftigem Inhalt, voll mit Gorillas im Regenwald. Afrikaexperten sprachen mich einigermaßen entgeistert an: »Das ist eure Afrikapolitik?« Ich war nicht dabei gewesen, in die Reiseplanung nicht einmal eingeweiht. Im Ministerbüro wussten sie wohl, warum. Aber alles, was der »Bundes-Joschka« damals sagte und tat, ob es substanziell war oder banal, galt nun einmal als Offenbarung. Joschka Fischer hatte gesprochen, und viele in Fraktion, Partei, Medien und Öffentlichkeit fühlten sich erleuchtet. Dieser Trip musste nun herhalten als Afrikapolitik – als *die* Afrikapolitik! Die bereisten Afrikaner müssen sich gefühlt haben wie damals, wenn plötzlich eine fröhliche Jagdgesellschaft einfiel, ein paar Böcke schoss und genauso schnell wieder verschwand, um zu Hause die Trophäen vorzuzeigen. Nur die Tropenhelme fehlten.

Die Angriffe der Opposition waren lächerlich gewesen. Sie hatten den Minister ein bisschen geärgert, aber nichts in der Sache erreicht, im Gegenteil, statt einer durchdachten Politik eine Politiksimulation. Gegenwind aus dem Ministerbüro hatte ich schon vorher bekommen. »Nicht zu viel Afrika«, hieß es, »das überlagert in der Presse unsere EU-Politik. Nicht die Franzosen und Briten ärgern. Das ist deren Beritt.« Das klang verdächtig nach Einflusszonenpolitik, die wir eigentlich ablehnten. Und stellte sich als falsch heraus.

Mit Peter Hain, meinem britischen Gegenüber, habe ich wenig später manches Bier getrunken und gemeinsame Pläne geschmiedet, bilateral oder für die EU. Wegen des Kampfes gegen die Apartheid war Hains weiße Familie in seiner Jugend aus Südafrika vertrieben worden. Er wurde in London eine Leitfigur der Anti-Apartheid-Bewegung, für uns eine ausgezeichnete Verständigungsbasis. Er war durchaus bereit, die Commonwealth-Politik, für die er zuständig war, in den EU-Rahmen zu stellen. Auch unser französischer Kollege Charles Josselin, Minister für Frankophonie, den wir bei ostasiatischen Karaoke-Abenden gern als Chansonnier für die ganze EU vorschickten, schien nicht unzugänglich. Frankreich benötigte Hilfe in seinem ehemaligen Kolonialreich, und wenn man ihre besonderen Interessen berücksichtigte, war die Regierung durchaus offen. Hier hätte Neues entstehen können!

Zu meinen Mitstreitern für eine gemeinsame europäische Politik gegenüber Afrika gehörte auch die schwedische Außenministerin Anna Lindh. Lange saßen wir während der EU-SADC-Konferenz im Dezember 2000 in Gabarone, der Hauptstadt Botsuanas, zusammen. Nach der Tagung traf ich sie am Flughafen. In Jeans und T-Shirt, einen Rucksack geschultert, sah sie aus wie eine beliebige Touristin. Eine bescheidene, sympathische, kluge und energische Frau. Am 10. September 2003 wurde sie in einem Kaufhaus in Stockholm ermordet.

Wie zu den anderen Teilen der »Dritten Welt« initiierte ich im Auswärtigen Amt auch zu unserem Nachbarkontinent eine Reihe regionaler Politikkonzepte, als Ersatz für die Leitlinien der Vorgängerregierung, die vor allem deutschen Außenwirtschaftsinteressen gedient hatten. *Nation building, institution building, capacity building*, regionale Integration und Krisenprävention hießen die neuen Strategien für afrikanische und andere Länder mit schwach ausgeprägter Staatlichkeit. Mit SADC, dem Entwicklungsrat des südlichen Afrika, mit der Ostafrikanischen Union, mit Ecowas, der Wirtschaftsgemeinschaft Westafrikas, gab es ausbaufähige Ansätze. Im nördlichen Afrika war es einen Versuch wert, die arabisch-maghrebinische Union wiederzubeleben. Die Gründung der Afrikanischen Union (AU), betrieben von Gaddafi, lag in der Luft. Wir hatten begonnen, militärische Strukturen in zivile zu verwandeln, Krisenverhütungszentren auszubauen, Kindersoldaten in Lehrstellen zu bringen. Die Bekämpfung von HIV/Aids war strategische Aufgabe geworden. Solche Ideen hatte ich als deutscher oder europäischer Delegationsleiter in Sachen Afrika regelmäßig vertreten, noch kurz vor der Ministerreise im Sommer 2000 in Uganda, Kenia, Tansania, mit einem Abstecher zur UN»Lifeline Südsudan«. Von der Öffentlichkeit unbeachtet. Der medienwirksame Spontan-Trip des Ministers ging darüber hinweg, zerstörte wertvolle Motivation, nicht nur bei mir. Ich spielte zum ersten Mal mit dem Gedanken, die Brocken hinzuwerfen.

Dabei hatte der Bundeskanzler im April 2000 auf dem G8-Afrikagipfel in Kairo die zukunftsweisende Linie vorgegeben. Er unterstützte die Gründung der Afrikanischen Union mit all ihren politischen Geltungsansprüchen und die von den Afrikanern selbst entworfene

Entwicklungsstrategie NEPAD. Deren Hauptaussage lautete: »Für Afrika sind wir Afrikaner zuständig! Wir brauchen die Assistenz der Europäer, aber bitte für unsere eigenen Strategien, nicht für europäische.« Die alte Idee der *Self-reliance* des tansanischen Präsidenten Julius Nyerere erlebte ihre Auferstehung.[11] Schröder erklärte eine strategische Partnerschaft. Das war nicht mehr der alte Helfergestus, nicht Entwicklungshilfe, das war moderne Außenpolitik.

Afrika wurde zum Thema des Kanzleramts, auch des Bundespräsidenten Horst Köhler, und blieb Thema des Entwicklungsministeriums. Mein Versuch, es mithilfe kenntnisreicher und engagierter Beamter dort zu verorten, wo es eigentlich hingehörte, nämlich im Auswärtigen Amt, und sein Gewicht dem der anderen Regionalpolitiken anzugleichen, aber war gescheitert. Zwar teilte die neue G8-Afrikabeauftragte des Kanzlers, die grüne Staatssekretärin im Entwicklungsministerium, Uschi Eid, meine Einschätzung und machte einen ausgezeichneten Job. Doch meine Kapazitäten und die des Auswärtigen Amtes lagen nun brach.

Wie gern hätte ich in Uganda mit Präsident Museveni über die Konditionierung der deutschen Entwicklungshilfe geredet. Zweifellos ein zweischneidiges Schwert. Einerseits: Warum sollte ein Land Geld bekommen, dessen Truppen ohne Verteidigungsinteresse tief im Kongo standen und das Land ausraubten? Entwicklungsgelder sollen schließlich an *Good Governance*, gute Regierungsführung, geknüpft werden. Andererseits hat gerade Museveni, auch mithilfe deutscher Experten, ausgezeichnete Entwicklungsprojekte begonnen: eine für Afrika vorbildliche HIV/Aids-Politik, ein modernes Nationalparkmanagement, Alphabetisierungskampagnen. Sollte man diese wegen der militärischen Abenteuer stoppen? Kaum vertretbar. Dennoch, man hätte beide Aspekte bei Regierungsverhandlungen gleichzeitig ansprechen müssen, versuchen müssen, ein Junktim herzustellen. Die Afrikaner selbst hatten auf dem Kairo-Gipfel auf gleiche Augenhöhe gedrängt. Der Hilfsgedanke stand nicht mehr im Vordergrund, sondern unsere Assistenz bei *african ownership*, der Selbstaneignung Afrikas durch die Afrikaner. Augenhöhe aber heißt, dass wir nicht nur Geber sein können, sondern auch Forderungen stellen dürfen. Dagegen stand die deutsche Realität. Das Auswärtige Amt hat das Mandat, das Entwicklungsministerium das Geld. Beide machen keine Politik.

Die Zweigleisigkeit von Auswärtigem Amt und Entwicklungsministerium ist überholt. Sie war ohnehin eher Ausdruck der deutschen Teilung als eines Dritte-Welt-Engagements. Die BRD meinte Mitte der 1960er Jahre ein Instrument zu benötigen, um weltweit ihren deutschen Alleinvertretungsanspruch durchsetzen zu können. Wenn ein Land der »Dritten Welt« die DDR anerkennen wollte, konnte ihr der Entzug der neu eingeführten Entwicklungshilfe angedroht werden. Später befürworteten wohlmeinende Experten die Selbstständigkeit der Entwicklungshilfe, damit diese nicht zum Instrument im Kalten Krieg werde – obwohl sie genau das von Beginn an war.

Diese Zeiten waren 1998 vorbei. Wir brauchten eine in sich geschlossene Politik gegenüber den Ländern Afrikas und anderen Entwicklungsregionen. Zwei Koalitionsparteien, zwei Ministerien – diese Konstellation provoziert geradezu die Brüche in der internationalen Politik. Nicht nur wegen der unterschiedlichen Fachperspektiven; diese werden, falls politisch gewünscht, von den Beamten zusammengebracht. Doch verschiedenfarbige Minister müssen Differenzen geradezu zelebrieren, um das Profil ihrer eigenen Partei deutlich zu machen. Der grüne Joschka Fischer und die rote Heidi Wieczorek-Zeul taten dies weidlich, auch als Konkurrenten im selben Wählerreservoir von Hessen-Süd. Der Sache bekam das weniger.

Gegen eine kohärente Politik stehen zu oft auch die Interessen der Nicht-Regierungsorganisationen (NGOs), Hilfswerke und halbstaatlichen Durchführungsorganisationen, die aus staatlichen Entwicklungsetats bedient werden. Entwicklungshilfe ist ein großer Markt geworden, in dem die Organisationen auch um den eigenen Anteil kämpfen. Eine stärkere Steuerung im Sinne staatlicher Außenpolitik kommt ihnen höchst ungelegen. Alles, was Geld kostet, wickeln sie als Zuwendungsempfänger des Entwicklungsministeriums ab. Dieses hat erhebliche Geldmittel für Programme, das Auswärtige Amt fast gar keine. Die Gesellschaft für Technische Zusammenarbeit (GTZ), die renommierte halbstaatliche Entwicklungshilfeagentur, spielte sich bereits als Vertreter Deutschlands in der Welt auf und wollte seine gut ausgestatteten Länderbüros als Quasi-Botschaften betreiben. Das Auswärtige Amt konnte wegen Finanzproblemen manchmal nur einen Laptop-Botschafter, ein Ein-Personen-Unternehmen, entsenden oder schloss seine Vertretungen ganz. So wurde das Entwicklungsministerium besonders in Afrika faktisch zur NGO-Interessenagentur, die die eigentliche Außenpolitik der Regierung überspielt. Ein institutionalisierter Dauerkonflikt. Warum wird das Entwicklungsministerium nicht als Abteilung ins Auswärtige Amt integriert, an der Spitze ein Staatsminister, der zuständig ist für die Regionen des »Südens«?

Beispiel Kenia: In Nairobi standen im Jahre 2000 die UNO-Einrichtungen auf meinem Besuchsprogramm. Doch ich bestand darauf, nach Besichtigung des modernen Zentrums auch den schlimmsten Slum der Stadt zu sehen. Ungewöhnlich für einen ausländischen Außenpolitiker. So zog ich dort – TV-Kameras im Schlepptau – durch die Gassen, vorbei an überfüllten Baracken, schmuddeligen Winkeln und zerlumpten Gestalten. Es gab viel Eigeninitiative der Slumbewohner, viel Hilfswillen – der internationalen Gemeinschaft. Der kenianische Sozialminister allerdings hatte sich hier noch nie sehen lassen. In einem Fernsehinterview, mitten im Slum, fragte ich nach ihm. Ein Affront, zweifellos, vor allem weil Wahlen vor der Tür standen. Aber so etwa waren Außen- und Entwicklungspolitik zu verbinden. Gegen den Rat unserer Botschaft lud ich obendrein Oppositionsführer Kibaki zum Lunch ein. »Der hat sowieso keine Chance, mit dem zu reden ist vertane Zeit.« Ein Jahr später war dieser Herr Staatspräsident. Zwei Jahre später stellte sich heraus, dass er es auch nicht besser machte als sein Vorgänger Arap Moi.

Gerade hatte ich in Mombasa mit Arap Moi geredet und wollte einen privaten Urlaub anhängen, als ich aus Berlin gebeten wurde, für Deutschland an der internationalen Burundi-Friedenskonferenz in Tansania teilzunehmen. Von den politischen Spitzen war ich am nächsten dran. Obwohl die Distanz nach Arusha in Tansania nur wenige Hundert Kilometer betrug, hätte der Trip mit Linienmaschinen von Mombasa über Nairobi und Daressalam nach Arusha und wieder zurück an meinen Urlaubsort sechs Tage gedauert. Also wurde eine kleine Piper gechartert. Eigentlich waren einmotorigen Maschinen für Regierungsmitglieder verboten. Zu riskant. Was soll's, dachte ich, so würde der Sondereinsatz nur einen Tag dauern. Wie einst Bernhard Grzimek flogen wir über die ostafrikanischen Steppen. Neben dem Gipfel des Kilimandscharo mussten wir kreisen, weil wir keine Landeerlaubnis hatten, und ich konnte meine Aufstiegsroute von 1979 studieren. Die Gletscherkappe war unscheinbarer geworden. Schnee auf dem Gipfel des Kilimandscharo – diese mystische Größe auf dem Dach Afrikas würde bald ganz dem Klimawandel zum Opfer fallen.

Die Burundi-Konferenz wurde aus dem deutschen Bundeshaushalt mitfinanziert, aus einem neuen Titel für Krisenprävention, für den ich mich starkgemacht hatte. Einmal im Jahr trafen sich die Chefs der zwölf verfeindeten Clans des Landes in dem besten Tagungshotel Arushas. Ich erinnerte mich, wie ich 21 Jahre zuvor mit meiner Freundin in der Nähe in einem kleinen Herbergsraum gehaust hatte, dessen Fenster sich zum Schlachthof öffnete, und morgens von der Ziegenschlachtung wach geworden war. Die Burundi-Konferenz galt für uns als das »Prachtstück« der Krisenprävention. Durch sie war es offenbar möglich, einen Konflikt, der wie in Ruanda das Zeug zum Völkermord hatte, unter der Gewaltschwelle zu halten. Aber ob er lösbar war? Süffisant fragte mich ein Diplomat: »Warum sollen sie Frieden schließen, solange sie einmal im Jahr umsonst in einem Luxushotel tagen dürfen?« Mag sein. Doch hätten wir diesen Preis nicht bezahlt, wenn wir das Morden in Ruanda so hätten verhindern können?

Für Afrika hätte ich mich gern mehr engagiert. Doch die Weichenstellung in der Bundesregierung verstellte den Raum. Trostreich war immerhin, dass ich in Nairobi zwei bemerkenswerte junge Frauen kennengelernt hatte.

Die eine, Wangari Maatthai, war Vorkämpferin der kenianischen Umweltbewegung, die sich auch für die Bildung von Frauen einsetzte. Ihr Green Belt Movement pflanzte Bäume und rekultivierte Wälder, um die Mega-Citys, die gefräßig in die Landschaft hinauswuchsen, einzuhegen, schulte zugleich Frauen in ökologischem Denken und stärkte damit deren gesellschaftliche Stellung. »Wir werden Sie nach Kräften unterstützen«, sagte ich Wangari Maathai zu, nachdem sie mir eindrucksvoll ihre Pläne und Probleme geschildert hatte. Zu Hause dann schlug ich nicht nur vor, die Umweltpolitik zur außenpolitischen Priorität gegenüber Ostafrika zu erheben, sondern schrieb auch Empfehlungsbriefe, einen an die Heinrich-Böll-Stiftung und einen an das Nobelpreiskomitee. Bald erhielt Wangari Maathai den Petra-Kelly-Preis, kurz darauf den Friedensnobelpreis.

Verkuppelt mit der zweiten, etwas älteren jungen Frau wurde ich von Edward Leakey, einem Spross der berühmten Anthropologenfamilie, der sich selbst jahrzehntelang durch den Lateritboden Ostafrikas gewühlt hatte auf der Suche nach Gebeinen der ersten Menschen. Vor einigen Jahren hatte er in Kenia eine ernst zu nehmende Oppositionspartei gegen Korruption, Misswirtschaft und den autokratischen

Regierungschef gegründet und war von diesem zwecks Neutralisierung zum Regierungsberater ernannt worden.[12] Nun traf ich diese Ehrfurcht gebietende Wissenschaftsikone zum Dinner. Bereits seine Eltern hatten in der Olduvai-Schlucht am Rande der Serengeti-Savanne Vormenschen ausgegraben. Nach meinem Studium, zu dem auch die Sozialanthropologie gehörte, hatte ich die legendäre Stätte besucht. Jetzt, in einem sonst unzugänglichen Separee des Nationalmuseums, durfte ich Lucy treffen. Lucy, eine Urmutter des Menschengeschlechts. Nun konnte ich der jungen Dame über den haarlosen Schädel streichen. Von hier, von Ostafrika, ging die »Menschwerdung des Menschen« (Leakey) aus. Wir Europäer sind eine Spätfolge. Bei allem Stolz auf unsere Errungenschaften gibt es Grund genug für Ehrfurcht und Bescheidenheit. Und für Respekt gegenüber den Afrikanern heute.

Immer wenn ich von meinem Wahlkreis in Gelsenkirchen nach Bonn fuhr, kreuzte ich das Neandertal. Bis hierhin und noch weiter war die zweite Welle der Urafrikaner emigriert. Hin und wieder wurden dann die Erinnerungen an Olduvai wach, und ich sinnierte über den Prozess der Zivilisation. Und darüber, dass ein Mitbringsel aus Afrika mir in Europa einige wenig vergnügliche Wochen beschert hatte. Weil die rationalistischen Nachfahren des Australopithecus und entwicklungsgeschichtlichen Sieger über den Neandertaler, Menschen der Gattung Homo sapiens sapiens, sich in ihrem vermeintlich überlegenen wissenschaftlichen Wissen wie in urzeitlichen Mythen verfangen hatten. Deshalb kann die abschließende Geschichte der deutschen Ärzteschaft nicht erspart werden:

Tansania 1979. Mit meiner Freundin besuche ich Pangani, einen kleinen Ort an der Mündung des gleichnamigen Flusses in den Indischen Ozean. Nach zwei Tagen müssen wir ihn fluchtartig verlassen. Wir befinden uns in einem Sumpfgebiet, und im Gästehaus des YMCA gibt es keine Moskitonetze, dafür offene Fensterhöhlen. Über 200 Stiche zähle ich nach einer Horrornacht am ganzen Körper, obwohl ich mich komplett mit einem Repellent eingerieben und ein Laken bis über den Mund gezogen hatte. Das hier ist nicht zu überleben, trotz der vorschriftsmäßig eingenommenen Malariaprophylaxe.

Acht Monate später, zurück in Gelsenkirchen, bekomme ich nachmittags starkes Fieber und Schüttelfrost. Aus heiterem Himmel. Eine Grippe? Normalerweise wirft mich so schnell nichts um. Am nächsten Tag ist das Fieber weg, am übernächsten wieder da. Ein Rückfall? Habe ich mich übernommen? Es ist merkwürdig. Meine Hausärztin kann am nächsten Morgen – das Fieber ist wieder weg – nichts feststellen. »Malaria?«, frage ich. Sie will es nicht ausschließen. Aber da der Schub gerade vorbei ist, kann sie keinen »großen Blutstropfen« abnehmen, der für die Diagnose unabdingbar ist. In ihm schwimmen die Parasitenbiester, bevor sie sich in der Leber einnisten. Sie rät mir, bei einem erneuten Anfall – es wäre ein Sonntag – in ein Krankenhaus zu gehen. Pünktlich kommt der Schub, ich fahre zum Krankenhaus. Mittlerweile sehe ich einigermaßen erbärmlich aus. Ohnehin lange Haare, Vollbart, Jeans und Parka, jetzt auch noch bleich und zittrig. Kein attraktiver Patient. An der Pforte empfängt mich ein korrekt gescheitelter Assistenzarzt: »Malaria, nach acht Monaten, das gibt es nicht, maximal nach sechs, außerdem haben wir keine Infektionsabteilung, verschwinden Sie!«

Wo sind sie eigentlich zivilisert, frage ich mich, in Afrika oder Europa? In Obervolta hatte ich zwei Jahre zuvor nach einem starken Fieberanfall – drei Tage lang 41 Grad, nachts über 30 Grad feuchtheiße Luft, keine Aircondition, Matratze auf dem Fußboden, viele Krabbeltierchen, ein herumtobender Affe – in einer Ambulanz sofort Malariamedikamente bekommen. Das Fieber ging zurück, die Diagnose blieb unklar. Seitdem kenne ich die Anfangsdosis der Malariabehandlung. Jetzt, in der Heimat, schleppe ich mich zu einem zweiten Hospital. Zwei Stunden lassen sie mich dort sitzen. Dann kommt ein Arzt: »Wir lassen uns keine Patienten unterschieben.« Ich sitze wieder auf der Straße, muss ins Bett, der Anfall ist heftig. Keine Diagnose, keine Therapie. Jetzt besteht Lebensgefahr.

In der Not sehe ich mich gezwungen, Beziehungen in Anspruch zu nehmen, was ich sonst strikt vermieden habe. Mein Vater Günter, 13 Jahre für die CDU im Bundestag, jahrzehntelang kommunaler Spitzenpolitiker, der Hinz und Kunz kennt, ruft den Chefarzt des ersten Hospitals an und staucht ihn zusammen. Zeitgleich erfährt meine Freundin im Tropeninstitut der Ruhr-Uni Bochum, in Ausnahmefällen könne die Inkubationszeit bei Malaria länger als sechs Monate dauern. Zwei Tage später: der erwartete schwere Anfall. Jetzt bekomme ich im Krankenhaus Einlass. Der Blutstropfen wird abgenommen, ausgerechnet von dem Assistenzarzt der Vorwoche, der es besser hätte wissen müssen. Kreidebleich bestätigt er: »Malaria.« Zum Glück eine Variante, die man vollkommen ausheilen kann. Weil sie nicht ansteckend ist, ist auch das Fehlen einer Infektionsabteilung unerheblich. Plötzlich ist ein Krankenhausbett frei, mehr noch, ich bin ein Kunde, mit dem man bei Medizinstudenten angeben kann. Diese können nun lernen, warum ein Zehntel der Reisenden, die mit Malaria nach Deutschland zurückkehren, sich vorzeitig zu ihren Vorfahren versammeln.

Dann beginnt das Gefeilsche mit dem Chefarzt um die Behandlung. Er will mir vier Pillen geben, ich will sechs. »Ich war schon beim Russlandfeldzug dabei, Pripjetsümpfe, da haben wir mit Chinin behandelt.« – »Und ich war in Westafrika, da betrug die Anfangsdosis sechs Pillen.« Wir einigen uns auf fünf. Tags darauf kommt der Krankenhauspfarrer mit ernster Miene, um mir auf dem Weg ins Jenseits viel Glück zu wünschen. Ich werfe ihn raus. Noch zwei entsetzliche Anfälle, dann verlieren die Parasiten ihre Kraft. Aber für das Krankenhaus bin ich nun eine kostbare Beute. Man will mich nicht gehen lassen, zumindest nicht am Wochenende. So organisiere ich auch das Finale selbst und entlasse mich zur Erholung an die Nordsee.

Später erzähle ich die Geschichte den Tropenärzten im Auswärtigen Amt. Von Afrika für Europa lernen! Flucht vor stechenden Insekten war übrigens – so lehrt uns die Entwicklungsbiologie – ein Hauptgrund für die Wanderung der Urmenschen Richtung kühler Norden. In den Tropen machten die übertragenen Seuchen sie so langsam, dass sie ihren Beutetieren nicht folgen konnten. Entwicklungsgeschichtlich ist die Zeit, die seitdem verging, kurz, zumindest gemessen an der langen Vorzeit im tropischen Afrika. Nimmt es da Wunder, dass unser Organismus sich noch nicht völlig an die neue Umgebung angepasst hat? Unser Stoffwechsel jedenfalls ist angeblich noch auf die entbehrungsreiche Urzeit in Afrika ausgerichtet. Was also liegt näher, als dass die westliche Überflussgesellschaft ihre Diäten mit dieser Einsicht beginnt?

3.
Mojito mit Schweineschwarte, kross gebraten

(Dialoge mit Kuba – gescheit oder gescheitert?)

Aufgeregt wedelt meine Büroleiterin mit dem Telex aus Havanna. »Staatsminister Volmer«, so steht dort geschrieben, »möge von seinem Visum keinen Gebrauch machen.« – Ausgeladen! Nur wenige Stunden nach meiner Pressekonferenz zur neuen Karibik-Politik der Bundesregierung im März 2000. Was war passiert?

Vor geraumer Zeit hatte ich als zuständiger Staatsminister im Auswärtigen Amt gedrängt, die Politik gegenüber Lateinamerika, Afrika, Asien und der arabischen Welt gründlich zu überarbeiten. Die Vorgängerregierung Kohl/Kinkel hatte die drei Kontinente hauptsächlich als Märkte für unsere Exporte und als Empfänger von Entwicklungshilfe gesehen. Entsprechend allgemein, fast nichts sagend, waren die politischen Leitlinien formuliert. Auch in der Presse kamen die Länder des Südens kaum vor, es sei denn, sie lieferten Kriege und Katastrophen oder steuerten Exotisches zur Unterhaltung bei. Die zuständigen Beamten im Auswärtigen Amt fühlten sich intern unter Wert gehandelt, fast als Diplomaten zweiter Klasse. Außenminister Joschka Fischer hatte andere Schwerpunkte. So berief ich eine Versammlung der entsprechenden Abteilung III des Auswärtigen Amtes ein, um an Kontur und Gewicht der Nord-Süd-Politik zu arbeiten.

Nun formulierten die Fachbeamten eine ganze Serie von »Regionalkonzepten«, gezielten Politiken für eine Gruppe miteinander verbundener Länder. Allein für Lateinamerika fünf: für die Anden, die Karibik, Mittelamerika, Mexiko und den »Mercosur« mit Brasilien, Argentinien, Uruguay, Paraguay (und den assoziierten Chile und Bolivien). Meine Orientierungspunkte: Nach dem Ende des Kalten Krieges mit seinen beiden verfeindeten Blöcken brauchte die Welt eine neue Ordnung. Die *Pax Americana*, die Vormachtstellung der Supermacht USA als Weltordnungsmacht, war auch aus europäischer Sicht nicht verlockend. Besser schien ein Multilateralismus mit gestärkter

UNO und die Bildung von politischen Regionen. An die Stellen von 200 mal 199 bilateralen Außenpolitiken der Einzelstaaten könnte so ein Geflecht von einigen Dutzend miteinander kooperierenden Regionen, Großnationen und internationalen Organisationen treten. Deshalb sollten wir die regionale Integration fördern, den friedlichen Interessenausgleich intern und untereinander, die Zusammenarbeit von Ländern wie in der Europäischen Union. Demokratisieren sollten sie sich und zugleich Staat und Verwaltung effektiver machen. Die Entwicklungsländer sollten Partner auf Augenhöhe sein.

Im Jahr zuvor, im März 1999, hatte ich bereits eine Pressekonferenz zu Lateinamerika zu bestreiten gehabt, eine ungewöhnliche, bizarre. Unterwegs war ich als Begleiter von Bundespräsident Roman Herzog, in der Delegation befanden sich außerdem zahlreiche Wissenschaftler, Ökonomen und Prominente. Spitzengespräch in Mexico City. Eigentlich war ich als Vertreter der Regierung immer dabei. Ein Bundespräsident vertritt allgemeine politische Leitlinien, nicht die konkrete Politik der Regierung. Zumal Herzog andersfarbig war. Doch dieses Mal zog sich unser Präsident mit dem mexikanischen Kollegen allein zurück. Vor der Tür saßen die mexikanische Außenministerin und ich. Wir beide sollten auf einer Pressekonferenz die Ergebnisse des Präsidentengesprächs darlegen. Das war der Plan. – Die Zeit verging. – Der Pressetermin rückte näher. – Noch einige Minuten. – Die Herren Präsidenten rührten sich nicht. Kein Mucks drang nach draußen. Nervosität kam auf. Was sollten wir den Journalisten sagen? Was beredeten die Herren? Wann bekamen wir unser Briefing? Nichts geschah, die Tür blieb zu. Wir waren die Dummen. Wollten wir die Dummen sein? Kurzerhand machten wir uns auf zur Presse. Der Saal war voll. Die Medien und die gesamte Delegation – alle warteten auf das Ergebnis des präsidialen Gesprächs. Die Kollegin Außenministerin hob an, ich stimmte ein. Und gemeinsam erläuterten wir, was die hohen Herren verabredet hatten. Völlig frei erfunden. Ein Stegreifspiel, Stand-up-Comedy. Aber wirkungsvoll. Alle lauschten andächtig und schrieben mit. Das also war die deutsche Lateinamerika-Politik. Ich beschrieb sie so, wie wir sie gerade im Auswärtigen Amt neu entwickelten. Die Zuhörer waren zufrieden. Herzog bekam gute Kritiken. Mexiko und Deutschland – auf eine gedeihliche Zukunft!

Ein Jahr später, im März 2000, war auch das Karibik-Konzept fertig. Die Karibik war bisher nur geografisch eine Region, ein gemeinsames politisches Selbstverständnis fehlte. Lieber konkurrierte jeder gegen jeden um die Gunst der USA oder der EU oder machte Revolution, um eigene Wege zu gehen. Der amerikanische Romancier James A. Michener skizzierte in seinem 600-Seiten-Schinken »Karibik« die wechselvolle Geschichte der Region mit den Worten: »Ein Meer von paradiesischer Schönheit, eine Inselgruppe von unübertroffener Anmut und unter seinen fremdländischen Besetzern eine ganze Reihe schillernder Persönlichkeiten.«[13]

Haiti, so das gängige Klischee, neigte zum Voodoo, Jamaikas Rastas brillierten vorwiegend erotisch-musikalisch, Puerto Rico gehörte den USA, die DomRep europäischen Touristen. Nur Kuba hatte einen extrovertierten politischen Geltungsanspruch! »Soll ich Konserven kaufen?«, hatte meine Mutter 1962 gefragt, als wir beim Abendbrot um den Küchentisch saßen und im Radio das Wort »Kubakrise« fiel. Vater, Kriegsteilnehmer und für die CDU im Stadtrat, meinte, wenn es wieder losginge, dann würden Konserven uns auch nicht retten. »Aber der Kennedy kriegt das schon hin.« Zehn Jahre alt war ich und vom Dritten Weltkrieg bedroht. Kennedy schaffte es bekanntlich. Die »Fresswelle« der Wirtschaftswunderzeit konnte ohne dramatische Einbrüche weitergehen. Die USA blieben fürderhin auf Konfrontation zu Kuba, die Europäer wankelmütig. Bis heute bricht sich an Kuba jede Karibik-Politik.

Besonders interessierte auf der besagten Pressekonferenz deshalb meine Ankündigung, eine offizielle Reise nach Kuba zu unternehmen. Seit Monaten hatte der kubanische Botschafter, ein fröhlicher Latino, mich gelockt, doch endlich mal wieder vorbeizuschauen. Zu lange hatte es keine hochrangigen Regierungskontakte mehr gegeben. Ein Besuch von Kanzler oder Außenminister stand nicht zur Debatte. Die Ebene darunter war vielleicht passend. Also war es mein Job. Rot-Grün wollte versuchen, auch international zu integrieren, Länder aus dem Abseits zu holen, in das sie – wie auch immer – geraten waren. Wir hatten keinen Bedarf an »Schurkenstaaten«.

So notierten nun die Journalisten Reisepläne und die Gesprächsthemen. Im Grunde das Standardprogramm: bilaterale Beziehungen, regionale Zusammenarbeit, Entwicklungsfragen, das Verhältnis zu den USA, die Lage der Menschenrechte und die Frage nach der zukünftigen Entwicklung Kubas … Das musste der »Fehler« gewesen sein! Über eine Agentur erreichte die Nachricht im Nu Havanna. Fidel Castro berief eine Sondersitzung des Kabinetts ein und lud den deutschen Staatsminister aus. Über Menschenrechte wollte man nicht reden. Selbst wenn ein Besucher eine faire Befassung angekündigt hatte. Noch heikler war die harmlos klingende Frage nach der Zukunft Kubas. Das war die Frage nach Castros Nachfolge und implizierte logisch seinen Abgang, das größte Tabu der kubanischen Staatsräson.

War das Scheitern der Reise eine Niederlage? Oder ein Sieg? Die Presse kommentierte wohlwollend. Es sei keine Schande, ausgeladen zu werden, weil man über Menschenrechte reden wolle. Genau so sah die Bundesregierung das auch. Die karibische Freundlichkeit der Botschaft war das eine, Machtpolitik etwas anderes.

Dabei hatte alles so gut angefangen. In der Aufnahme parlamentarischer Beziehungen zu sozialistischen Entwicklungsländern hatte ich eine gewisse Übung. Einst gehörte ich der Delegation des Auswärtigen Ausschusses an, die 1985 die parlamentarischen Kontakte zu China begründete. Ebenso der des entwicklungspolitischen Ausschusses, der 1987 als Erster in Vietnam die Wiedervereinigung unter sozialistischen Vorzeichen studierte.

Nun Kuba, im April 1986. Mit der grünen Lateinamerika-Expertin Gaby Gottwald, für die ich im Jahr zuvor in den Bundestag »nachgerückt« war, reiste ich nach Havanna. Mit einem kubanischen Billigflieger via Ostberlin und Prag. Als amtierender Fraktionsvorsitzender war ich der bisher formell ranghöchste Besucher aus der BRD nach der Revolution. Die Kubaner strengten sich an, wir auch. Komforthotel mit Pool-Bar, Weekend am Strand von Varadero. In der Tanzrevue des »Tropicana« war für uns ein Platz in der ersten Reihe reserviert, mit bester Aussicht auf die Schönheit der Karibik.

Ständig hatten wir vier Begleiter um uns. Einen Kollegen Abgeordneten, der als Jüngster in Fidels Gefolge die Moncada-Kaserne mit erstürmt und die Revolution ausgelöst hatte. Den Dolmetscher, mit dem wir offen und ungezwungen reden konnten, die Deutschlandexpertin aus dem Außenministerium und einen weiteren »Freund« unklarer Funktion. Zur Begrüßung Mojito. Die Cubanos flößten ihn uns bei jeder Gelegenheit ein. Schnell war uns klar, sie wollten uns zum Plaudern bringen.

Also plauderten wir. Vor allem über Atomkraft, warum wir dagegen seien und dass die Kubaner darauf verzichten sollten. Unverständnis bei unseren Freunden. »Entfesselung der Produktivkräfte« hatte ein Glaubenssatz des Marxismus geheißen, der hier hoch gehalten wurde. Die wissenschaftlich-technische Systemkonkurrenz würde erweisen, dass die sozialistischen Staaten dem Kapitalismus überlegen seien. Unsicher seien nur die westlichen Atomkraftwerke, weil aus Profitgier geschlampt würde. Im Prinzip helfe die Atomkraft der Arbeiterklasse, ihre Fesseln zu sprengen. Wir Grünen seien ja sehr nett und solidarisch, aber von Technik verstünden wir nichts.

Dann das Telegramm aus Bonn: »Atomkraftwerk in Tschernobyl explodiert, bleibt in Kuba, damit ihr keine Strahlung abbekommt!« Absender: Jürgen Reents, damals Außenpolitiker der grünen Fraktion, nach der Wende PDS-naher Chefredakteur des »Neuen Deutschland«. Wir hielten das Schreiben für einen Witz. Reents' galliger Humor war berüchtigt. Abends wieder Mojito am Pool mit unseren Freunden. Warum wir noch mal gegen Atomkraft seien? Sie hatten Nachrichten gehört, die Katastrophe war real, und Kuba hatte ein Atomkraftwerk vom Tschernobyl-Typ in Planung. Ich lief zur Hochform auf, und unsere Freunde hörten sich das kleine Einmaleins der grünen Atomkritik genauestens an. (Der Reaktor, der nach dem Revolutionshelden »Cienfuegos« benannt werden sollte, wurde bis heute nicht gebaut.)

Wenige Tage später, bei der 1.-Mai-Parade, hatten wir einen Ehrenplatz auf der Tribüne, knapp unterhalb von Fidel Castro, seinem Bruder Raul und all den anderen Legenden. Unter dem überlebensgroßen Bild von Che Guevara zogen die Betriebsgruppen vorbei. Sozialistisches Pathos, karibische Fröhlichkeit und nationaler Stolz, bunt gemischt. In Gesprächen gab uns die Opposition, wie der katholische Bischof, zu verstehen: »Bei aller Kritik an Fidels Politik, er hat den Menschen Selbstbewusstsein gegeben. Das Unterlegenheitsgefühl aus der Kolonialzeit ist geschwunden. Selbst wir Kritiker zehren davon.« Interessante Dialektik.

Hinter der Tribüne trafen wir Fidel Castro. Warum wir gegen Atomkraft seien, wollte er wissen. Und warum wir über Forderungen nach Demokratisierung den Kräften Auftrieb geben wollten, die Kuba einst zum Bordell der USA gemacht hätten. Es war keines dieser stundenlangen Gespräche, nächtens, mit einer dicken Havanna, von denen prominente Besucher aus Deutschland später prahlten. Grüne sind nicht Mitglied der sozialistischen Internationalen. Die Genossen mussten uns erst mal kritisch beäugen. Befund: etwas exotisch, aber der Begegnung mit der Arbeiterklasse durchaus würdig. Und schon fanden wir uns in einer Zigarrenfabrik wieder, vis-à-vis einer Hundertschaft Havanna rollender Arbeiterinnen. Ich durfte die 1.-Mai-Ansprache halten, eine Ehre, wie wenn man in Bayern die Blasmusik dirigieren darf! Die geschenkten Zigarren versorgten später meine Basis: »Hoch die internationale Solidarität.« Zum Abschied aus Havanna bekamen wir beide eine Flasche siebenjährigen Rum überreicht, »besser als Cognac«. Eine noble Geste, die – so unsere Gastgeber – gleichzeitig unsere Ernennung zum »Freund des Volkes« besiegelte.

Auf dem Rückweg von Mexiko, unserem nächsten Reiseziel, sollten wir doch bitte noch einmal in Kuba Stop-over machen. Dieser Aufenthalt wurde ein Fest. Wieder ging es nach Varadero, an einen Traumstrand. Doch die Kubaner wollten dort nach Öl bohren. Wir versuchten, es ihnen auszureden; Öl oder Touristen, beides zugleich am selben Ort ginge nicht. Heute findet man dieses Ziel in allen Reisekatalogen, im Trend nicht nur bei deutschen Alt-Linken. Flug zur »Insel der Jugend« mit einer alten sowjetischen Tupolew, Bootstrip zum sonntäglichen Kaffeklatsch, viel Mojito und kross gebratene Schweineschwarte. Auf dem Programm stand außerdem die Besichtigung von Schulen, medizinischen Laboren – den besten in der »Dritten Welt«, und des potentesten Zuchtbullen des Sozialismus. Aber es gab auch skeptische Stimmen. Eine BRD-Reporterin mit engstem Familienanschluss berichtete von der alltäglichen Repression in den Wohnvierteln, von einer Art Blockwartsystem. Unter der karibischen Leichtigkeit hatte sich längst ein Überwachungsstaat nach sowjetischem Muster festgesetzt. Im Hotel sächselte es vernehmlich. Beige Shorts, braune Sandalen, graue Socken – das sah verdammt deutsch aus, aber auf einen Gruß ernteten wir BRD'ler nur Schweigen. Drei Jahre vor dem Fall der Mauer.

Bei genauem Hinschauen erkannte man den Kampf zweier politischer Linien: die alten Revolutionäre, die ihre politischen Erfolge gegen jede Anfeindung, aber auch gegen jede Modernisierung verteidigten; im Revolutionsmythos gefangen, Moskau ausgeliefert und in steter Angst vor den USA, die auf der Insel in Guantánamo einen Militärstützpunkt unterhielten, der später auch international berüchtigt werden sollte. Auf der anderen Seite technokratische Modernisierer, die pragmatisch nach internationalem Austausch suchten. Verschwörerisch ging es zu, als uns der begleitende »Freund« ein Exemplar der »Granma« zeigte, einer Zeitung, die nach dem Boot benannt war, mit dem Fidel und seine Getreuen einst nach Kuba übergesetzt waren, um die Revolution zu beginnen. Auf einer Seite der »Granma« ein Totenschädel, auf der anderen Fidels Konterfei. Wenn man die Zeitung gegen das Licht hielt, deckten sich beide. »Ein Anschlag von Systemfeinden«, wurde uns bedeutet. Unsere Freundschaft dagegen wurde reichlich mit Mojito begossen. Zum Abschied wieder siebenjähriger Rum, »besser als Cognac. Ihr seid Freunde des Volkes.«

Dabei hatten wir ein eher zwiespältiges Gefühl. Die Revolution gegen den Diktator Batista und die Hegemonie der USA waren nötig gewesen und verständlich. Dass Hemingways Kneipe in Havanna dabei ramponiert wurde – nun gut. Kollateralschaden. Doch statt Freiheit kam die Anlehnung an die Sowjetunion. Notgedrungen, weil die USA das Land sofort sabotierten, nachdem Amerikaner enteignet worden waren. Von den Amis hatten die Cubanos nun die bonbonfarbenen Straßenkreuzer, von den Russen das Benzin. Während die Blechmonster bis heute als Kulturerbe gepflegt werden, drohte der Sprit wegen der Krise des Sowjetsystems bald auszugehen. Trotz des westlichen Boykotts etablierte Kuba eine für ein Entwicklungsland bewundernswerte Bildungs- und Gesundheitspolitik, die aber kaum finanzierbar war ohne Zuweisung vom großen Gönner in Moskau. Che Guevara, eine Ikone des Befreiungskampfs, spontan, verwegen, als Guerillaführer ein Idol, war als Minister eine Fehlbesetzung; von Frauen als Macho verurteilt und geliebt; als Popstar auf T-Shirts gedruckt. Dagegen Fidel, der festen Überzeugung, dass die Revolution scheitern würde, sobald er die Zügel aus der Hand gäbe – ein lebendes Denkmal, aber war er auch ein Garant der Zukunft? Standhaft oder halsstarrig? Identifikation mit Kuba schien uns ebenso wenig angebracht wie Verurteilung.

Im Herbst des Jahres war ich wieder in Kuba. Eine Delegation von Bundestagsvizepräsident Heinz Westphal, SPD, nahm den ersten offiziellen parlamentarischen Kontakt auf – für die Kubaner ein diplomatischer Erfolg. Aber auch für uns, denn wir unterliefen die amerikanische Isolationspolitik. Dieses Land müsste eine Chance haben, sich in die Völkergemeinschaft zu integrieren. Und die Annäherung würde vielleicht den nötigen Wandel im Lande selber bewirken. Wandel durch Annäherung, das war das Geheimnis der Ostpolitik Willy Brandts gewesen, auf dessen Wirkung wir auch hier hofften. Wieder Varadero, wieder »Tropicana« und viel Mojito mit Schweineschwarte, wieder Gespräche, die vordergründig freundschaftlich verliefen, aber an einem bestimmten Punkt die nötige Offenheit vermissen ließen. Am Rande des Geschehens drückte sich unser früherer Dolmetscher herum, mit dem uns so viele gemeinsame Erlebnisse verbanden. Als ich freundlich auf ihn zuging, zischelte er, er dürfe nicht mit uns reden. Eigenartig. Dennoch, zum Abschied gab es wieder eine Flasche siebenjährigen Rum. »Besser als Cognac. Ihr seid Freunde des Volkes.«

Wochen nach den geschilderten Reisen entdecke ich auf dem Bonner Marktplatz plötzlich ein bekanntes Gesicht in der Menge. Der ständige »Freund« und Begleiter aus Kuba! Es folgt ein großes Hallo. Mein Bekannter war jetzt an der kubanischen Botschaft auf Posten. Einige Zeit später treffen wir uns zum politischen Gespräch. Treffen mit Botschaftsleuten sind üblich, gehören zur Routine von Außenpolitikern. Man tauscht Einschätzungen aus, erläutert seine Politik. Transparenz kann Frieden sichern. Auch die Kubaner waren jetzt dabei. Ein Erfolg unserer Reisen? Zum Jahresende bekam ich von dem »lieben Freund« siebenjährigen Rum überreicht. Schließlich war ich ein »Freund des Volkes«.

Ein weiteres Geschenk von ihm, eine riesige, auf Holz geklebte ausgestopfte Krabbe, machte mich etwas ratlos. »Die kannst du an die Wand hängen.« Vielleicht hätte ich nachschauen sollen, ob das Schalentier eine Wanze verschluckt hatte. Doch ich führte es routinemäßig der getrennten Müllsammlung zu. Monstrositäten als Gastgeschenke sind in der Diplomatie nicht ungewöhnlich, und wenn man sie, statt sie zu entsorgen, an Dritte weiterverschenkt, kann es sein, dass man sie von Vierten zurückbekommt. Was wir im Ausland verschenken, ist mindestens genauso gruselig wie die Krabbe, z. B. schwere, barock geschwungene Porzellan-Aschenbecher mit pinkfarben aufgestempeltem Brandenburger Tor.

Der »liebe Freund« schien zu glauben, dass Krabbe mit Rum mich verpflichten könnte, denn er rief immer öfter an. Das ging über den normalen Rahmen hinaus, und meine Reaktionen gerieten zunehmend unwillig. Ihn schien meine Auskunftsbereitschaft nicht mehr zu befriedigen. Bei einem Kaffee, dem ich nach langem Hinhalten zugestimmt hatte, startete er dann plötzlich seinen Generalangriff. Er sei

Geheimdienstoffizier, habe in der DDR gedient. Meine persönlichen Einschätzungen seien nicht so wichtig, ich solle harte Fakten beschaffen, Dokumente! – Spionage also! – »Nicht mit mir! Gespräche in Maßen ja, Landesverrat nein! Geheimdienste mag ich nicht. Grüne sind für den öffentlichen Diskurs. Ende der Beziehungen!« Es folgte mein verärgerter Abgang. Das also war aus ihrer Sicht der Sinn der »Freundschaft«!

Er muss mit Havanna telefoniert haben, denn einige Tage später rief er erneut an. Ich erwartete eine offizielle Entschuldigung, also – bitte sehr – ein letztes Gespräch. Doch er ging aufs Ganze. Ich sei doch »Freund des Volkes« mit siebenjährigem Rum und im Dienste der gemeinsamen Sache gegen den US-Imperialismus und seine Helfer in der BRD … hin und wieder sollten wir uns verdeckt treffen, am Strand in Mexiko, ein wunderbarer Ort, um Urlaub zu machen. Die Kosten seien kein Problem. Wortlos ließ ich ihn sitzen. So etwa müssen sich Ostdeutsche gefühlt haben, wenn vermeintliche Freunde als Stasi-Spitzel entlarvt wurden.

Der Flirt mit den Kubanern war beendet. Kritische Kooperation ja, Kollaboration nein. Nur eine Handvoll Bonner Politiker wollte und konnte damals in Deutschland ein halbwegs realistisches Bild von Kuba zeichnen. Ich war einer von ihnen. Diese vor den Kopf zu stoßen war einfach töricht. Es gab zwar die Freundschaftsgesellschaften mit Kuba, stark geprägt von ehemaligen DKP-Leuten, aber die nahm wegen ihrer Einseitigkeit kaum jemand ernst. Auf der anderen Seite standen Propagandisten wie Heiner Geißler. Der damals an Boshaftigkeit kaum zu übertreffende CDU-Generalsekretär hatte Kuba zur Diktatur erklärt, vergleichbar mit jener von Pinochet in Chile. Bei aller berechtigten Kritik an Kuba – den feinen Unterschied, dass dort eine vom Volk getragene Revolution eine Diktatur gestürzt hatte, in Chile dagegen ein Diktator eine vom Volk gewählte Regierung, pflegte Geißler damals polemisch zu übergehen.

Letztlich ging es bei der Debatte um Innenpolitik, um das Verhältnis von Freiheit und Gerechtigkeit, von politischen und sozialen Menschenrechten. Die CDU klagte die politischen Menschenrechte ein, die DKP-Sympathisanten hielten dagegen, dass Kuba als eines der wenigen Entwicklungsländer die sozialen Rechte umgesetzt habe. Der CDU waren diese schnuppe, wirtschaftlich war hier sowieso nichts zu holen, wohl aber ideologisch. Castro meinte, politische Freiheit der sozialen Gerechtigkeit opfern zu dürfen. Geißler dagegen wollte die gesamte Sozialistische Internationale als Freiheitsfeind brandmarken (CDU-Wahlkampfmotto: »Freiheit statt Sozialismus«). In diesem Spannungsfeld von vereinseitigten Menschenrechtsbegriffen und der Funktionalisierung von Außenpolitik für innenpolitische Zwecke hatten wir grünen Nord-Süd-Aktivisten eine Menge zu tun.

Eine westlich ausgerichtete Regierung, und sei sie noch so autoritär, achte per se die Menschenrechte; schließlich sei der Westen demokratisch; für Menschenrechtsverletzungen sei, da sozialistisch, allein der Ostblock verantwortlich – so lautete die Kirkpatrick-Doktrin, das Credo der UNO-Botschafterin des republikanischen US-Präsidenten Ronald Reagan. Jede von den USA gestützte Militärdiktatur Lateinamerikas wurde folglich zum autoritären Regime verharmlost, um in die Formel zu passen: westlich, also menschenrechtlich unbedenklich. Für die Sowjets waren politische Menschenrechte dagegen bürgerliche Ideologie, propagiert, um die befreiende Macht der Arbeiterklasse und ihrer Führung durch die Kommunistische Partei zu unterminieren. Beide Seiten pickten sich einseitig die halbe Wahrheit heraus, die ihnen ins Kalkül passte. Dagegen hätte nur eine realistische Einschätzung geholfen, die die ganze Wahrheit umfasst.

Für Kuba hieß dies: die Schattenseiten deutlich benennen, um herauszuarbeiten, wo Verblendung und Despotie oder aber von außen geschürte Zwangslagen für Missstände verantwortlich waren. Und damit die historischen Errungenschaften der Dekolonisierung und Emanzipation kontrastieren. Modernisierung und Integration Kubas in die internationale Gemeinschaft waren unser Ziel, nicht Stigmatisierung. Aber nun hatten die Kubaner die Bereitschaft zur kritischen Solidarität überstrapaziert, meine jedenfalls. Ende der persönlichen diplomatischen Beziehungen! Kuba wollte noch nicht alles verloren geben, doch es zeigte die Gelbe Karte: Zum Geburtstag noch mal Rum, aber nur noch dreijähriger. – Es sollte der letzte sein.

Die Jahre gingen ins Land. Der kubanische Botschafter suchte Kontakt. Ich lehnte ab. Dann kam die Wende. Mit dem Zusammenbruch der Sowjetunion mussten die ehemaligen Satelliten aus dem Comecon sich Gedanken über ihre Zukunft, über »Neues Denken«, Glasnost und Perestroika machen. Selbst wenn Fidel Castro die Ideen Gorbatschows vehement abgelehnt hatte – in Kuba musste sich etwas tun. Die Subventionen aus Moskau würden ausbleiben.

So kamen Anfang der 1990er Jahre wieder »Geräusche« aus der Botschaft: »Kannst du nicht mal wieder nach Kuba kommen? Du bist doch ein so guter Freund des Volkes.« Als Parteivorsitzender der Grünen hatte ich seit 1991 an der Fusion mit den Bürgerrechtlern der ehemaligen DDR gearbeitet. Regelmäßig standen jetzt Probleme der Übergangsgesellschaften auf der politischen Tagesordnung. Also hieß es auch, offen zu sein für eine neue Ansprache durch die Kubaner.

Nach Kuba reisen und offen über die notwendige Modernisierung reden – diese Chance durften wir nicht verpassen. Mein Referent, Frithjof Schmidt,[14] führte die Vorgespräche. Wir wollten offen durchs Land fahren, neben allen anderen Themen auch über Menschenrechte sprechen, politische Gefangene treffen. Denn Fidel Castro hatte das politische Strafrecht weiter verschärft. Die Reise wurde vorbereitet, Flüge waren gebucht. Das genaue Programm musste festgelegt werden. Plötzlich die Ernüchterung: »Wenn ihr wirklich Freunde des Volkes seid, dann stellt ihr nicht solche Fragen«, tönte es aus Havanna. Gemeint waren die Menschenrechte. »Wenn ihr wirklich unsere Freunde seid, dann beantwortet ihr unsere Fragen«, ließ ich ausrichten. Die Reise fiel aus. Der Rum zu Weihnachten auch.

Wieder verstrichen die Jahre. Das Kuba-Bild verschob sich erneut. Harry Mulisch hatte in seinem Bestseller »Die Entdeckung des Himmels« eine höchst animierende Episode über einen Kongress in Kuba geschildert. Die Kubanerinnen waren nicht nur für gehaltvolle politische Gespräche zu haben.[15] Ry Cooder hatte das musikalische Herz des alten Havanna, den »Buena Vista Social Club«, wiederbelebt. US-Präsident Bill Clinton machte Lockerungsübungen. Rot-Grün, 1998 an die Macht gekommen, setzte auf eine integrative Außenpolitik, mit Krisenprävention und ziviler Konfliktbearbeitung, und suchte den kritischen Dialog auch mit schwierigen Zeitgenossen. Der kubanische Botschafter entschuldigte sich quasi bei mir für »damals«, vom Treiben des Geheimdienstes habe die Botschaft keine Kenntnis gehabt. Ob ich nicht wieder einmal kommen könne. – Also ein neuer Anlauf, eine weitere Reise planen. Jetzt als Staatsminister, als offizieller Vertreter Deutschlands.

Und nun, nach der Pressekonferenz zur Karibik-Politik der rotgrünen Regierung, erneut eine Ausladung. Mehr noch: Kurz darauf findet der Kongress der Interparlamentarischen Union, der parlamentarischen Versammlung der UNO, statt, zufällig in Havanna. Gastgeber Castro hält eine seiner berühmt-berüchtigten Megareden. Plötzlich ein neues rhetorisches Element: »Un Señor Ludgerrr Volmerrrr«, schnarrt er gleich dreimal. Wutschnaubend outet er mich als arroganten westlichen Politiker, der sich in die inneren Angelegenheiten anderer Staaten einmische. Belehrungen über Menschenrechte habe er, Fidel, nicht nötig. – Die Welt hat's vernommen.

Viele Kubaner schienen nicht glücklich zu sein mit der Entscheidung des »Máximo Líder«, die rot-grüne Regierung auszuladen. Denn bevor der Staatsminister nicht durfte, würden Außenminister oder gar Kanzler nicht wollen. Auf einer UNESCO-Konferenz in Paris jedenfalls lud mich kurze Zeit darauf der kubanische Kulturminister herzlich in sein Land ein. Ein sympathischer Typ. Aber welchen Einfluss hatte er? Oder war er gar nicht informiert?

Einige Wochen später im Auswärtigen Amt. Angemeldet hatte sich Hans Modrow, Europa-Abgeordneter der PDS. Mancher Beamte riet mir davon ab, ihn zu empfangen. Ich ließ ihn schon deshalb vor, weil Helmut Kohl ihn als DDR-Ministerpräsidenten der Wendezeit schlecht behandelt hatte. Manchmal stehen Politiker vor einer schicksalsschweren Entscheidung historischen Ausmaßes. Als Dresdener SED-Bezirksleiter war Modrow mit den anschwellenden Montagsdemonstrationen gegen das SED-Regime konfrontiert gewesen. Was sollte er tun? Der Abstimmung mit den Füßen tatenlos zusehen? Oder zur chinesischen Lösung greifen, die Demonstranten zusammenschießen lassen wie vor zehn Jahren auf dem Platz des Himmlischen Friedens? Modrow war eingefleischter SED-Mann, aber er ließ den Dingen ihren Lauf und trug damit zum Ende der DDR bei. Ohnehin hatte er – vom Westen als Modernisierer belobigt – der alten SED-Spitze nicht mehr als förderungswürdig gegolten. Auch ohne Sympathien für die PDS/Linke und ihren Retrokult kann man einer solchen Haltung Respekt zollen.

Jetzt saß Modrow also beim Kaffee im ehemaligen Büro des SED-Hardliners und Außenbeauftragten Hermann Axen, das inzwischen dem Klassenfeind in die Hände gefallen war. Er kam mit einer Botschaft aus Havanna. Parlamentspräsident Alarcón hatte ihn gebeten, mir auszurichten, ich sei in Kuba herzlich willkommen. Nun war die Gefechtslage klar. Der Parlamentspräsident war ebenjener ehemalige Vize-Außenminister, zuständig für die UNO, den wir beim ersten Kuba-Besuch 15 Jahre zuvor als Modernisierer kennengelernt hatten.

Heute wie damals schien er an die Zukunft des Landes zu denken. Aber konnte ein deutsches Regierungsmitglied sich einmischen in diesen Kampf zweier Linien, einspannen lassen von der einen oder anderen Seite? Meine Antwort an Modrow: Wenn der Chef ausgeladen habe, müsse der Chef auch wieder einladen.

Dabei blieb es. Meine Zeit im Auswärtigen Amt lief ab, andere prahlten mit ihren Kuba-Besuchen. Kurz nach meiner Ausladung waren SPD-Minister dort, mit Geld statt Menschenrechtsfragen. Die grüne Menschenrechtsbeauftragte Claudia Roth wurde hingegen abgewiesen. Rum gab es fürderhin nicht mehr. Die allererste Flasche steht noch in meiner Vitrine als Andenken an einen hoffnungsvollen Beginn. Sie ist geleert – bis auf die Nagelprobe.

Nachspiel 1: Ein Jahr nach meiner Ausladung flattert eine interessante Einladung auf meinen Tisch. Die Tanzrevue »Havanna Night« gastiert in Berlin, die Truppe aus dem »Tropicana«. Groß ist die Überraschung, als ich den Manager sehe. Es ist der Dolmetscher, der uns fast 20 Jahre zuvor in Havanna begleitet hatte und dann nicht mehr mit uns reden durfte. Es wird ein langer kubanischer Abend, mit viel Mojito …

Nachspiel 2: Etwa 2006. Ich habe der aktiven Politik Lebewohl gesagt. In einer kubanischen Bar in Berlin, die ich hin und wieder aufsuche, hängen an den Wänden historische Fotos von Fidel. Ich komme mit dem Wirt ins Gespräch. Irgendwann erwähne ich, dass es auch Bilder von Fidel mit mir gebe. Die Kneipencrew wird neugierig, und ich bringe die Bilder vorbei. Erstaunen, Gemunkel, die Crew zieht sich in die Küche zurück, kommt wieder und fragt: »Wer ist der Typ zwischen dir und Fidel?« Es ist der Dolmetscher. »Dieser Mann kommt oft hierher.« Nach Berlin? Ich lasse Grüße ausrichten. Vielleicht könnten wir ja mal wieder einen Mojito … – Es kommt kein Treffen zustande, irgendwie, zufällig.

Nachspiel 3: 2010. Mit Freunden aus der ehemaligen oppositionellen DDR-Kulturszene plaudere ich über meine Kuba-Erfahrungen und erwähne die Geschichten mit dem Dolmetscher. »Dolmetscher?« Die Freunde brechen in schallendes Gelächter aus. Sie kennen ihn. »Weißt du wirklich nicht, bei wem der im Sold steht? – Darauf einen Mojito.«

Nachspiel 4: Im April 2011, während diese Zeilen geschrieben werden, gibt Fidel die Macht offiziell an seinen Bruder Raul ab.

4.
Auf Humboldts Spuren
(Kokain, Andenstaaten und Mittelamerika)

»Morgen müssen wir in aller Frühe zum Flughafen!« Der Personenschützer des BKA will die ganze Nacht vor der Zimmertür Wache halten. Die Morddrohung sei ernst zu nehmen.

Meist legte ich keinen Wert auf Personenschutz. Bei den Bodyguards war ich berüchtigt, weil ich bei Auslandsbesuchen nach dem Ende des offiziellen Tagesprogramms gern den Anzug mit den Jeans vertauschte und allein um die Häuser zog. Man lernte so besser Land und Leute kennen. Aber hier, in Bogotá, der Hauptstadt Kolumbiens, war das anders. Direkt neben dem Hochhaus, in dem das Bundeskriminalamt ein Labor zur Identifizierung von geschmuggeltem Kokain betrieb, lag der schlimmste Slum, den ich je gesehen habe. Nur ein paar Straßenzüge klein, zeigte er das, was man aus der soziologischen Literatur als »absolute Verelendung« kannte. Eine einzige stinkende Schlamm- und Müllwüste, zerfallene Karton- und Wellblechhütten, völlig verdreckte und zerlumpte Gestalten – ihre Menschenwürde verteidigten sie dadurch, dass sie keinen Polizisten in ihr Reich ließen. Die öffentliche Atmosphäre in der gesamten Stadt war bösartig. Es drohten nächtliche Ausgangssperren. Die deutsche Botschaft glich einer Festung. Die Kinder des Botschafters konnten nur unter Polizeischutz zur Schule gebracht werden. Anschläge auf Persönlichkeiten des öffentlichen Lebens waren Alltag. Es drohte der Staatszerfall. Kolumbien – eines der reichsten Länder Lateinamerikas, das eine große Zukunft haben könnte, ging am Rauschgifthandel zugrunde.

Warum musste ich fluchtartig das Land verlassen? Grund war meine Pressekonferenz am Vortag. Als erster prominenter Ausländer hatte ich dort öffentlich erklärt, dass FARC und ELN, die sich selbst Befreiungsbewegungen nannten und im Fernsehen als »linke Rebellengruppen« verklärt wurden, keine Bewegungen für Demokratie und soziale Gerechtigkeit seien, sondern nichts als Verbrecherbanden. Sie dürften nicht länger auf die Solidarität der europäischen Linken rechnen. Die Kokain-Mafia müsse bekämpft werden. Die Paramilitärs, die vorgaben, im staatlichen Namen Ordnung zu schaffen, seien vergleichbar mit den Todesschwadronen, die in den 80er Jahren Zentralamerika terrorisiert hatten. In einem Zuge hatte ich mir die vier mächtigsten Organisationen zum Feinde gemacht. Also, nichts wie weg hier!

Es war das Humboldtjahr 1999, und ich folgte den Spuren dieses großen deutschen Forschers und Entdeckers. Die Reise begann an der Küste Venezuelas und endete in 5400 Meter Höhe am Gipfelaufstieg des Chimborazo in Ecuador. Dazwischen Kolumbien, Peru, Bolivien. Das hohe Ansehen Alexander von Humboldts sollte helfen, auf kulturpolitischer Ebene die Beziehungen zwischen unserem Land und den Andenstaaten zu vertiefen, die nicht gerade erste Adresse deutscher Liebesbeweise sind, gleichwohl über Stimmen in der UNO und der OAS, der Organisation Amerikanischer Staaten, verfügen. »Man schadet der Erweiterung der Politik (in Humboldts Original: der Wissenschaft), wenn man sich zu allgemeinen Ideen erheben und dabei die einzelnen Tatsachen nicht kennen lernen will.«[16] Genau hinschauen hieß es also. Überall ging es um die Goethe-Institute, deutsche Schulen, das Wirken der Humboldt-Stiftung, Umweltprojekte, den Andenpakt als Veranstaltung regionaler Integration und Emanzipation von den »Gringos« im Norden. Hochrangiger Besuch aus Deutschland zeigte sich selten westlich des Andenhauptkamms.

Venezuela. Die Reise begann freundlich. Ehe ich mich versah, war ich – ausstaffiert mit blau-weißer Schärpe und inauguriert von einer pathetisch in Pose geworfenen Blaskapelle – Ehrenbürger von Cumaná, wo Humboldt und Bonpland vor 200 Jahren an Land gegangen waren. Dabei hatte ich nur ein Denkmal an diesen Moment eingeweiht, von einer deutschen Künstlerin entworfen, klein, unprätentiös, dafür umso ausdrucksstärker. Meine Delegation besuchte Erdölfelder der Firma, die ihr Hauptquartier in meinem Wahlkreis hat, machte im Landeanflug einen Schlenker zu den Angel Falls, den höchsten Wasserfällen der Erde, schaute im wunderbaren Canaima-Nationalpark neidisch den Indio-Jungs beim Baden zu.

Aber im Lande brodelte es. Hugo Chavez hatte mit linkspopulistischen Parolen gerade die Wahl gewonnen, gegen eine bürgerliche Regierung, die zwar durch und durch korrupt war, aber Parteigängerin des »freien Westens« und mit der deutschen Botschaft in Konsonanz. Unser Botschafter, ein tüchtiger Mann, der seine Tüchtigkeit durchaus zu erwähnen wusste, runzelte die Stirn: »Wechsel, nun ja, wenn nicht sogar Veränderung ... sicher, Innovation ist wichtig, finden wir Liberalen sowieso, und der demokratische Wille des Volkes, aber ... wie soll das weitergehen, mein Gott, wo soll das alles enden?« Ich feixte heimlich – niedere Emotion eines Sympathisanten südamerikanischer Sozialrevolutionäre –, konnte bei Zulassung rationaler Gedanken des Botschafters Gram aber nicht gänzlich abtun. Die Anhänger Chavez', des Caudillos indianischer Abstammung, zogen jedenfalls jubelnd und Fahnen schwingend durch die Hauptstadt Caracas, als hätte das Land gerade Brasilien im Fußball gedemütigt. Jetzt verblüffte der Neue mit der markigen Ankündigung, Großkolumbien wiederherzustellen. Er sah sich als politische Reinkarnation Simón Bolívars, des großen antikolonialen Befreiungshelden! Wir waren amüsiert. Die Nachbarn Venezuelas waren besorgt. Chavez' Außenminister versuchte mich zu beruhigen. Ich möge bitte Europa ausrichten, dass alles mit rechten Dingen zugehen werde bei der Bekämpfung der Korruption, der Herstellung sozialer Gerechtigkeit und der Wiedererlangung des Nationalstolzes.

Einige Monate später konnte ich erleben, wie Bundeskanzler Gerhard Schröder beim Staatsempfang in Bonn versuchte, Chavez demokratisch-sozialistisch einzugemeinden. Doch es zeichnete sich schon ab: Chavez war eine echte Herausforderung. Es ging um das politische Comeback einer sozialrevolutionären Linken, populistisch, doch demokratisch gestützt auf die Mehrheit des Volkes. Einerseits. Aber auch um den Kampf gegen die »Gringos«, einen pathetischen Antikapitalismus, der die Regeln der Mathematik für imperialistische Propaganda hielt, um die Wiederauferstehung des hispanischen Caudillos, jetzt einmal links- statt rechtsherum. Chavez machte nur den Anfang. Andere, in den Nachbarländern, sollten ihm folgen.

Peru, Lima. Ein Goethe-Institut mit opernreifer Bühnentechnik, teuer, edel, deutsche Steuergelder. Der Leiter ein Bürokrat, dünner Vollbart, grünennah. »Nein wir haben hier wenig Besuch, das deutsche Kulturprogramm kommt nicht an.« – »Warum lassen Sie keine peruanischen Popgruppen auftreten, die brauchen doch Spielorte?«, fragte ich entgeistert. »Dürfen wir nicht. Nicht deutsch. Vorschriften.« Es war Zeit, deutlicher zu werden: »Ab sofort gilt: Kulturdialog! Peruanische Gruppen treten auf. Sie persönlich sind als deutscher Pate für die Erfüllung der Vorschrift zuständig.« Alberto Fujimori war gewählter peruanischer Präsident, er regierte per Notverordnung, gebärdete sich grausam und despotisch. Fujimori rechnete mit der Zuneigung des Westens, denn er hatte den terroristischen »leuchtenden Pfad«, *Sendero Luminoso*, zur Strecke gebracht, doch ohne Rücksicht auf Verluste, auch unter Unschuldigen. Die wachsende Opposition wurde unterdrückt. Walter Schwenninger, grüner MdB-Freund aus den frühen 1980ern, der mit einer Peruanerin verheiratet war, hatte mich mit Details auf dem Laufenden gehalten. Mehrmals hatten uns in Bonn Oppositionelle besucht und ihre Folternarben gezeigt, unter ihnen der Linksdemokrat Alejandro Toledo. Wir Grünen unterstützten ihre Kampagne, Toledo zum Wahlsieg zu verhelfen.

Jetzt fand in Lima der obligatorische Botschaftsempfang zu Ehren meiner Delegation statt. Unser Botschafter, umfangreich, hemdsärmelig und sympathisch, hatte sich weisungsgemäß bemüht, die Regierung des Gastlands zu verstehen, neigte deshalb zur Beschönigung. Die klassische Diplomatenfalle. Zudem galten noch die politischen Vorgaben der Kohl/Kinkel-Regierung, bis wir neue Direktiven gaben. Abendstimmung, Marmorterrasse, gepflegtes Buffet. Aus der Ferne hätte man meinen können, dass wieder eine fröhliche Festgesellschaft Steuergelder verjubelt. Man kann nicht ahnen, welch pikante Ereignisse ein Empfang bereithält.

Geladen waren, wie üblich, Würdenträger des Gastlands, darunter hohe Militär- und Polizeiführer, Fujimoris Leute. Einige, so stand zu vermuten, für Folter verantwortlich. So ließ ich noch eine andere Gruppe einladen, als persönliche Gäste: Folteropfer, Oppositionelle, Menschenrechtler – die alten Freunde, Anhänger von Oppositionsführer Toledo. Demonstrativ widmete ich ihnen die größte Aufmerksamkeit, zeigte die rot-grünen Sympathien. Die Freunde bedeuteten mir:»Der da hinten ist es; er steckt hinter den Verbrechen.« Ich nahm einen der Oppositionellen, der noch deutliche Zeichen der Folter aufwies, bei der Hand und ging mit ihm zu dem besagten Polizeioffizier. Peiniger und Opfer standen sich gegenüber, Auge in Auge.»Dieser Mann ist gefoltert worden«, erklärte ich dem Offizier,»was tut die Polizei dagegen?« Naivität als Waffe, eines meiner Lieblingsmanöver. Unter internationaler Beobachtung musste der Täter dem Opfer die

Hand reichen und versprechen, für Aufklärung zu sorgen, musste mitansehen, wie die gequälte Opposition mit der deutschen Delegation auf Augenhöhe verkehrte. Der Täter ahnte: Wir wissen, wer du bist und was du getrieben hast. Die Opposition fühlte sich international aufgewertet – für sie eine enorme Genugtuung und neue Motivation. Eineinhalb Jahre später wurde Fujimori gestürzt. Nach einer Notregierung durch den ehemaligen UNO-Generalsekretär, Perez de Cuellar, gewannen Toledo und seine Parteifreunde die Neuwahl.

Bolivien, La Paz. Bei der Landung auf 4000 Meter Höhe bleibt einem die Luft weg. Man fühlt sich, wie von einem Keulenschlag getroffen, wenn man bei um 30 Prozent niedrigerem Sauerstoffpartialdruck den Flieger verlässt. Selbst 400 Meter tiefer in der Hauptstadt braucht man – Sauerstoffflaschen neben dem Hotelbett – mindestens einen Tag, um sich zu akklimatisieren und das Hirn wieder aufnahmefähig zu machen. Zum Beispiel für einen Ausflug entlang berühmter 6000er, die Alpingeschichte geschrieben haben, zum höchstgelegenen großen Binnensee der Erde, dem Titicacasee, wo Bolivien und Peru eine flaggenstarrende Grenze und waffengeschmückte Kriegsmarine unterhalten, um sich bei Bedarf eine Seeschlacht liefern zu können. Bolivien barmt immer noch, weil es den Pazifikzugang an Chile verlor. Jetzt begreift es sich als Atlantikstaat, über den Amazonas und seine Nebenflüsse verbunden. Schließlich knüpften die Indios am Titicacasee auch Schilfboote der Art, die nach Thor Heyerdahl einst von Ägypten aus den südamerikanischen Kontinent erreicht haben könnten. Heyerdahls »Ra II« jedenfalls ist dort aufgebahrt, umgeben von Lamas, Guanakos und Alpakas.

Ein alter Herr sitzt mir gegenüber, weißhaarig, liebenswürdig, würdevoll. Einst als Militärdiktator gefürchtet, ist er jetzt gewählter und geachteter Präsident des Landes: Hugo Banzer. 1971 hatte er die Serie von rechtsgerichteten Militärputschen in Südamerika begonnen. Auch wenn es grausamere Despoten gegeben haben mag – er war verantwortlich für Morde, Verschwundene, Menschenrechtsverletzungen. Später wurde er selber weggeputscht, stellte sich dann einer demokratischen Wahl und – gewann. Mit seinem smarten Vize Quiroga, der ihm als Staatschef folgen sollte, versuchte er nun, die Kokain-Produktion zu bekämpfen. Die USA machten Druck. Das Dilemma war: Der Koka-Anbau ernährte die Bauern, die Masse der ländlichen Bevölkerung. Kokain oder Verelendung schien die Alternative. Kein anderes Produkt brachte ähnlich viel Geld. Aber Kokain wob das Land in die internationalen Verbrechersyndikate ein. Da wollte Banzer heraus. Wir neideten ihm seinen Job nicht.

Hugo Banzer hatte ein weiteres Problem, ein persönliches. Er war deutschstämmig und wollte vor seinem Tode noch einmal sein Heimatland sehen. Aber er hatte Angst, nicht zu Unrecht. Angst vor Demonstrationen und Verhaftung in Deutschland. Er hatte zwar einst für »den Westen« die Drecksarbeit gemacht, aber jetzt wurden dort feine Leute bevorzugt. Er fühlte sich verraten. Selbst viele seiner früheren Gegner in Bolivien betonten, er habe wegen tätiger Reue Gnade verdient. Doch es hatte Opfer gegeben und Angehörige, die nach Wahrheit und Sühne riefen – verständlich. Keine gute Grundlage für freies Geleit nach Deutschland.

Wie erwartet, kam es in Bolivien wie zuvor schon in Venezuela zu Unruhen. Banzers Nachfolger stürzte über die Koka-Frage, den Bauern war – wie Bert Brecht sagen würde – »das Fressen näher als die Moral«. Wahlsieger Evo Morales, Vertreter der Landbevölkerung und Indios, verkündet – just während dieses Kapitel geschrieben wird – die Wiederkehr der alten indianischen Koka-Ökonomie: »Koka ja, Kokain nein«. Ob das eine tragfähige Lösung ist?

Kolumbien. Hier nun kamen der Humboldt-Verehrung andere Themen dazwischen. Unsere kleine Delegation hatte sich mit einem Privatflugzeug in Gebiete vorgewagt, die nicht mehr durch den Staat kontrolliert wurden. Das staatliche Gewaltmonopol existierte nur auf dem Papier. Hier war die staatliche Ordnung längst zerfallen, die Macht aufgeteilt zwischen Drogenkartellen, FARC, ELN und den paramilitärischen Gruppen der AUC. Alle kämpften in wechselnden Bündnissen mit- und gegeneinander und alle gemeinsam gegen die Bevölkerung. Die Mafia kämpfte um die Ausweitung der Kokain-Produktion und immer kompliziertere Methoden des *drug trafficing*. Die Paramilitärs kämpften angeblich dagegen. ELN und FARC behaupteten, die sozialen Interessen der armen Landbevölkerung gegenüber Bogotá zu unterstützen. Menschenrechtler, Kirchenleute und unsere Entwicklungsexperten sahen es anders: Die ELN benutzte Kinder als menschliche Schutzschilde, alle vier Organisationen nahmen die ländliche Bevölkerung als Geisel, zwangen sie unter Todesdrohungen zur Kollaboration und lebten letztlich von der mannigfaltigen Teilhabe am Drogengeschäft. Wenn für die FARC und die ELN der Drogenschmuggel anfangs ein Mittel gewesen sein mochte, um ihre politisch-revolutionären Ziele zu finanzieren – aus dem Mittel war längst der Zweck geworden. Drogenhandel war das Geschäft, die soziale Ideologie nur noch ein Deckmantel. Das alles hatte ich auf der Pressekonferenz öffentlich ausgesprochen und noch einiges hinzugefügt. Die ELN nämlich entführte immer wieder Menschen und ließ sie erst nach komplizierten und langwierigen Vermittlungen gegen viel Geld frei. Anfangs galten die Vermittlerdienste als humanitäre Tat. Später aber wurde deutlich: Sie halfen letztlich, einen Markt für Geiseln zu etablieren, eine Entführungsindustrie. Die Entführer konnten sicher sein, dass Vermittler ihnen die Ware abkaufen würden. Geiselnahme wurde zum Gewerbe – auch wenn die FARC dem Geschäft weiterhin einen politischen Anstrich geben wollte, indem sie 2002 einen Senator und die grüne Präsidentschaftskandidatin Ingrid Betancourt entführte.[17]

Einer der Hauptakteure bei Geiselfreikäufen war der ehemalige deutsche Geheimdienstmann Werner Mauss gewesen, der Unterstützung bei Kohls Kanzleramtsminister und Geheimdienstkoordinator, Bernd Schmidtbauer, fand. Auch Schmidtbauer selber rühmte sich seines exzellenten Kontakts zur ELN, der ihm so manche Befreiung ermöglicht habe. In der Öffentlichkeit und in Sicherheitskreisen Bogotás redete man anders darüber. Dem deutschen Ex-Minister wurde eine zu große Nähe zur ELN nachgesagt, nachgerade Kollaboration. Für die neue rot-grüne Bundesregierung war dies eine außerordentlich ungesunde Gemengelage. Wer bestimmte hier denn nun die Außenpolitik? Schröder, Fischer, Volmer oder ein Ex-Minister der abgewählten Regierung Kohl?

Vor Wochen hatte der deutsche Botschafter in Kolumbien bei einem Heimaturlaub auf meiner Couch im Auswärtigen Amt gesessen und mir alles haarklein erzählt. Er war völlig verzweifelt, weil Außenminister Kinkel sich nicht um Schmidtbauer gekümmert hatte. Der Botschafter flehte fast: »Wenn Sie jetzt nicht helfen, wer dann?« So studierte ich die Materie und erklärte in Bogotá kurzerhand, Schmidtbauer handele nicht im Auftrag der Bundesregierung, sondern auf eigene Rechnung. Zu Hause war die Presse voll mit Berichten über das Thema. Vom neuen Kanzleramt erhielt ich vehemente Unterstützung. Schmidtbauer und Mauss wurden aus dem Geschäft gedrängt.

Nicht ganz leicht war es, bei den »Eine-Welt«-Gruppen, wie sich die Solidaritätsbewegung jetzt gern nannte, die Verurteilung von FARC und ELN durchzusetzen. Besonders die Berliner Amnesty-Gruppe legte sich quer. Mancher Stiftungs- oder Kirchenmann glaubte noch an die gerechte Sache. Wollte vermitteln und Frieden stiften. Letztlich wird dies auch nötig sein, aber gelingen kann es nur auf der Basis einer realistischen Beurteilung. Und mit einem plausiblen Plan.

Die USA wollten mit dem »Plan Columbia« militärisch gegen die Drogenmafia vorgehen, ganze Landstriche verbrennen, um die Koka-Produktion auszurotten. Europa war dagegen. Abgesehen von der Existenzvernichtung der kleinen Bauern und vom ökologischen Schaden – der Koka-Anbau wäre in Nachbarländer verlegt worden. In Ecuador und Venezuela hatte man Angst. Europa, auch deutsche Entwicklungsprojekte, arbeiteten an integrierter ländlicher Entwicklung, um den Dörfern alternative Produktionsmethoden und Selbstverwaltung nahezubringen. Ein intelligenter Ansatz. Aber wie weit führt er? Ist Forellenzucht mehr als eine Insellösung hier und da? Kann er die Kokain-Produktion in der Fläche ersetzen? Wie will er gegen die bewaffneten Organisationen ankommen, die ihre Claims und Geschäfte sichern? Muss man bei der Bekämpfung der Kokain-Kriminalität nicht auch die Konsumenten ins Visier nehmen?

Hat man das Elend erlebt, das Kokain in Südamerika anrichtet, kommt einem galliger Zorn hoch, wenn in den Schickimicki-Clubs von Berlin oder München kokettiert wird, dieser oder jene habe wieder eine »line« gezogen. Smarte Fernsehstars brauchen eine »Nase«, um sich die nötige Aggressivität für Power-Interviews »reinzuziehen«. Protestpoeten stimulieren damit ihre Kreativität auf Kosten der Kinder, deren Körper als lebende Schutzschilde zwischen die Mafia und ihre Verfolger gezwungen und dann zerfetzt verscharrt werden. Kokain scheint angesagt, wenn man »dazugehören« will. Maximal ein Kavaliersdelikt. Und es hilft, sich mental über das Elend hinwegzusetzen, das man selbst immer wieder produziert.

Meine Haltung zu Kolumbien war eindeutig. Mit Commonwealth-Minister Denis MacShane, einem engagierten Mitstreiter aus der britischen Labour Party, verfasste ich einen Grundsatzartikel, der breite internationale Aufmerksamkeit erfuhr.[18] Er trug dazu bei, dass FARC und ELN, den zu Mörderbanden mutierten ehemaligen Befreiungsbewegungen, die Unterstützung der europäischen Linken entzogen wurde. Es schien, als hätten diese die Zeitenwende nicht mitbekommen, die in Lateinamerika mit dem Ende des Kalten Krieges auch die erbitterten Schlachten zwischen Militärdiktaturen und Befreiungsbewegungen abebben ließ. Nachdem die Überformung durch den Ost-West-Konflikt abgeklungen war, suchte man fast überall den demokratischen Interessenausgleich, nicht immer fair, oft korrupt, aber meist unbewaffnet. Auch in Kolumbien wäre dies möglich gewesen, aber den angeblichen Vertretern der Volksmassen ging es letztlich nicht mehr um Demokratie, Freiheit und soziale Gerechtigkeit, sondern um ihren Anteil an der Beute! Sie hatten die Solidarität der Eine-Welt-Bewegung in Europa nicht verdient. Unsere Solidarität mit den revolutionären Bewegungen in Nicaragua, El Salvador oder Chile hatte immer eine eindeutige Zielsetzung: Die Militärdiktaturen sollten verschwinden, die revolutionären Bewegungen, an die Macht gekommen, sollten die Demokratie einführen, eine neue Verfassung sollte soziale Mindeststandards und Freiheitsrechte garantieren. Doch die Diktatoren, deren Leitfigur der Caudillo der spanischen Faschisten, General Franco, war, genossen die Sympathie der USA, besonders unter den republikanischen Präsidenten Nixon, Ford und Reagan. Der Demokrat Jimmy Carter war mit seiner Menschenrechtspolitik gescheitert. Gerade weil das Kernland des Kapitalismus in die Diktaturen in Lateinamerika verwickelt war, reizte es Radikale in Europa, eigene revolutionäre Träume auf die Bewegungen Lateinamerikas zu projizieren. Dazu kam die Romantik des bewaffneten Kampfes. Hier durfte Mann noch ungestraft Macho sein. Und die linke Feministin ungestraft Machos anhimmeln.

Auch versuchte manch ein Aktivist aus DKP-nahen »Massenorganisationen«, den Kampf um Demokratie und soziale Gerechtigkeit umzudeuten als Beitrag zur Stärkung des »proletarischen Internationalismus unter Führung der Sowjetunion«. Dies etwa war auch die Sicht in Pankow bis zur Wende. So kam es immer wieder zu der bizarren Situation, dass Bürger zweier deutscher Staaten dieselbe revolutionäre Bewegung oder Regierung unterstützten, aber mit entgegengesetzten Zielen. Eigenständigkeit oder Moskauhörigkeit? Vom US- zum Sowjet-Imperialismus? Selbstbefreiung hieß für Grüne dagegen, die Latifundien der Großgrundbesitzer unter den Landarbeitern zu verteilen, zur kleinbäuerlichen Bewirtschaftung und genossenschaftlichen Verwaltung – vielleicht auch nur eine Projektion enttäuschter Reformhoffnungen zu Hause.

Oft waren grüne Delegationen in Lateinamerika unterwegs gewesen. Wir hatten Gespräche mit allen Seiten geführt, vom Revolutionsführer bis zum amerikanischen Botschafter. Wie berechtigt unsere Solidarität war, merkte man, wenn man in die verweinten Gesichter der Mütter der Verschwundenen schaute. Manchmal hatten wir praktisch eingegriffen. Einmal beklagte der Bischof von San Salvador, oft würden kirchliche Mitarbeiter, die Lohngelder überbrachten, von der Polizei festgenommen und ausgeraubt. Erst gestern habe man einen Jungen mit Kirchengeldern verhaftet und in den Kerker gesperrt. Kurz darauf sitzen MdB-Kollegin Gaby Gottwald und ich beim Polizeichef: »Wir sind europäische Abgeordnete und möchten einen Blick ins Gefängnis werfen.« Am nächsten Morgen dürfen wir hinein. Wir treffen den Gefängnischef, wahrscheinlich für Folter verantwortlich. Dennoch heißt es, freundlich und diplomatisch zu bleiben. Er gibt nach, denn er will keinen Ärger mit der internationalen Öffentlichkeit. Wir holen den Jungen aus der Zelle. Nie werde ich die Szene vergessen, wie er eng umschlungen mit seiner Freundin nach Hause geht.

Es gab heiklere Missionen. Mit Gaby Gottwald ging ich ins Hauptquartier der salvadorianischen Luftwaffe. An den Wänden das US-Sternenbanner, Poster amerikanischer Kampfjets, Fotos der amerikanischen Ausbilder. Die Luftwaffe bombardierte regelmäßig aufständische Dörfer. Zahllose Menschen wurden getötet. Ob sie nicht um unsere politische Einstellung wussten? Jedenfalls legten die Offiziere uns europäischen Abgeordneten die Bombardierungspläne für die nächsten Wochen dar. Einige Tage später gingen wir in Mexiko City in die Auslandszentrale der Befreiungsbewegung FMLN und berichteten. – Einige Dörfer wurden evakuiert. Als die Bomben fielen, zerstörten sie Häuser, aber die Menschen überlebten.

Doch wir hatten auch Tote unter unseren eigenen Freunden zu beklagen. Auf der Suche nach Friedensstrategien lernten wir den Rektor der jesuitischen Universität von San Salvador, Ignacio Ellacuria, kennen. Er bemühte sich um Frieden in Gerechtigkeit. Wir luden ihn als Sachverständigen für eine Anhörung des Bundestags nach Deutschland ein. Eine Woche lang nutzte der Pater mein Abgeordnetenbüro in Bonn. Hier war sein Hauptquartier. Gemeinsam machten wir eine Pressekonferenz. Dann flog er zurück nach Salvador. Zwei Tage später wurden er, fünf weitere Padres und zwei Ordensschwestern von Todesschwadronen ermordet.

Viele in der Solidaritätsbewegung unterstützten die Befreiungsbewegungen bedingungslos, sammelten Geld für »Waffen für El Salvador«, fanden den bewaffneten Kampf nötig – und irgendwie auch gut. Der letzte Punkt behagte mir nicht recht. Nötig? Vielleicht, denn die Oppositionellen, die offen zu Wahlen antraten oder sonst irgendwie auffielen, wurden von Todesschwadronen schnell ermordet. Aber gut? Solch ein Blutvergießen konnte nicht gut sein. Es war Zeit, nach Möglichkeiten zu suchen, die berechtigten Ansprüche der Volksopposition auf friedlichem Wege durchzusetzen. Vielleicht ließ sich eine Verhandlungslösung auch für diesen Bürgerkrieg in Salvador finden, der Familien auseinanderriss, Väter und Söhne aufeinander schießen ließ. Nicht mehr die Frage nach der Solidarität mit den Befreiungsbewegungen stand im Vordergrund, sondern die nach einer Gesamtlösung für die gemarterte Region. Hans-Jürgen Wischnewski versuchte es für die SPD, ich für die Grünen, manchmal gingen wir gemeinsam.

Von »Ben Wisch« war vieles zu lernen. Mit ihm bekamen auch tragische Themen komisch-bizarre Seiten. Nie werde ich sein Verhandlungsgenie vergessen: Wir Obleute der vier Fraktionen sollen im Bundestag einen gemeinsamen Antrag zu einem parteiübergreifend unstrittigen Punkt der Lateinamerikapolitik verfassen. In der Regel ging so etwas schief, weil jeder sich mit einem besonderen Akzent gegen die anderen profilieren musste. Man ließ die Gespräche platzen und schob den anderen medienwirksam die Schuld zu. CDU/CSU, FDP, Grüne – wir stimmen zu, die jetzige Verhandlung bei Ben Wisch zu machen. Eine Stunde Zeit haben wir nur. Doch der Held von Mogadischu lässt erst einmal umständlich Kaffee kommen. Wir schauen auf die Uhr. Er hievt seine barocke Gestalt auf die Schreibtischkante, hantiert mit Papier und Bleistift – und hebt an. Nein, keine Analyse der Lage. Sondern die ausführliche, ins Detail gehende Ausmalung der Hüftrundungen aller Lufthansa-Stewardessen der letzten Monate. Er ist nicht zu bremsen. Dies ist sein Metier mindestens so sehr wie der Dschungelkrieg. Wir anderen schauen uns an, blicken auf die Uhr, wagen Einwürfe. Doch mit amüsiert-genüsslicher Schnute und ausladenden Armbewegungen werden immer neue Kurven in die Luft gemalt. Noch zehn Minuten Zeit. Wir sind nervös. Plötzlich lässt sich der Großmeister in seinen Sessel fallen, schnauft einmal tief, greift zum Papier und erklärt:»Ich fasse unser Gespräch zusammen … Satz eins, Satz zwei, Satz drei.« Keiner widerspricht, wir sind fertig. Ein guter Antrag.

Zu Beginn der 90er Jahre flaute der Zentralamerika-Konflikt ab. Mit dem Ende des Kalten Krieges verloren die Blockvormächte ihr Interesse an der Region. Es hatte eigentlich kein Ost-West-Konflikt gewütet, sondern ein sozialer Konflikt zwischen Arm und Reich, Großgrundbesitzern und Landarbeitern, Oben und Unten, vom Feudalismus zur Demokratie. Aber die Strategen des Kalten Krieges hatten den Konflikt in ihrem Interesse durchdrungen und instrumentalisiert. Jetzt kamen die eigentlichen Entwicklungsprobleme der Region wieder zum Vorschein und konnten als solche bearbeitet werden.

Die Zeitenwende wirkte sich auch auf die deutsche Außenpolitik aus. Managua, Nicaragua, Mai 1988.»Zur Deutschen Botschaft«, verlangte ich und stieg ins Taxi.»Voschwändön Se hio!«, schallte es mir aus dem festungsähnlichen Gebäude entgegen, an dem ich abgesetzt wurde. Ein Sachse verteidigte die DDR-Botschaft gegen den neugierigen Klassenfeind. Für einfache Nicaraguaner wie den Taxifahrer war Deutschland automatisch DDR. Keine zwei Jahre später, im Februar 1990, sah die Lage anders aus. Der DDR-Botschafter in Abwicklung saß in der BRD-Botschaft und übergab seine Geschäfte dem Westkollegen zur bald gesamtdeutschen Besorgung. Etwas gequält stieß er mit uns auf die Zukunft an.

Als Wahlbeobachter, im Team mit Jimmy Carter und Bianca Jagger unterwegs, musste ich 1990 mitansehen und quittieren, wie unsere alten Freunde, die Sandinisten, die Macht abgeben mussten. Jahrelang hatten die Contras, von den USA unterstützt, Land und Reformvorhaben gewaltsam unterminiert. Doch Nicaraguas Präsident Daniel Ortega war auch hoffärtig geworden, hatte liberale Bündnispartner vor den Kopf gestoßen. Er, der sich im Wahlkampf von den Chicas, den Mädchen, als Cock, als Hahn, hatte verehren lassen, scheiterte nicht zuletzt an seinem eigenen Machokult. Seine Nachfolger waren nicht besser, sie wurden später der Korruption überführt. Alles nicht schön, aber normal. Jedenfalls kein Bürgerkrieg. Außer in Kolumbien. Hier klafft die letzte schwärende Wunde aus der Zeit der Kriege und Kämpfe. Auch weil eine megageile Schickeria es zu brauchen scheint – Cocain …

Nachtrag 2013: Die letzte schwärende Wunde? Heute klingt selbst dieser deprimierende Befund zu optimistisch. Die übelsten Schlachtfelder der Drogenkriege haben sich nach Norden verlagert, nach Mexiko. Dieses reiche Schwellenland, einst ausgestattet mit dem Selbstbewusstsein einer Regionalmacht, welche die Konkurrenz mit Brasilien bestehen und den USA ein lateinamerikanisches Schwergewicht gegenüberstellen kann, wird zerrissen von Kämpfen, die längst als Bürgerkrieg gelten. 1999 hatte ich als Begleiter von Bundespräsident Herzog das Land besucht; damals begann die Diskussion über die Unregierbarkeit einiger Regionen. Der Grund war klar: Die sozialen Missstände trieben die ländliche Indio-Bevölkerung in den Widerstand gegen den Zentralstaat. Die nötigen Reformen blieben aus. Die »Partei der institutionellen Revolution« (PRI) hatte ihre sozialen Ziele längst dem Machterhalt und der Selbstbereicherung geopfert.

Die konservative Alternative, die sich im Jahre 2000 durchsetzte, bediente – angeführt von einem ehemaligen Coca-Cola-Manager – Großgrundbesitzer, Rohstoffmagnaten, Finanzhaie und andere zwielichtige Figuren in höchster Vollendung mit den Segnungen des Neoliberalismus. So hatten Drogenbosse leichtes Spiel bei der Rekrutierung perspektivloser Jugendlicher für ihre Mörderbanden. Und bei der Korrumpierung schlecht bezahlter Beamter. Ganze Regionen sind heute in der Hand der organisierten Kriminalität. Sozialromantik ist da völlig fehl am Platze. Massenmorde sind an der Tagesordnung. Die Drogenkartelle haben längst begonnen, die Gesetze der Mafia an die Stelle des staatlichen Gewaltmonopols zu setzen. Droht Mexiko der Verlust der Zivilität, die Unregierbarkeit, der Staatszerfall? US-Präsident Barack Obama weiß, dass es die US-amerikanischen Drogenkonsumenten sind, die das Abdriften in gewaltsames Chaos mitzuverantworten haben. Doch wie trocknet man solche Märkte aus? Diese Frage darf ruhig weitergegeben werden – an die besserverdienende Szene von Berlin, München, Frankfurt …

5.
Moneda und Zwiebelfisch
(Diktatur und Widerstand in Chile)

»Kann ich mal dein Telefon benutzen?« Der Journalist steht wieder in der Tür meines Büros in Bonn. Exilchilene, ein echter Señor, groß, wallendes Haupthaar, verwegen geschwungener Schnäuzer. Er kommt fast jede Woche, um über das Telefon im Abgeordnetenbüro seine Morgensendung für »Radio Católica« in Santiago de Chile abzusetzen. Sein Engagement ist groß, aber er hat kein Geld für eine Studiomiete. »Weißt du«, erläutert er einmal, »ein Kirchensender hat noch ein wenig Freiheit unter der Diktatur, und über dein Telefon kann ich regimekritische Botschaften verbreiten.« Es ist Mitte der 1980er Jahre. Seine Informationen aus dem demokratischen Europa unterstützen die Opposition. Andere Exilchilenen nutzen unser Büro hin und wieder, um europaweit ihre Aktivitäten zu koordinieren: Widerstand gegen das Pinochet-Regime.

1973 hatte sich General Augusto Pinochet, unterstützt von CIA, US-amerikanischen Konzernen, lokalen Transportunternehmen und den marktradikalen Ideologen der Chicago-Schule, gegen den gewählten sozialistischen Präsidenten Salvador Allende blutig an die Macht geputscht. Seine Luftwaffe hatte den Amtssitz des Präsidenten, die Moneda, bombardiert, Allende war dabei umgekommen. Tausende seiner Anhänger waren ermordet worden, noch mehr einfach verschwunden, Oppositionelle wurden systematisch terrorisiert und gefoltert. Doch der Widerstand lebte. Auch grüne Parteifreunde, einst aus Chile geflohen, engagierten sich offen oder subversiv in der Opposition. Die Vernetzung über grüne Parlamentstelefone erweiterte ihre Handlungsmöglichkeiten über die Infrastruktur der Sozialistischen Internationalen hinaus. Sie waren maßgeblich beteiligt, einen »internationalen Parlamentarierkongress zur Wiedereinführung der Demokratie in Chile« im Untergrund zu organisieren, der von Abgeordneten aus aller Welt offen besucht werden sollte.

September 1987. Auch aus dem Bundestag reiste eine Delegation an: SPD-Mann Freimut Duve, ein Vertreter der FDP, ich war für die Grünen dabei, nur ein Vertreter der CDU/CSU fehlte. Anflug auf Chile. Wir fliegen mit einer Lufthansa-Maschine, erste Klasse, feiner Service, mit großartigen Ausblicken: Andenquerung, spektakulärer Vorbeiflug an der eisverkrusteten Südwand des Aconcagua, des höchsten Bergs der westlichen Halbkugel, im Norden die anderen Riesenvulkane, legendäre Orte für einen Bergsteiger, steiler Landeanflug, unter uns das braune, geschwungene Hochland des Altiplano, in Sicht der Pazifik, ein wunderbarer Flug, Landung in Santiago. Aussteigen. Willkommen in der Diktatur.

Die deutsche Botschaft empfing uns reserviert. Ärger konnte sie nicht gebrauchen. Man müsse sich hier arrangieren, so der Tenor des Botschafters, ein schmissiger Konservativer der alten Schule. Doch nun saßen wir Abgeordneten aus aller Welt im Saal eines kleinen Hotels im Zentrum von Santiago, hielten Reden gegen das Regime, für Demokratie und Menschenrechte. Geschützt von Oppositionellen, die das Treppenhaus derartig mit ihren Leibern verstopften, dass Pinochets Militärpolizei, die das Viertel umstellt hatte, nicht hineinkommen konnte. Heimlich wurde sogar der sozialistische Spitzenpolitiker Ricardo Lagos unter Lebensgefahr aus dem Exil eingeschmuggelt, um zu demonstrieren, dass das Regime zu schlagen war. Noch war nicht zu ahnen, dass er zwölf Jahre später als frei gewählter Präsident Bundeskanzler Schröder und mir in Berlin gegenübersitzen würde.

Mittagspause. Ich möchte eine Runde um den Block machen, begleitet von meiner tapferen Dolmetscherin, einer Deutschen, deren chilenischer Mann wegen Widerstands im Gefängnis sitzt. »Stehen bleiben! Film her!« Plötzlich werden wir verhaftet. Ich habe an einer Straßenkreuzung mit einer Minox-Kamera Fotos von Militärfahrzeugen gemacht, die deutsche Markenzeichen tragen. Nicht bemerkt habe ich den Geheimpolizisten auf unseren Fersen. Wir werden umzingelt. Sie wissen nicht, wo die Minox steckt, der flache Apparat zeichnet sich in meiner Sakkotasche nicht ab. Mir ist mulmig, aber sie trauen sich nicht, mich anzurühren. Stattdessen durchsuchen sie meine Begleiterin. Vergeblich. Wir werden in einen Bus gedrängt. Schwer bewaffnete Militärpolizei. »Rücken Sie den Film heraus!« Ich lasse durch die Dolmetscherin ausrichten, dass ich nicht bereit sei, mit ihnen überhaupt nur zu reden. Abgeordnete genössen diplomatische Immunität, und man solle uns sofort freilassen. Lange geht es hin und her. Die Militärpolizisten lassen uns warten, telefonieren, gehen uns wieder an. Sie werden nervös. Irgendwann sind wir dann frei. Den Film haben sie nicht bekommen. Der Kongress hatte uns vermisst, die Verhaftung hatte sich irgendwie herumgesprochen, die Militärs befürchteten einen großen internationalen Eklat. Die Opposition feiert unsere Freilassung wie einen Sieg. Ein kleiner Erfolg, der Mut macht.

Abends fahren Freunde Freimut Duve, mich und einen Abgeordneten aus Uruguay, einen ehemaligen Untergrundkämpfer der Tupamaros, in eine abgelegene Fabrik, ein düsteres Gebäude, das in der Dunkelheit kaum zu erkennen ist. Eine Tür geht auf. Drinnen sind Hunderte von Jugendliche – ein konspirativer Kongress oppositioneller Jugendorganisationen. Wir halten Solidaritätsreden. Duve muss bald wieder weg, ich bleibe länger. Plötzlich kommt der Versammlungsleiter, ruhig, ernst, flüstert: »Das gesamte Gelände ist von Militär umstellt!«

Die Veranstalter sind sehr besorgt. Das ist kein Spaß. Wie kann man hier heil wieder herauskommen? Mancher der Anwesenden spricht von Kampf. Der Leiter, ein Funktionär der kommunistischen Jugend, ist besonnen und will verhandeln. Er bittet den Kollegen aus Uruguay und mich, zu bleiben. »Wenn ihr jetzt geht … nicht auszudenken, was passiert.« Er geht raus zum Militär: »Wir haben zwei ausländische Abgeordnete bei uns.« Es kommt zu einer Einigung: Die Versammlung wird aufgelöst bei Zusicherung freien Geleits. Wir Abgeordneten sollen die Szene beobachten. Und so stehen der ehemalige Tupamaro und der grüne Abgeordnete am Fabriktor und beobachten eine gespenstische Szene. Was für ein Unterschied zu dem Gerangel zwischen Polizei und Demonstranten in Deutschland! Bei uns häufig ein eher sportlich anmutendes Räuber-und-Gendarm-Spiel, oft unfair, oft grob, aber nur selten lebensgefährlich. Und hier? Auf der Straße hat sich Militär mit Maschinenpistolen und Gaskampfwagen, made in Germany, in Stellung gebracht. Aus dem Fabrikgebäude kommen, immer zu zweit, Hand in Hand, schweigend die Jugendlichen. Keiner macht eine dumme Bemerkung. Keiner provoziert »die Bullen«. Hier muss kein Polizist auf die Verhältnismäßigkeit der Mittel achten. In einer Militärdiktatur gibt es nur brutal durchgesetzte Herrschaft. Flankiert von Polizisten mit schussbereiten Waffen, verlassen die Jugendlichen das Gebäude. Nach einer halben Stunde ist der Spuk vorbei. Irgendwie komme ich ins Hotel zurück.

Der Bonner Journalist aus der Eingangsszene, der auf Kosten der grünen Fraktion mitreisen konnte und unseren Besuch vorbereitete, organisiert ein Pressegespräch im Untergrund. Manch ein Schreiber traut sich, Kritisches zu berichten, wenn es von Ausländern stammt. Nicht alle in Deutschland sind für die Diktatur, mache ich deutlich; selbst Konservative gehen auf Distanz. Pinochet wird die Unterstützung des Westens verlieren! Danach habe ich ein langes Gespräch mit einer führenden Vertreterin der illegalen chilenischen Frauenbewegung. Sie hat bei Marcuse in Berkeley studiert, war Aktivistin der antiautoritären Studentenbewegung in den USA, hat für Emanzipation gekämpft und ging dann zurück in ihr Heimatland. Nun erzählt sie mir, wie Verelendung aussieht, die Verelendung der Intellektuellen, die sich für Emanzipation und Aufklärung eingesetzt hatten und jetzt – so sie nicht ermordet wurden – der totalitären Kontrolle durch ein faschistisches Regime und militaristische Machos unterworfen sind. Die alles vergessen sollen, was sie gesehen, studiert und erhofft hatten. Ein bedrückender Kontrast zur anarchischen Lebensfreude und provokativen Expressivität, die wir Grünen gerade in die deutsche Politik tragen. Tief in der Nacht schleiche ich allein zurück zum Hotel.

Am nächsten Tag dann der Abflug, wieder mit Lufthansa, exzellenter Service, traumhafter Anflug auf Rio ... was für eine bizarre Woche! Einmal Diktatur hin und zurück, erster Klasse, bitte. Die schizoide Realität von Außenpolitikern. Im Sitz neben mir die liebenswürdige Gattin eines deutschen Bankers: »Gut, dass wir Pinochet haben. Der hat für Ruhe und Ordnung gesorgt.« »Es herrscht Ruhe im Land«, denke ich, »so hieß doch Peter Lilienthals Film über Pinochets Massaker?«[19]

2001, 14 Jahre später, wurde Pinochet der Prozess gemacht. Die spanische Justiz, selbst noch nicht lange einer Militärdiktatur entronnen, nahm sich die Freiheit der Anklage, was ich im Namen der Bundesregierung begrüßte. Der Verbrecher entkam ihr durch sein Ableben. Die internationalen Parlamentarierversammlungen in Chile hatten zum Ende seines Regimes beigetragen, sie hatten der mutigen chilenischen Opposition Rückendeckung der internationalen Öffentlichkeit gegeben.

Anfang Oktober 1988. Der zweite internationale Parlamentarier-kongress in Chile. Es sollten historische Tage werden, die Tage von Pinochets entscheidender Niederlage. 1980 hatten CSU-nahe deutsche Juristen eine Verfassung mit demokratischem Anstrich für Pinochet ausgearbeitet, die langfristig die Herrschaft des Diktators sichern sollte. 1988, acht Jahre später und 15 Jahre nach dem Putsch, sollte ein Referendum über eine weitere achtjährige Amtszeit stattfinden. Der Diktator hatte sich nun durch den internationalen Druck gezwungen gesehen, dieses Referendum tatsächlich durchzuführen. Eigentlich war dies nur eine Scheinlegitimation. Zudem gingen die »Pinochetistas« von einem klaren Sieg aus – ihre Machtausübung, so ihr Kalkül, würde reichen, dem Volk ein »Sí« abzupressen. Die Volksabstimmung war unter den Oppositionellen umstritten; auch ein »No« würde den Diktator nicht wirklich entmachten. Er bliebe noch ein Jahr im Amt, wäre danach Senator auf Lebenszeit, Oberkommandierender der Armee und auf ewig immun gegen juristische Verfolgung. Die Teilnahme an der Volksabstimmung aber verpflichtete den Widerstand zu einem Weg nach den Spielregeln des Despoten. Die Chile-Solidaritätsbewegung in der BRD war zerstritten. Sollte man das Plebiszit unterstützen oder boykottieren? Boykottieren auch um den Preis, dass Pinochet dann gewinnen würde? Mitmachen ebenfalls um den Preis, dass Pinochet gewinnen könnte? Ich selber plädierte für »Mitmachen«. »Sí« zur Teilnahme, um mit »No« zu stimmen.[20]

Wir Parlamentarier des internationalen Kongresses sollten ein Auge auf die Volksabstimmung haben, durch unsere pure Anwesenheit mithelfen, dass die Opposition sich trotz der Einschüchterung durch das Regime halbwegs frei bewegen konnte. Die Abgeordneten der anderen Fraktionen suchten sich als Beobachtungsposten die attraktiven Städte des Südens aus. Wir Grünen, d. h. MdB Helmut Lippelt, Bundesvorstand Jürgen Meyer, Referent Ulf Baumgärtner und ich, gingen in die Poblaciones und Armensiedlungen um Santiago. Hier wurden viele »No«-Stimmen erwartet und entsprechend viele Schikanen durch das Militär. Es ging das Gerücht, dass auf eine Siedlung Panzer vorrückten. Baumgärtner, ein Veteran der Chile-Solidarität, ließ es sich nicht nehmen, sich dort für die Nacht einzuquartieren.

Der Tag des Referendums. Die Stimmung war angespannt. Es lag etwas in der Luft. Überall kam es zu Reibereien, aber die Leute konnten immerhin abstimmen. Nach zunächst deprimierenden Zwischenergebnissen, verkündet von regimetreuen Funktionären, kam dann die Wende. Pinochet trommelte seine Generäle zur Krisensitzung zusammen. Das konnte nur eins bedeuten – er hatte verloren! Das Votum des Volkes war eindeutig: Etwa 60 Prozent stimmten mit »No«. Die »Vota Sí«-Partei der »Pinochetistas« erlitt eine Niederlage. Ausgelassen wurde der Sieg gefeiert, das Volk tanzte auf den Straßen. Wir durften mitmachen. Es hatte sich als richtig erwiesen, an der Volksabstimmung teilzunehmen. Endlich ein Stück Freiheit! Aber ein Rest Unsicherheit blieb: Würden die Militärs das Ergebnis akzeptieren? Würden sie erneut Waffen sprechen lassen, die Feiernden zusammenkartätschen? – Es blieb friedlich.

Es dauerte noch bis zur freien Wahl im Dezember 1989, die Chile wieder zivilisierte, indem sie den linken Christdemokraten Patricio Aylwin an die Macht brachte. Entscheidend für den Erfolg waren wohl zwei Faktoren gewesen. Die USA hatten angesichts der geopolitischen Veränderungen mit dem Ende des Kalten Krieges die Lust an ihrem Diktator verloren. Und die Opposition hatte ihre Strategie gewechselt. Während die bürgerliche Opposition nach dem Putsch lange stillgehalten hatte, war die Linke im bewaffneten Widerstand verblutet. Auch jetzt noch gab es Gruppen, die davon nicht ablassen wollten, angefeuert durch radikale Unterstützer in Europa. Dabei war klar: Einen Machtwechsel würde es nur geben, wenn die Mitte der Gesellschaft, also auch gemäßigte Kräfte, sich gegen den Diktator stellten. Eine demokratische Revolution brauchte eine Mehrheit unter Einschluss konservativer Kräfte. Der Versuch, mit dem Sturz des Diktators zugleich eine sozialistische Revolution zu verbinden, konnte nur auf eine Minderheit zählen und musste scheitern – das hatten die letzten zehn Jahre gezeigt. Revolutionäre Aktionen konnten den Menschen Mut machen, zeigen, dass der Diktator verwundbar war, blieben aber letztlich symbolisch. In einer wirklich machtvollen, breiten Opposition würden die radikalen Linken absehbar zur Minorität werden, mit geringem politischem Gewicht. Warum opferten sie jetzt immer noch ihr Leben?

In der Solidaritätsbewegung gab es heftige Diskussionen darüber. Viele Aktivisten wollten von ihren alten Träumen nicht lassen, für die bereits so schmerzhafte Opfer gebracht worden waren. Meine Haltung war eine andere: Man musste versuchen, die Linke vom Weg des

Märtyrertums abzubringen. Seit Jahren kamen immer wieder führende Köpfe der chilenischen Opposition nach Bonn, um mit uns die Strategie zu besprechen und um Unterstützung zu werben. Bei allem Respekt, auf die Solidarität meiner Partei zumindest konnten unzeitgemäße Strategien nicht zählen. Die anderen umso mehr.

Im Bundestag hatte ich nach der Reise von 1987 eine Kampagne gestartet, die Todesstrafe, die vier inhaftierten chilenischen Linksradikalen drohte, abzuwenden. In Santiago wurde mir im Jahr darauf der Zutritt zum Gefängnis verweigert. Unsere Kampagne aber hatte Norbert Blüm aufgerüttelt, Minister unter Kanzler Kohl. Er reiste nach Chile, auf sein Betreiben hin wurden die Leute gerettet. Blüm erntete den Ruhm, die Vorgeschichte wurde verschwiegen. Aber die Intervention der deutschen Christdemokraten war auch ein Beweis dafür, dass Pinochet nur mit konservativen Kräften zu stürzen war. Und dafür, dass diese anschließend den Erfolg des Sturzes und die Führungsrolle reklamierten, obwohl sie selbst einst Pinochets Putsch begrüßt hatten. Hatte nicht CDU-Generalsekretär Heck über die Lage im Fußballstadion von Santiago, in dem die Militärs Tausende von Gegnern eingepfercht und viele ermordet hatten, gesagt, bei schönem Wetter sei es dort gut auszuhalten? Die Manöver der »schwarzen Internationalen« waren schäbig; dennoch konnte Pinochet nur mit ihrer Hilfe gestürzt werden. Klug aber wurde die revolutionäre Linke erst, als die Sowjetunion zusammenbrach und mit ihr die letzte Hoffnung auf ein Revolutionsmodell schwand, das sich historisch längst überlebt hatte. Die Parlamentarierversammlung hatte ein wichtiges Zeichen auch für die Mitte der Gesellschaft gesetzt. Die Gemäßigten wurden mutiger. Pinochet wusste, dass die teils heimliche, teils unverhohlene Unterstützung im Westen bröckelte.

Das ist nun alles lange her. Die Diktatoren Lateinamerikas sind von der Macht vertrieben, in manchen Ländern bis heute geschützt durch die *Impunidad*, die Straflosigkeit. Nationale Einheit ist vielen noch wichtiger als das Aufarbeiten der Verbrechen. Aber die Zeiten ändern sich, und so manchen holt seine Vergangenheit ein.

Selbst der Führer der »Colonia Dignidad«, Deutscher, Pinochets Scherge, lange von den Behörden geschützt und geduldet, hat inzwischen seinen Richter gefunden. Auf dem riesigen, unzugänglichen und schwer bewachten Gelände der Colonia in der Nähe Santiagos hatte ein Fleischer aus dem Rheinland eine gruselige, antiquiert deutschtümelnde Sekte aufgebaut. Was auf den ersten Blick nur verschroben aussah, hatte sich Kennern längst als ein Lager entpuppt, in dem systematisch Kinder und junge Männer sexuell missbraucht und mittels Gehirnwäsche zur Gefolgschaft gezwungen wurden. Auch waren hier Folterkeller des chilenischen Geheimdiensts eingerichtet worden. Auf der Reise 1987 war ich vom Katholischen Büro in Santiago über das Treiben der Colonia informiert worden. Amnesty International hatte bereits eine Broschüre mit Ermittlungen herausgegeben, die von der Colonia-Sekte aufs Heftigste dementiert wurden, mit der Publikation aber keine politische Resonanz gefunden.

Im Bundestag konfrontierte ich nun die Bundesregierung erstmals offiziell mit den Ungeheuerlichkeiten. Andere Kollegen trieben das Thema später weiter. Es stellte sich nämlich die Frage, ob die Kolonie in den Genuss der Bestimmungen des Auswärtigen Amtes über den »Schutz der Deutschen im Ausland« kam. Oder ob die deutsche Botschaft Anstrengungen unternahm, die Kolonie schließen zu lassen. Doch die Regierung mauerte. Erst als ich 1998 in der Position des Staatsministers Druck machte und entsprechend mit den neuen demokratischen Behörden Chiles verhandelte, spitzten sich die Dinge zu. Plötzlich fand sich auch eine Staatsanwaltschaft, die den Sektenführer verhaftete und die Auflösung der Kolonie einleitete.

Auch die Nachbarn in Argentinien hatten eine brutale Militärdiktatur durchzustehen. Viele Oppositionelle haben sie nicht überlebt. Sie wurden gefoltert, abgeschlachtet, aus Hubschraubern tot oder lebendig ins Meer geworfen. Alles im Namen der westlichen Freiheit und Marktwirtschaft. Unter den Opfern war Elisabeth Käsemann, Pastorentochter aus meiner Heimatstadt Gelsenkirchen. Sie hatte am Otto-Suhr-Institut der Freien Universität Berlin studiert, ging nach Argentinien und unterstützte den Widerstand. 1977 wurde sie gefoltert und ermordet.

Auf einer Reise mit Bundespräsident Roman Herzog im Jahr 1999 konnte ich erfahren, wie verzweifelt die Angehörigen der Verschwundenen noch immer waren. Gibt es eine deutsche Mitschuld? Hat die deutsche Botschaft einst mit dem diktatorischen Regime kooperiert? Verschleiert sie heute die damalige Kollaboration? Weiß sie mehr, als sie zugibt? Ein Kontaktmann der Militärs war bei der Botschaft ein- und ausgegangen. Notwendiger Minimalkontakt oder abgekartetes Spiel? Der Besuch des Bundespräsidenten drohte zu scheitern, als diese Fragen plötzlich in den Zeitungen von Buenos Aires auftauchten. Wir trafen die Mütter von der Plaza del Mayo, stellten uns ihren Fragen. Es war mein Job, auf die Schnelle mit Bonn die Hintergründe abzuklären. Hatte die Botschaft, hatte das Auswärtige Amt, hatten Außenminister Genscher oder Bundeskanzler Helmut Schmidt damals mit den Militärs einen zu kooperativen Umgang gepflegt? Welche Spielräume standen ihnen eigentlich gegenüber einer Diktatur zur Verfügung? Wie wurden diese genutzt? Ehemalige Botschaftsangehörige schilderten mir ihre Erfahrungen. So manche Frage gilt es noch zu klären. Wie war das damals mit Waffenexporten aus Deutschland an die Junta? Immerhin konnte der Bundespräsident zum guten Schluss den Angehörigen deutscher und deutschstämmiger Opfer Einsicht in die noch greifbaren Botschaftsakten zusagen.

Gern hätte ich den Anwälten der Angehörigen und der Kampagne gegen die Straflosigkeit geholfen, als sie 1999 den Mord an Käsemann wieder aufrollten und die ehemaligen Mitglieder der Junta verklagten. Die Bundesregierung trat der Klage bei. Doch wichtige Dokumente sind längst im Archiv verschwunden. Als im Jahre 2010 – noch auf Betreiben von Außenminister Joschka Fischer – eine Historikerkommission die unrühmliche Rolle des Auswärtigen Amtes in der Nazizeit aufdeckte und die Karrieren der alten Kameraden danach, kam mir oft in den Sinn, auch die Rolle der deutschen Diplomatie in der Zeit der lateinamerikanischen Militärdiktaturen in den 1970er bis 80er Jahren müsse einmal erforscht werden. Viele Nazis hatten sich nach Süd- und Mittelamerika abgesetzt. Und die Bonner Diplomatie? Hatte sie kollaboriert oder – wie sie beteuerte – versucht, in schweren Zeiten die zivilisatorischen Mindeststandards zu verteidigen? Und die Interessen und Rechte der Deutschen? Welcher Deutschen? Die Interessen der dem Tod durch Flucht und Emigration entkommenen Juden oder die der braunen Schergen, die ihnen auf der Rattenlinie folgten? Bemerkenswert war für mich jedenfalls, welch unterkühlte Halbdistanz unsere Botschaft gegenüber deutschen Einwanderern hielt.

Aus lateinamerikanischen Widerstandskämpfern von einst sind seit den 1990er Jahren Staatschefs, Minister, Spitzenbeamte geworden. Die grünen Freunde aus Chile sind aus dem deutschen Exil längst zurückgekehrt, sind Diplomaten, Gewerkschaftsführer, Geschäftsleute. Der Journalist, der mein Telefon nutzte, wurde Leiter des Lateinamerikaprogramms der Deutschen Welle.

Santiago 2001. Meine erste Chile-Reise seit 13 Jahren, nun als Regierungsmitglied. Ein Besuch im Goethe-Institut steht an, eine Großveranstaltung. Hans Magnus Enzensberger und drei Dichter aus Lateinamerika wollen aus ihren Werken lesen. Der Saal ist überfüllt, die Leute, meist jung, hocken in Gängen, auf Simsen, in Fensternischen. Mühsam dränge ich mich in den Raum. Plötzlich kommt tosender Beifall auf. Die Bühne ist noch leer. »Deine Begrüßung!«, sagt jemand hinter mir. Da standen sie, die alten Freunde! Fast alle waren sie da. Sie hatten den jungen Leuten im Saal die Geschichten aus dem Widerstand erzählt.

Einer von »damals« sollte noch mit einer besonderen Mission betraut werden: Antonio Skármeta, einst Lilienthals Drehbuchautor, inzwischen ein berühmter Schriftsteller, dessen Roman »Mit brennender Geduld« verfilmt und unter dem Titel »Der Postmann« (»Il postino«) Kassenschlager in den Kinos wurde. Im Jahre 2000 wurde er Botschafter seines Landes in Berlin. Er meldete sich zum branchenüblichen Antrittsbesuch bei mir im Auswärtigen Amt. Statt des obligatorischen Kaffeestündchens verabredeten wir ein Alternativprogramm: Ein Treffen im »Zwiebelfisch«. In einem Buch über sein Exil in Berlin hatte Skármeta eine Geschichte über diese Kneipe am Savignyplatz geschrieben.[21]

So sitzen wir nun am runden Stammtisch, mit dabei die Beamten der Lateinamerikaabteilung des Auswärtigen Amts, für sie ein eher ungewöhnlicher Abstecher. Jeder weiß die Geste von Präsident Ricardo Lagos zu schätzen, eine solch herausragende Persönlichkeit nach Deutschland zu entsenden. Skármeta ist zum ersten Mal wieder an diesem Ort seiner Geschichte. Als Student war er 1973 nach dem Militärputsch geflohen und mittellos am Bahnhof Zoo angekommen, hatte sich nach einem Studentenlokal erkundigt und war im »Zwiebelfisch« gelandet. Er hatte dort nach einer Wohngemeinschaft gefragt, in der er unterkommen könnte. Darauf war er einer hochnotpeinlichen Befragung unterzogen worden: Warum er geflohen sei, warum er keinen Widerstand leiste? Das Urteil der studentischen Berufsrevolutionäre war gnadenlos ausgefallen. Nicht die richtige revolutionäre Gesinnung, Rechtsabweichler – kein Platz in der WG!

Wir diskutieren die Lateinamerikapolitik. Die Latinos hatten Angst, aus dem Blickfeld der Europäer zu geraten, jetzt, da die großen Umbrüche in Europa stattgefunden hatten, und auf Gedeih und

Verderb auf den großen Bruder im Norden angewiesen zu sein. Die USA hatten aus ihren folgenschweren Fehlern der letzten Dekaden gelernt. Heute wurden Demokratien gefördert, besonders wenn sie sich einem Freihandel verschrieben, der den Nordamerikanern neue Märkte eröffnete. Die amerikanische Freihandelszone bedeutete für die einen Hoffnung auf Entwicklung, für die anderen war sie das Schreckgespenst der völligen Auslieferung an die starke US-Wirtschaft. Umso wichtiger schien uns die Stärkung regionaler Integration in Lateinamerika selber. Der »Mercosur« mit Brasilien, Argentinien, Uruguay, Paraguay und dem assoziierten Chile bot die Chance auf eine neue Wachstumsregion, die eigenständiges Gewicht entwickeln konnte. Er suchte die strategische Partnerschaft mit der EU, wollte die starke Fixierung auf die USA durch eine zweite Blickrichtung auflösen. Und wir Europäer hätten große Chancen, Lateinamerika, in das so viele europäische Generationen ausgewandert waren, enger an uns zu binden.

Doch Ideen sind das eine, die europäische Visa-Politik etwas anderes. Manch ein Besuch wurde abgeblockt, lateinamerikanische Geschäftsleute unter den Generalverdacht der Drogenschieberei gestellt. Auch die europäische Agrarpolitik schert sich wenig um übergeordnete außenpolitische Ideen. Wie oft habe ich auf Konferenzen für eine verstärkte Zusammenarbeit mit Lateinamerika plädiert. Aber der europäische Erweiterungsprozess lenkte den Blick nach Osten. Der Interessenausgleich findet eher zwischen West- und Osteuropa statt, die Verteilungsspielräume für Kompromisse mit anderen Wirtschaftsregionen sind beschränkt. Die Enttäuschung der Latinos ist groß. Für viele sind wir nicht beliebige Wirtschaftspartner, wir sind das »Mutterland«, zu dem sie stärkere Beziehungen knüpfen wollen.

Santiago, März 2001. Die Delegationen der EU und der Rio-Gruppe, der lateinamerikanischen Länder, stehen beim Empfang zusammen. Auch die Delegationen der südostasiatischen Wirtschaftsgemeinschaft ASEAN sind dabei, die ebenfalls mit der Rio-Gruppe verabredet sind. Ein wunderbares Dreiecksverhältnis, denn auch wir Europäer treffen alle zwei Jahre auf die Südostasiaten. Wir stehen in der »Moneda«, dem Amtssitz des Präsidenten, eben dort, wo Präsident Salvador Allende 1973 umkam, als Pinochet den Putsch mit einem Bombenangriff begann. Seine Tochter schildert die Ereignisse.

Zwei Jahre zuvor hatte ich im Auswärtigen Amt die Idee vom Transatlantischen Dreieck formuliert. Bundespräsident Roman Herzog hatte sie aufgenommen. Auf der gemeinsamen Südamerikareise 1999 verkündete er die strategische Partnerschaft von Europa und Lateinamerika, eingebettet in das Transatlantische Dreieck von Europa, Süd- und Nordamerika. Jetzt in Santiago wurde diese Partnerschaft bekräftigt. Balsam für die Latinos, aber sie erwarteten Konkretes – vor allem eine Reform des europäischen Agrarmarkts, der nicht länger die Kooperation mit Lateinamerika verhindern sollte. Der Kongress hat sein freies Wochenende. Entspannung ist angesagt. Es bietet sich eine Goodwill-Tour an. Und so beginnt das Verhängnis, das eine ganz andere, bizarre Dimension der Außenpolitik, des interkulturellen Dialogs, der steten Friedensbemühungen entlarvt. Vorgesehen ist ein Besuch bei deutschen Auswanderergemeinden. In mehreren Wellen waren sie nach Chile gekommen: die Armutsflüchtlinge des 19. Jahrhunderts; Menschen, die vor den Nazis flüchteten; nach dem Krieg geflohene Nazis. Zum Schluss kamen die Honeckers. Unsere Delegation sucht die erste Gruppe auf, die Nachkommen der Armutsmigranten. Mit dem Flieger geht es nach Puerto Montt, weiter nach Puerto Varas mit dem Minibus. Flach auf dem Boden liegend, die Beine aufwärts gegen die Fenster gestemmt, ist der Lateinamerikabeauftragte des Auswärtigen Amtes mit dabei, einst der Botschafter in Nicaragua, mit dem ich bereits zu tun hatte.[22] Vor Wochen war er bei einem Verkehrsunfall in Bolivien fast ums Leben gekommen, als sein Pkw nachts einen quer stehenden, unbeleuchteten Lkw rammte. Trotz seines Rückentraumas hat er es sich nicht nehmen lassen, uns zu begleiten. Auch der deutsche Botschafter stößt zu uns, Georg Dick, ein Grüner, Joschka Fischers Freund noch aus Streetfighter-Zeiten, der seinen Weg ins Auswärtige Amt gefunden hat. Die hochrangige Crew signalisiert: Die Südamerikapolitik steuert auf ihren Höhepunkt in Friedenszeiten zu.

Die Deutschen haben sich in zahlreichen Dörfern rund um einen idyllischen See am Fuße weiß gepuderter Vulkane niedergelassen. Hübsche Dörfchen, gepflegte Vorgärten, bunt gestrichene Holzarchitektur, Geranien. Die Leute freuen sich über unseren Besuch. Doch erst kommt die Pflicht. Der Tag wird lang, deshalb frühstücken wir ausgiebig im Hotel – ein entscheidender Fehler. Anschließend steht der Besuch eines Projekts der deutschen Entwicklungshilfeagentur

GTZ zur Waldbewirtschaftung, am Hang eines Vulkans, auf dem Programm. Mit Geländefahrzeugen geht es bergauf. Die GTZ ist gut ausgerüstet, das Beste für alle Lebenslagen, bezahlt aus der Entwicklungshilfe. Die Botschaft, finanziert vom Auswärtigen Amt, hat dagegen nicht mal genügend Mittel für Inlandsreisen des Botschafters – so klagt die Botschaft nicht ganz zu Unrecht.

Aufwärts durch feuchte Schwaden. Plötzlich werden wir von grellem Licht geblendet. Wir stehen über der Waldgrenze, knapp unterhalb des Vulkangipfels, unter uns ausgebreitet das Wattemeer der Wolken, die sich, vom Pazifik kommend, an den Anden stauen. Ein Fahrer öffnet die Heckklappe. Heraus kommen Campingtisch, Sandwiches und die Rotweinflasche. Ein himmlisches Picknick hier oben. Wir haben zwar gut gefrühstückt, aber wer weiß, wann es wieder etwas gibt auf diesem Trip. Also: reinhauen! Der zweite entscheidende Fehler. Denn wieder unten im Tal, erwartet uns der Bürgermeister. Mittagessen zu Ehren der Delegation! Das ist nicht geplant, nicht abgesprochen. Die natürliche Gastfreundschaft – wir hatten sie nicht bedacht. Ein stilvolles Restaurant am See, alle Würdenträger der Gegend sind anwesend, und Berge von Essen stehen auf dem Tisch. Keiner von uns hat Hunger, die GTZ hat uns gut abgefüllt. »Sie müssen etwas essen, sonst sind die Gastgeber beleidigt«. Meine persönliche Referentin klingt unerbittlich. »Weiß ich selber.« Der Ausflug gerät zum Horrortrip. Eine Viertelstunde Händeschütteln hatten wir eingeplant, aber so ein Lunch dauert zwei ganze Stunden.

Ich bekam heftige Zweifel an einigen diplomatischen Gepflogenheiten, besonders den Einladungen zum Essen. Einen Besucher zu füttern mag sinnvoll gewesen sein zu einer Zeit, da der Reisende darbte und zu verhungern drohte. Der gute alte Brauch der Gastfreundschaft hat sich jedoch längst verselbstständigt zum reinen Höflichkeitsritual. In Zeiten der Fülle, besonders der Körperfülle, jemanden zum Essen einzuladen, heißt eigentlich nichts anderes, als sich auf Kosten von dessen Gesundheit dessen Zeit zu gönnen. Oft diskutierte ich mit dem – einer Kulturrevolution nicht abgeneigten – Protokollchef des Auswärtigen Amtes die Abschaffung aller Rituale. Sie belasten den Steuerzahler, den Kalorienhaushalt, das Zeitbudget, mindern die Arbeitsfähigkeit. Aber jetzt hier in Chile hieß es, sich durchzubeißen.

Zwei Tage später in Castro, auf der Insel Chiloe, machten wir es besser: Nach dem zweiten Gang des üppigen Mittagessens konnte keiner mehr. Notbremse! Krisenplan! Rettung bot das Weltkulturerbe der UNESCO. Einige Straßen weiter stand eine der berühmten, im gotischen Stil gebauten, grell bemalten Holzkirchen. Der Respekt vor der UNESCO gebot eine sofortige Besichtigung, das sah auch der Gouverneur ein, der sich sogar erbot, den Pfarrer aus dem Mittagsschlaf zu klingeln.

In Puerto Varas allerdings hatten wir nach dem Mittagsmahl noch einen langen Parcours über die deutschen Dörfer vor uns. Ankunft in Llanquihue. Besichtigung der deutschen Wurstfabrik. Imbiss im Sportverein. Großes Hallo, in altertümlichem Deutsch. »Bitte kommen Sie herein.« Eine riesige Tafel mit Leberwurstbroten und Streuselkuchen erwartete uns. »Herr Staatsminister, Sie müssen etwas essen ...« Die einfachen Leute waren extrem liebenswürdig. Man konnte es ihnen nicht abschlagen. Es hieß Haltung bewahren, alles loben, essen im Dienste des Vaterlands. Endlich ging es weiter. Frutillar hieß das nächste Dorf, das wir rechtzeitig zum Nachmittagskaffee erreichten. Stachelbeertorte, Mohnkuchen, aber auch Wurst- und Käsebrötchen – »falls einer was Deftigeres möchte«. Ich verfluchte das Protokoll. Das ist immer richtig, auch wenn es keins gab. »Herr Staatsminister, Sie sollten ...« Luft holen. Es war mein Job! Was tut man nicht alles für die Völkerverständigung! Puerto Octay, eine weitere Kaffeetafel. »Herr Staatsminister, Sie sollten ...« Ich befand mich in einer verzweifelten Lage. Mein Opa hatte den Ersten Weltkrieg überlebt, mein Vater den Zweiten. Heute, im tiefsten Frieden, bewerfen sich die Völker mit Kalorienbomben. Da musste ich durch, aber ich dachte inbrünstig an Rücktritt ...

Endlich schien es geschafft. Jetzt nur noch das abendliche Abschlussdinner mit fünf Gängen im deutschen Club. Die braven Leute hatten sich seit Generationen eine kleine, aber feine Existenz aufgebaut. In einer wunderschönen Landschaft. Von der Politik bekamen sie wenig mit. Die Diktatur hatte sie kaum berührt. Im Gegenteil, das Kleinbürgertum und der kleine Mittelstand hatten Pinochets Putsch begrüßt. Neben mir saß der örtliche Senator, Parlamentskollege, Mitglied der Partei Pinochets. Kein Unhold, sondern ein netter Kerl, harmlos, bodenständig – und auf groteske Weise deutsch. Pinochet habe Chile gerettet. Und wir Deutschen müssten zusammenhalten. Wir Deutschen? Wann denn seine Familie eingewandert sei und woher sie komme, fragte ich. 150 Jahre war es her, und der Name klang nach böhmischen Dörfern. Ich deutete auf eine Europakarte mit den Grenzen von 1914. »Wo liegt der Ort?« Er zeigte es mir. Ein böhmisches Dorf, heute in Tschechien gelegen. Aber die neueren Entwicklungen in Europa waren hier unten, nahe Kap Hoorn, noch nicht richtig angekommen.

Auch das gehört zur Völkerverständigung. Und gerade Kolonien von Auswanderern, so eigentümlich sie auch scheinen mögen, können Brückenpfeiler bei der Pflege bilateraler Beziehungen sein. Vielleicht sollte man mal daran denken, wenn es um »ausländische Kolonien« in Deutschland geht. Hier jedenfalls hatten deutsche Wirtschafts- und Armutsflüchtlinge ihr Glück gemacht. Das Deutschlandbild war veraltet, wurde aber, wie auch die Sprache, voller Herzenswärme gepflegt. Wie glücklich sie sind, erleben wir anderentags nach dem Frühschoppen bei der Besichtigung ihres Feuerwehrhauses. Liebevoll haben sie einen Feuerwehrleiterwagen Typ Mack, Baujahr 1920, restauriert und in Schuss gehalten, in leuchtendem Blau und blitzendem Chrom! Unversehens schiebt man mich auf den Beifahrersitz, läutet die goldene Glocke, während der Wagen mit Höchstgeschwindigkeit durch die Dorfstraßen brettert …

Eine deutsche Idylle, friedlich, heiter, arglos. In einem Chile, in dem es andere nicht mehr gab, den Sänger Victor Jara zum Beispiel. Ihm, dem Poeten der sozialen Gerechtigkeit, hatten die Militärs nach dem Putsch die Hände gebrochen, damit er nicht mehr Gitarre spielen konnte. Dann musste er sein Leben lassen – damals. Ermordet im Stadion des Endspiels der Fußballweltmeisterschaft von 1962, dort, wo es – wie es die CDU ausgedrückt hatte – bei schönem Wetter gut auszuhalten war.

Nachtrag 1, 2011: Die Klagen gegen Mitglieder der argentinischen Junta und ihre Schergen haben Erfolg. Fast 40 Jahre nach dem Militärputsch werden einige zu lebenslänglicher Gefängnisstrafe verurteilt. In Gelsenkirchen wird eine Bildungsstätte nach Elisabeth Käsemann benannt.

Nachtrag 2: Im Februar 2012 bin ich wieder in Chile, diesmal privat. Ich erkenne Schauplätze von damals, besuche unseren Botschafter. Nur wenig erinnert noch an die Diktatur. In der Moneda wimmeln Touristen. Davor steht ein Denkmal für Allende. Studenten demonstrieren in Massen gegen das Bildungssystem – die Polizei schlägt zu wie bei uns: demokratische Normalität. Knapp drei Wochen später feiere ich mit wildfremden Menschen meinen 60. Geburtstag auf den chilenischen Klippen von Kap Hoorn.

Nachtrag 3: 40 Jahre nach der Ermordung Victor Jaras erlässt ein chilenischer Richter einen internationalen Haftbefehl gegen den in Florida lebenden Mörder. Das Estadio Chile trägt seit zehn Jahren den Namen des Sängers.

6.
Sonnenschein am 38. Breitengrad
(In Nordkorea und Südkorea)

»Herr Staatsminister, nehmen Sie den nordkoreanischen Außenminister?« Meine Referentin stand in der Tür. Immer wenn es für Joschka Fischer selber zu heikel war, zu langweilig oder zu wenig Glanz abfiel, empfing meine Wenigkeit ausländische Delegationen. Nordkorea war heikel. Der Außenminister hätte nach dem Gespräch eine Stellungnahme abgeben müssen. Aber was war zu sagen – über nicht existente diplomatische Beziehungen?

Einmarsch der nordkoreanischen Delegation. Ob sie wohl zum ersten Mal hier waren, im Auswärtigen Amt am Werderschen Markt in Berlin, das vor der Wende das Zentralkomitee der SED beherbergt hatte? Damals waren noch viele Fenster zugemauert, und die Genossen hatten sich gegenseitig die Büros verwanzt, munkelte man. Nach dem Ende der DDR hatte Nordkorea seine Botschaft in Berlin in ein Kontaktbüro von minderem diplomatischem Status umgewandelt. Aber fleißig war er gewesen, der Ständige Vertreter, und hatte den ersten Besuch seines Außenministers in der neuen gesamtdeutschen Hauptstadt eingefädelt.

Da saß dieser mir nun, im Frühjahr 2000, gegenüber, wuchtig, vierschrötig, mit undurchdringlichem Gesicht, die dunklen, gegelten Haare streng nach hinten gekämmt, der Prototyp des kommunistischen Funktionärs, aber irgendwie wirkte er auch gemütlich. Kaffee und Kekse animierten normalerweise zum fröhlichen Smalltalk, bevor der ernsthafte Teil des Gesprächs begann. Aber der Außenminister legte sofort los. Sehr förmlich, sehr korrekt, mit der leisen und tonlosen Sprache der Asiaten, die ihr Gegenüber nicht durch lärmende Auftritte beleidigen wollen. Sein Vortrag enthielt all die Standardformeln des sozialistischen Internationalismus, welche die Älteren in meiner Delegation noch aus den Verhandlungen mit der Sowjetunion kannten. Völkerfreundschaft, Verträge zum gegenseitigen Nutzen, Nicht-Einmischung in die inneren Angelegen, friedliche Koexistenz, Wettbewerb der Systeme – als hätte es die Wende von 1989 nie gegeben.

Und in der Tat war Nordkorea eines der wenigen Länder, das nach dem Zusammenbruch des Comecon und seines großen Bruders Sowjetunion nicht den Weg nach Westen suchte, sondern unbeirrt das kommunistische Paradies für die werktätigen Massen verwirklichen wollte. Angeführt wurde es von Kim Il-sung, seinem »Großen Führer«, der die Juche-Ideologie[23] erfunden hatte, eine Art Autarkie-Vorstellung. Nordkorea wollte mit den eigenen Ressourcen und Kräften klarkommen, praktisch ohne Außenhandel, selbst als die Zuwendungen aus Moskau ausblieben. Eine vielleicht sympathische, aber völlig irreale Idee. Realitätsverlust herrschte zudem infolge der völligen Abschottung des Landes. Der Rest der Welt hatte die Untertanen nicht zu interessieren. Der »Große Führer« allerdings besaß neben einer ansehnlichen Mercedes-Flotte und Videosammlung auch Internetanschluss.

Aber wenn die Masse der Bauern und Werktätigen dort glücklich war, warum reiste der Außenminister dann ins westliche Ausland, zum Klassenfeind? Aus Reiselust? Um uns zu missionieren? Wohl kaum. Sein Eingangsmonolog begann: Er rühmte ausführlich sein Land, und er lobte das Verständnis Deutschlands für fremde Völker. – Aha. Verstanden wollte er werden. Aber warum buhlte er um unser Verständnis, da den Nordkoreanern der Rest der Welt doch offiziell egal war? Vielleicht hatten sie ein Problem, das sie aus eigener Kraft nicht zu lösen vermochten? Richtig vermutet, denn der Minister fuhr fort: Solidarität unter den Völkern sei gefragt, bei gegenseitigem Respekt. Er wollte also etwas von uns, das war klar, aber ohne Gesichtsverlust. Noch klang alles äußerst rätselhaft. Hier halfen nur Lockerungsübungen. Nordkorea sei mir schon als Jugendlicher ein Begriff gewesen, gab ich zum Besten. Mein Gegenüber horchte auf. Ich hätte noch in Erinnerung, wie die nordkoreanische Fußballmannschaft bei der Weltmeisterschaft 1966 in England gespielt habe. Nur mühsam konnte der Minister seine undurchdringliche Miene beibehalten. Und weil ich damals die WM-Spiele mit meinem Bruder beim Tip-Kick nachgespielt habe, erinnerte ich noch einen Teil der nordkoreanischen Mannschaftsaufstellung. Die Mausoleumsstimmung hellte sich auf. »Pak Doo Ik, Pak Li Sup, Li Dong Woon …«, zählte ich auf. Plötzlich zeigte sich ein Strahlen auf dem Gesicht des alten Herrn und seiner Begleiter. Mir saßen Menschen gegenüber, zumindest Fußballfreunde.

Fußballdiplomatie – dieser Exkurs lässt sich jetzt nicht vermeiden – hilft in vielen politischen Lebenslagen. Der Philosoph Klaus Theweleit betitelte sein Fußballbuch nicht umsonst »Tor zur Welt«.[24] Nach meiner Erfahrung lohnt es sich zum Beispiel, mit den Briten demütig über das legendäre Wembley-Tor zu reden. Man muss nur sicher sein, das Gegenüber ist Engländer und nicht Schotte oder Nordire. Eine Gratulation zum Sieg von Manchester United über Bayern München in der Champions League kommt schon deshalb gut, weil sie die Bereitschaft zum Landesverrat signalisiert. »Very british« war auch der Anstoß, den der Botschafter des Vereinigten Königreichs beim Comeback der »Grünen Tulpe«, der Fraktionsfußballmannschaft der Grünen, 1994 ausführte. Die Fraktion war 1990 aus dem Bundestag abgestiegen und nun wieder dabei. Fischer als Kugelblitz im Sturm, ich im Tor. Fischer war der Aggressivere, mein Job war es, Schlimmes zu verhindern. Stilecht kam nun Sir Lever in Gummistiefeln, Mantel, Ascottuch und Zylinder auf den schlammigen Rasen und zelebrierte den Anstoß für die britische Botschaft. Ihre größten Einsätze hatte die »Grüne Tulpe« übrigens während des Kalten Krieges. Herausragend war immer die entspannungspolitische dritte Halbzeit gegen die Sowjetunion. Sie fand im grünen Fraktionssaal statt. Die Grünen brachten Brötchen, die Sowjets Wodka, und dann stießen wir an auf den »Mineralsekretär« Gorbatschow im Kreml. Ehemalige Ostblockstaaten waren stets lohnende Anspielstationen. Als Staatsminister besuchte ich zum Beispiel die Mongolei. Deren alte DDR-Verbindungen sollten auf das neue Gesamtdeutschland umgelenkt werden. Vormals verband die sozialistische Ideologie. Aber heute? Mein Gastgeschenk war ein Fußball mit den Autogrammen unserer Nationalelf: »Uns verbinden die Khans, ihr hattet den Dschingis, wir haben den Oliver.«

Nun lag der Ball im Feld der Nordkoreaner. Hinter diesen Stand der Lockerung konnten sie nicht mehr zurückfallen. Der Außenminister eröffnete das Spiel mit einem Pass aus der Tiefe des Raumes: »… Wenn auch unsere Kontakte sich normalisieren würden.« Nach kurzem Geplänkel legte er nach: »Leider haben wir noch keine diplomatischen Beziehungen.« Das war ein krachender Lattenschuss! Natürlich konnte ich im sportlichen Überschwang nicht sofort begeistert zusagen. Es war westliche Strategie, dieses Nordkorea ins Abseits laufen zu lassen. Besonders die Amerikaner hatten lange Zeit Wert darauf gelegt; immerhin sah es so aus, als würden die isolierten Asiaten nicht ohne Erfolg an der Atombombe arbeiten. Sie könnten damit Seoul, die Hauptstadt Südkoreas, als Geisel nehmen, vielleicht sogar das wegen seiner früheren Kriegsverbrechen verhasste Japan, und ihre politischen Ansprüche über militärische Drohungen durchsetzen. Zudem hatten sie begonnen, Mittelstreckenraketen zu produzieren und an fragwürdige Regimes in der arabisch-islamischen Welt zu verkaufen. Alles keine Gründe zum Austausch von Freundlichkeiten. Die Frage war aber, wie geht man mit einem Land um, das aus maßloser Selbstüberschätzung, aus isolationsbedingter Unkenntnis und aus diplomatischer Unbeholfenheit meinte, Großmachtpolitik betreiben zu müssen? Und dies wohl nicht aus aggressiv-missionarischen Gründen, um der Welt endlich die kommunistische Gesellschaft zu bringen, die die Sowjets nicht hatten durchsetzen können, sondern aus Gründen der wirtschaftlichen Not. Weil in Wirklichkeit das Volk verhungerte.»Juche« funktionierte nicht. Man wollte nicht betteln gehen, man plusterte sich auf, zeigte sich selbstbewusst und waffenstarrend und hoffte so, ohne Gesichtsverlust an die nötigen Kalorien zu kommen.

Gesprächsende nach der üblichen diplomatischen Stunde. Unsere Beamten hatten alles notiert, wir tauschten vielsagende Blicke aus. Zum Abschied der Delegationen gab es zwar keinen Trikottausch, aber freundliches Händeschütteln und Schulterklopfen. Bis zur Fußball-WM in Korea! Die nächste Delegation stand schon vor der Tür.

Monate später. Ausgerechnet in Südkorea sollte im Oktober 2000 die ASEM-Konferenz stattfinden, das Mega-Meeting der Staaten Asiens und der Europäischen Union. Ich sollte als Begleiter von Bundeskanzler Schröder das Auswärtige Amt vertreten.

Südkoreas Staatspräsident Kim Dae-jong hatte inzwischen seine »Sonnenscheinpolitik« gestartet, für die er kurz vor dem ASEM den Friedensnobelpreis erhielt. Im Zentrum standen die Aussöhnung mit Nordkorea und die Wiedervereinigung der beiden Staaten. Bereits 1997 hatte es erste Friedensgespräche der beiden koreanischen Staaten nördlich und südlich des 38. Breitengrades gegeben, die sich offiziell im Kriegszustand befanden. Die Gespräche waren aber gescheitert, und zwei Jahre später eskalierte der Konflikt bis zu einem

Seegefecht. Doch Kim Dae-jong gab nicht auf. Er leitete den Entspannungsprozess mit Japan ein, das sich für seine Gräueltaten im Zweiten Weltkrieg entschuldigte. Im Juni 2000 dann unterzeichneten Kim Dae-jong und Kim jong-il ein Versöhnungsabkommen, das sogar eine Wiedervereinigung vorsah.

Besondere Hoffnung setzten die beiden koreanischen Staaten dabei auf den Dialog mit uns Deutschen wegen unserer Teilungs- und Vereinigungsgeschichte. Ähnlich wie beim kleinen Grenzverkehr zwischen BRD und DDR hatte man die ersten Familienbesuche gestattet und dachte über weitere Maßnahmen nach. Wie konnten wir hier helfen? Was lag in dieser Situation näher, als unsererseits die Beziehungen zu Nordkorea zu entkrampfen? Eine Normalisierung der EU-Kontakte zu Nordkorea machte dieses Land vielleicht offener und signalisierte den Südkoreanern: Eine Verständigung auf der koreanischen Halbinsel liegt im Interesse auch der internationalen Staatengemeinschaft. Wir unterstützen die Sonnenscheinpolitik. Wir machen mit, diesen Krisenherd abzukühlen.

So entschloss ich mich, vor dem Termin in Seoul die erste offizielle Reise eines deutschen Regierungsmitglieds nach Pjöngjang zu unternehmen. Über Peking flogen wir ein. Wir, das waren neben meiner Referentin, dem Asienbeauftragten des Auswärtigen Amtes und mir auch drei Zeitungsleute, deren Begleitung ich den Nordkoreanern als Gegenleistung für mein Kommen abgerungen hatte. Offiziell waren Journalisten dort nicht erwünscht. So wurden sie kurzerhand als Hilfsdiplomaten deklariert. Es war unüblich, dass Journalisten mich begleiteten. Ein Staatsminister war so wichtig nicht, und zu viel Aufsehen hätte höheren Orts Eifersucht erzeugen können. Dafür war es ohne journalistische Begleitung möglich, im Stillen Dinge einzufädeln, den Gesprächen Substanz abzugewinnen, ohne dass diese sofort publik gemacht und zerredet wurde. Das hätte so manches schöne Ergebnis vielleicht wieder zunichtegemacht. In diesem Fall war es anders. Denn die Reise sollte ja Zugänge eröffnen, nicht nur für Diplomaten. Die Medien waren sehr interessiert. Der »Spiegel« war dabei, die »Frankfurter Rundschau« und die »Süddeutsche Zeitung«. Dass die Reise auf die Aufnahme diplomatischer Beziehungen hinauslief, blieb mein Geheimnis.

Pjöngjang, Hauptstadt Nordkoreas. Die Deutsche Vertretung – eine Groteske. Das Gebäude eingepfercht in einem von Zäunen umgrenzten und bewachten Viertel. Einst war es die Botschaft der DDR gewesen, jetzt gehörte es allen Deutschen. Es war aber nicht die deutsche Botschaft, weil wir keine diplomatischen Beziehungen mit Nordkorea unterhielten. In ihm residierte als Mieterin die schwedische Botschaft, die auch die Geschäfte Deutschlands mit besorgte. Und bei ihr untergekommen war als Untermieter ein deutscher Geschäftsträger, der den Minimalkontakt aufrechterhielt. Kein sehr vergnüglicher Posten. Wenn der Steuerzahler in der Boulevardpresse manchmal liest, dass Diplomaten ständig cocktailtrinkend in viel zu großen Swimmingpools Partys feiern – er sollte einmal diesen Außenposten besuchen! Die Einrichtung: DDR, 50er Jahre, Plüsch und Resopal. Die Versorgung war mäßig, Komfortgüter gab es nicht zu kaufen, der Bewegungsspielraum war äußerst eingeengt, jede Fahrt außerhalb Pjöngjangs musste angemeldet und genehmigt werden. Kein Nacht- und Kulturleben. Man verbrachte die Tage eher in einer Art halb offenem Strafvollzug.

Unser Gang durch die Innenstadt Pjöngjangs ergab ein tristes Bild. Keine Farbe, alles grau in grau, wenig Verkehr, uniforme Kleidung, keine Reklame, keine bunten Lichter, alles düster und still. Etwas anheimelnder war die Atmosphäre unter Tage. Als wir in die U-Bahn-Station hinunterstiegen, überraschten uns die Züge. Sie trugen noch die Symbole ihrer Zeit als Berliner S-Bahn! Über Tage ragte ein riesiger pyramidenförmiger Wolkenkratzer in den Himmel. 300 Meter hoch, damals eines der höchsten Gebäude der Welt. Imposant, ein Ausdruck der Schaffenskraft der »Juche-Ideologie« – und innen völlig hohl und leer. Bis heute ist das Gebäude eine der größten Bauruinen der Erde.

In beklemmender Weise eindrucksvoll der Besuch im Mausoleum von Kim Il-sung. Ein Gebäudekomplex im Stil stalinistischer Bombastik, gesichert gegen Terroristen, Touristen und Mikroben. Vorbei ging es an bewaffneten Wächtern, durch endlose Gänge, durch Spiegelgalerien, durch Röntgenschleusen, über Rüttelsiebe, durch Gebläse, die auch noch die letzte Bakterie von den Schuhsohlen pusteten. Denn ganz oben, in seinem ehemaligen Arbeitszimmer, zwischen meterhohen Marmorwänden, dort, wo sein Schreibtisch gestanden hatte, lag er nun aufgebahrt, der »Geliebte Führer«. Wir reihten uns in die Kondolenzprozession ein. Während das Volk vor und hinter uns hemmungslos schluchzte und sich tief vor dem Sarkophag verbeugte, machte ich eine angedeutete Verneigung, so wie man jedem Toten die Ehre erweist. Der Neigungswinkel muss perfekt gewesen sein, jedenfalls erschien später keine Sottise im »Spiegel«. Im Nebenraum hing eine riesige Karte der eurasischen Landmasse mit den wichtigsten Eisenbahnverbindungen an der Wand. Rote Pünktchen, wo der »Geliebte Führer«, von Flugangst gepeinigt, Zug gefahren war. Bis nach Ostberlin war er gelangt. Aufgebahrt auf einem Marmorsockel war auch sein Mercedes 600. Daneben konnte man Vitrinenwände mit den »Geschenken für den Geliebten Führer« bewundern, Devotionalien aus der sozialistischen Bruderwelt. Prominent vertreten auch unsere ostdeutschen Brüder. Dennoch, es kam kein richtiges Heimatgefühl auf. Der Patriotismus, den ich als Repräsentant unserer Bevölkerung im Ausland langsam entwickelt hatte, blieb an dieser Stelle seltsam empfindungsschwach.

Empfangen hatte uns offiziell der Vize-Außenminister, mein direktes Gegenstück. Nun saßen wir zusammen bei Kim jong-nam, dem Parlamentspräsidenten und formellen Staatsoberhaupt. Es erklang das bekannte Hohelied auf den »Geliebten Führer«, auf die unsterbliche Juche-Ideologie, auf den Friedenswillen des koreanischen Volkes. Die übliche heftige Kritik an den USA und Japan. Japan hatte sich nur bei Südkorea entschuldigt, noch nicht im Norden, und galt als potenzieller Angreifer. Dann sein Szenario für die beiden koreanischen Staaten: Wiedervereinigung als Konföderation, »ein Land, zwei Systeme«, eine nur noch symbolische Grenze. Das war eine weit gehende Vision.

»Wie sieht es aus mit der Aufnahme diplomatischer Beziehungen?« Die Nordkoreaner wiederholten ihre Anfrage. Ich erwiderte, zunächst müssten sie noch Fortschritte in den Gesprächen mit den USA über Sicherheitsfragen machen. Das galt dem Atomprogramm und der Raketenproduktion. In dieser Angelegenheit waren im Westen die Amerikaner federführend. Weiter beklagte ich, dass die Presse noch keinen freien Zugang zu Nordkorea habe und die Vertreter der humanitären Hilfsorganisationen sich im Lande nicht frei bewegen könnten, zudem könne man Diplomaten Pjöngjang nicht zumuten. Die Aufnahme offizieller Beziehungen müsse mit einer Verbesserung in diesen Bereichen verbunden sein, sonst sei kein Fortschritt gegenüber dem Status quo erreicht.

Das waren keine unzumutbaren Bedingungen. Diplomatische Beziehungen aufzunehmen bedeutet nicht, sofort ein freundschaftliches Verhältnis aufzubauen und auf allen Ebenen vertrauensvoll zusammenzuarbeiten. Es bedeutet nur, dass es offizielle Kontakte von Staat zu Staat gibt. Wie diese sich entwickeln, ist eine Frage der politischen Dynamik. Grundbedingung ist in jedem Fall die Beweglichkeit von Diplomaten. Nordkorea hatte gerade hier, bei den internationalen Spielregeln, ein Intensivtraining nötig. Reisefreiheit brauchen auch die Experten der humanitären Hilfe. Denn wer Geld gibt, hat ein Recht, seine Verwendung zu überprüfen. Und für uns zumindest gehört auch die Bewegungsfreiheit der Presse dazu, ob diese uns selbst manchmal ärgert oder nicht.[25] In diesem Sinne erläuterte ich meinen Vorstoß später auch dem Auswärtigen Ausschuss des Deutschen Bundestags.

Als Bonbon war für meine Delegation ein besonderes Highlight vorgesehen. Wir waren Ehrengäste bei der abendlichen »Massengymnastik«. Was sich nach Turnvater Jahn anhören mag, ist eine perfekt durchgestylte Choreografie von Zehntausenden junger Menschen, die auf der Grundfläche und Gegentribüne eines Fußballstadions durch das Vorzeigen verschiedener Farben in einer verblüffend schnellen Abfolge überdimensionale lebende Bilder darstellen. Die Perfektion war unfassbar, das revolutionäre Pathos ebenso: vom armen Bauernstaat zur Atommacht. Dank des »Geliebten Führers und der unsterblichen Juche-Ideologie«. Unsere Reaktion wurde genau registriert. Die Höflichkeit gebot eine Beifallskundgebung, trotz des Gruselns vor der perfekten Dressur der Menschen – des Gruselns und zugleich der Bewunderung, dass keiner aus der Reihe tanzte. Ein Ameisenstaat. Welches Menschenbild drückte sich hier aus? Ein kommunistisch geprägtes, wie es den Aufklärern Marx und Engels vorschwebte, gewiss nicht, eher war eine Formgebung durch Konfuzianismus, Stalinismus und Maoismus zu erkennen. Eine totalitäre Extremvariante dessen, was uns anderenorts als *Asian Values*, als asiatische Werte, begegnet – ein Gegenmodell zum übersteigerten, als Individualismus schön geredeten Egotrip in der westlichen Welt.

Szenenwechsel. Am nächsten Tag stand eine Landpartie auf dem Programm. Wir wollten nach Süden auf den 38. Breitengrad zu, die Demarkationslinie zwischen den beiden koreanischen Staaten. Eine befestigte, schwer bewaffnete Grenze, trutzig, wenn auch nicht ganz so bizarr, wie im James-Bond-Film[26] dargestellt. Eine schnurgerade, vierspurige Straße führt von Pjöngjang nach Panmunjong, dem

Grenzort. Dort ist Schluss. Eine meiner Lieblingsideen war es, der Erste zu sein, der mit dem Auto hindurchfahren durfte, von Pjöngjang nach Seoul. Aber so weit war es noch nicht, auch für ihre neuen Freunde wollten die Nordkoreaner keinen Durchschlupf öffnen. So schauten wir uns das Land rechts und links der Straße an. Hunderte, Tausende von uniformen Landarbeitern, die in Gruppen oder Reihen mit einfachen Werkzeugen die Felder beackerten. Wenige und alte Traktoren. Alles Kollektiveigentum. Seit einiger Zeit waren immerhin Gärten für den privaten Gemüseanbau genehmigt.

Das Land hatte ein grundlegendes Problem. Die Einwohner verhungerten. Nicht infolge einer Dürrekatastrophe wie in Afrika, deren dramatische Bilder uns regelmäßig durch das Fernsehen übermittelt wurden. Sondern schleichend. Jeder nahm einige 100 Kalorien pro Tag zu wenig auf, hatten die Experten der Welthungerhilfe errechnet, die dort landwirtschaftliche Hilfsprojekte leiteten. Die Regierung gab als Grund angebliche Missernten und Naturkatastrophen an. Die Energieversorgung war zusammengebrochen, seit einige Kohlegruben abgesoffen waren. Der Europaexperte des Außenministeriums, der uns begleitete, wurde unter vier Augen etwas offener, auch der Vize-Außenminister, wenn kein Dritter zuhörte. Sie kannten die Welt und konnten vergleichen. So wurde uns ein etwas deutlicheres Bild von der Misere vermittelt. Das kleine Nordkorea war nie in der Lage gewesen, sich selbst zu versorgen. Immer war es von Subventionen aus Moskau abhängig gewesen. Nun hatte es die gleichen Probleme wie etwa Kuba, aber nicht den Charme, Touristen anzulocken und damit die Devisenkasse zu füllen. Sie waren nicht in der Lage, genügend Nahrungsmittel für den Eigenverbrauch zu produzieren. Auch die Gesundheitsversorgung war katastrophal. Ein deutscher Arzt zeigte uns ein Krankenhaus, in dem es außer Patienten nichts, aber auch gar nichts gab. In einer umstrittenen Protestaktion hatte er sich selber Haut abgezogen, um sie einem brandverletzten Einheimischen transplantieren zu können. Die Not war der eigentliche Grund dafür, dass die Autarkie-Ideologen begonnen hatten, gefährliche Waffentechnologie an reiche Hasardeure zu verkaufen. In diesem Marktsegment konnten sie ein Alleinstellungsmerkmal reklamieren. Wer sie davon abbringen wollte, den Eindruck gewannen wir schnell, musste bereit sein, ihr Grundproblem, die Versorgung mit Grundbedarfsmitteln, lösen zu helfen, ohne ihre Juche-Ideologie offen anzugreifen.

Plötzlich war der grüne Staatsminister in einer verqueren Situation. Der Westen hatte Nordkorea zwei amerikanische Leichtwasseratomreaktoren zugesagt für den Fall, dass der Staat auf atomare Waffentechnologie und die Raketenproduktion verzichtete. Weil Nordkorea aber keine wirksamen Kontrollen seines Atomprogramms durch die UNO zuließ, war die Zusage nicht eingehalten worden. Ausgerechnet der deutsche Atomgegner setzte sich nun dafür ein, die Leichtwasserreaktoren doch noch zu schicken, um eine atomare Rüstung zu verhindern. Dies widersprach zwar dem grünen Glaubenssatz, die zivile Nutzung der Atomkraft führe zur militärischen. Hier aber hatte sie eindeutig den Zweck, die militärische Nutzung zu verhindern.

Einige Jahre später ergab sich eine Parallele im Iran. Das Land geriet unter Verdacht, verdeckt an der Entwicklung von Atomwaffen zu arbeiten. Nicht alle nötigen Inspektionen durch die Internationale Atomenergiebehörde wurden zugelassen. Die USA drohten mit militärischen Maßnahmen. Die Europäer versuchten etwas Ähnliches wie im Falle Nordkoreas: Sie boten die Kooperation bei der friedlichen Nutzung der Atomkraft an, wenn auf die militärische Option nachweisbar verzichtet würde. Der Iran aber hält den Westen bis heute hin. Er zitiert den Atomwaffensperrvertrag, der jedem Land die zivile Nutzung zugesteht. Doch jeder weiß, wenn einmal der Brennstoffkreislauf geschlossen ist, kann waffenfähiges Plutonium erzeugt werden. Und die iranische Regierung weiß, wenn dieser Sprung geschafft ist, ist das Land unverwundbar. Die Mullahs haben den Fall Nordkorea gut studiert. Wenn ihr Land die Bombe hat, kann es Israel als Geisel nehmen. Und weil es nur ein kleiner Schritt von der Urananreicherung zur Bombe ist, sind die Sicherheitsstrategen im Westen alarmiert. Mancher denkt über einen präemptiven Schlag nach, der dem Iran die Waffe aus der Hand schlägt, bevor sie scharf ist. Doch weil der Iran das wiederum ahnt, muss er sich noch mehr beeilen, will er unverwundbar werden. Das wiederum weiß auch die andere Seite. Ein Dilemma, ein Wettlauf mit ungewissem Ausgang.

Man kann nur hoffen, dass im Falle Irans die europäische Initiative greift und Russland mitspielt. Und dass den Amerikanern eine friedliche Lösung wichtiger ist als ein weiterer Waffengang gegen ein Land, das von Präsident George W. Bush auf die »Achse des Bösen« gesetzt wurde. Aber kann eine europäische Initiative, die ja als Mittler auftritt, überhaupt Erfolg haben, ohne dass eine amerikanische Drohung im Raum steht? Und ist diese Drohung überhaupt glaubwürdig nach dem Desaster im Irak? Oder anders herum: Wäre eine solche Drohung überhaupt nötig, wenn die USA selbst sich an den Atomwaffensperrvertrag hielten und weiter atomar abrüsteten? So fordert es nicht nur der Iran. Aber wäre die iranische Regierung dann wirklich zufrieden? Oder hätte sie dann freie Bahn? Wer glaubt schon den Ayatollahs? Nicht einmal das eigene Volk. Aber Atomkraft wollen auch die Oppositionellen ... Ob also mehr Demokratie dieses Problem löst? Die Lage ist gefährlich. Alles kommt darauf an, einen Weg der verlässlichen Verifizierung zu finden, also eine Methode, mit der die internationale Staatengemeinschaft sicherstellen kann, dass der Iran eine militärische Produktion praktisch nicht bewerkstelligen kann. Und Atomkraft als Symbol für technischen Fortschritt und Zukunftsfähigkeit aus der Welt zu schaffen.

Dagegen nimmt sich die damalige Lage auf der koreanischen Halbinsel fast harmlos aus. Denn wenn es bei der Raketenproduktion um die Devisenerwirtschaftung geht, könnte man durch Förderung der Landwirtschaft den Verkaufsdruck mindern. Dazu aber müsste die koreanische Seite das Zugeständnis machen, dass unsere Hilfswerke und Landwirtschaftsexperten direkt mit der Landwirtschaftszentrale in Pjöngjang verhandeln dürfen. Das war vor der Aufnahme von diplomatischen Beziehungen nicht der Fall. Kurz und gut, die Aufnahme diplomatischer Beziehungen, so unser damaliges Kalkül, könnte eine Dynamik in Gang setzen, die die Nöte des Volkes linderte und damit den Nordkoreanern den Hauptgrund nähme, militärischen Schrecken zu verbreiten. Doch durfte humanitäre Hilfe auch Überlebenshilfe für ein Regime sein, das nicht demokratisch legitimiert ist? Umgekehrt war zu fragen: Darf man auf einen Zusammenbruch des Regimes spekulieren und, wenn es implodiert, China und Südkorea mit den Flüchtlingsmassen allein lassen? Vernünftiger schienen Eindämmungspolitik, humanitäre Hilfe und die Förderung einer langsamen Transformation.

Die USA unter Präsident Bill Clinton dachten ähnlich wie wir. Außenministerin Madeleine Albright hatte einige Wochen später ihren Besuch angekündigt, und es gingen Gerüchte, der Präsident selbst erwäge eine Reise. Die Sonnenscheinpolitik Südkoreas, ein Kurswechsel der Amerikaner, freundliche Signale aus Japan, ein gutwilliges

Russland und China – und eine beherztere Diplomatie der Europäer: Hier tat sich ein *window of opportunity* auf, das Fenster einer historischen Möglichkeit. Ich war während der Gespräche in Pjöngjang zu der Auffassung gelangt, dass Deutschland die diplomatischen Beziehungen zu Nordkorea aufnehmen müsse. Unser Asienbeauftragter sah es genauso. Abschlussdinner. Gastgeber: der Vize-Außenminister. Die kryptokommunistische Küche: gewöhnungsbedürftig, aber sie nährt den Mann. Die Stimmung ist aufgeräumt, hell die Gläser klingen, die Reise ist kein Desaster geworden. Zeit für Freundlichkeiten. Die Tischreden heben an. Der Vizeaußenminister zuerst:»... Und deshalb, liebe Freunde, lasst uns trinken auf das ewige Leben des Geliebten Führers und die unsterbliche Juche-Ideologie.« – Schrecksekunde. Einen Toast auf den gastgebenden Staatschef – jederzeit. Gebt dem Kaiser, was des Kaisers ist. Das ist diplomatischer Brauch. Aber hier wurde eine Unterwerfungsgeste, ein quasireligiöses Bekenntnis erwartet. Das war gegen die Spielregeln! Ich ließ spontan meine Rede sausen, toastete zurück:»Lassen Sie uns trinken auf die Gesundheit und ein langes Leben von Bundespräsident Johannes Rau!«

Bereits am Tag zuvor hatte ich einen Trinkspruch anbringen können:»Ich trinke auf den Friedensnobelpreis für Kim Dae-jung und seine Sonnenscheinpolitik.« Die Nordkoreaner wussten noch nichts von diesem Ereignis des Vortags, ließen sich zumindest nichts anmerken. Ihr eigener Chef hatte keinen Preis bekommen.»Interessant«, murmelte der Vize-Außenminister.»Interessant« – die diplomatische Chiffre für»Shocking!«.

Zurück in der deutschen Vertretung erläuterte ich unseren Diplomaten, es sei Zeit für einen Vorstoß. Sie sahen es genauso. Ich rief Joschka Fischer in Berlin an.»Wir sollten diplomatische Beziehungen aufnehmen.« Der Außenminister war nicht gerade begeistert, grummelte etwas von»Vorsicht«, erhob aber keinen substanziellen Einwand. Dann informierte ich die mitgereisten Journalisten.

Von Pjöngjang über Peking nach Seoul zur ASEM-Konferenz. Der Bundeskanzler war schon da und erwartete in seinen Gemächern meinen Bericht.»Schlage vor, die diplomatischen Beziehungen aufzunehmen.« Der Kanzler war sofort dafür. Ich erläuterte, dass es auf gewissen Seiten vielleicht noch Bedenken geben könnte.»Alles Beamtenkacke«, knurrte sein Berater,»wir müssen vorwärts.«

Der Bundeskanzler hatte das Thema für die Konferenz. Noch am selben Abend sprach er alle europäischen Missionschefs an, um eine gemeinsame Initiative der Europäer zur Aufnahme diplomatischer Beziehungen zu Nordkorea zusammenzubekommen. Kim Dae-jung und die Südkoreaner waren happy. Dies war die stärkste Unterstützung der »Sonnenscheinpolitik«, ihres Versöhnungskurses, die sie sich wünschen konnten. Sie würde die Amerikaner motivieren, auf ihrem neuen Weg weiterzugehen. Dialog ist immer besser als Raketenabwehr. Am nächsten Morgen kamen Querschüsse unseres liebsten europäischen Freundes, der immer gern eigene Akzente setzt, wenn eine gute Idee nicht von ihm selber stammt. Dennoch, der gemeinsame Wille war da, fast geschlossen kündigten die Europäer die Aufnahme diplomatischer Beziehungen zu Nordkorea an – als Unterstützung der »Sonnenscheinpolitik«.

Am Rande von ASEM galt es, einen weiteren Konflikt zu entschärfen. Es gab ein alle zwei Jahre stattfindendes Meeting der EU-Staaten mit ASEAN, den südostasiatischen Nationen. Im März 1999 hatte ich es in Berlin eröffnet. Das Folgetreffen in Laos drohte nun zu scheitern, denn ASEAN hatte Myanmar in seinen Verband aufgenommen. Doch im ehemaligen Burma herrschte seit Jahrzehnten eine blutige Militärdiktatur; die Abgeordnete, Menschenrechtlerin und Friedensnobelpreisträgerin Aung San Suu Kyi wurde gefangen gehalten. Mit massiven internationalen Sanktionen und einer Isolationspolitik sollte das Land wieder auf demokratischen Kurs gezwungen werden. ASEAN trug nun sicherheitspolitische Gründe für die Integration vor: Besonders Thailand hatte Angst, dass ein isoliertes Myanmar unter die Dominanz Chinas geriete, das sich so einen Zugang zum Indischen Ozean verschaffen könnte. Indien würde das nicht tolerieren; so bekäme ASEAN einen gefährlichen Konflikt an seiner Nordflanke. Außerdem hofften die ASEAN-Staaten auf Wandel durch Annäherung. Die asiatische und die westliche Sicht auf die Welt unterscheiden sich hin und wieder erheblich. Und wieder einmal erwies es sich als schwierig, Sicherheits- und Menschenrechtspolitik unter einen Hut zu bringen.

Denn einige europäische Länder, allen voran die einstige Kolonialmacht Großbritannien, wollten das Meeting mit ASEAN absagen, wenn Myanmar teilnähme. Wegen der katastrophalen Menschenrechtslage war dies durchaus nachvollziehbar. Andererseits lag eine

Fortsetzung des bisher fruchtbaren Dialogs mit ASEAN über Wirtschafts-, Umwelt- und Demokratiefragen im Interesse der EU. Fragwürdig erschien der britische Vorstoß jedenfalls, wenn man dem Partygeflüster glaubte, dass den zuständigen politischen Direktor im Foreign Office während des Studiums eine *special relationship* mit Aung verbunden hatte. Oder wurde das Gerücht bösartig in der Absicht gestreut, die britische Position lächerlich zu machen? Nutzte das listige Albion Menschenrechte als Vehikel für Konkurrenzvorteile, wie einige im Auswärtigen Amt vermuteten? Brach Beziehungen ab, brachte sich verdeckt in Stellung, um bei einem Neubeginn der Erste zu sein? Was meint Deutschland?, wurde ich gefragt.

Am Tag zuvor hatte ich bei Tisch lange mit dem Außenminister Myanmars geredet und meinte, durchaus Dialogchancen erkennen zu können. Eine weitere Isolierung des Landes würde sicher nicht zur Lockerung führen, sondern die Tendenz der Militärs verstärken, sich einzubunkern. So schlug ich den EU-Kollegen vor, mit ASEAN auszuhandeln, dass das umstrittene Land nur einen inoffiziellen Beobachterstatus bekäme und vom turnusmäßigen Vorsitz ferngehalten werde. Zudem sollte Myanmar eine EU-Dialoggruppe einladen. Die Kollegen stimmten zu. Die Verkündigung der Strategie überließ ich dem italienischen Vertreter. Das dortige Außenministerium brauchte Erfolge, um sich gegen die Begehrlichkeiten Silvio Berlusconis zu wehren, der das Amt seinem semimafiösen Polit-Trust einverleiben wollte. Die Dialogstrategie, begleitend zu den Sanktionen, führte in Myanmar letztlich zum Erfolg. Sie ermöglichte den Militärs Wandel ohne Gesichtsverlust. Am Ende des Jahrzehnts öffnete sich das Land.

Das fragliche Meeting mit ASEAN im Dezember 2000 fand nun statt, in Vientiane, der Hauptstadt von Laos. Die Chance nahm ich wahr, auch das Nachbarland Kambodscha zu besuchen, in dem einer der grauenhaftesten Massenmorde der Geschichte stattgefunden hatte. Die Roten Khmer des Pol Pot hatten in den 1970er Jahren an die zwei Millionen Menschen abgeschlachtet – bejubelt von manchem Mao-Anhänger in Deutschland-West. Erst das sowjetisch orientierte Vietnam hatte dem Morden ein Ende bereitet. Weil der Ost-West-Konflikt immer neuen bizarren Höhepunkten zustrebte, wurde das Land für seine Tat nicht etwa belobigt, sondern wegen Führens eines Angriffskriegs von einer merkwürdigen Allianz aus China, USA und ASEAN – Seite an Seite mit den Resten der Roten Khmer – verurteilt und bekämpft. Nach Jahren der Bürgerkriege gab es nun, Ende 2000, einen fragilen Frieden. Kambodscha, Vietnam und Laos waren Mitglieder von ASEAN geworden. Es galt die außenpolitische Grundregel: »Nicht nach hinten, sondern nach vorn schauen.« Unabdingbar, wenn die Region Zukunft haben wollte.

Aber für die innere Gesundung Kambodschas war die Aufarbeitung der Vergangenheit wichtig. Und so nahm ich das Thema in die Verhandlungen mit Prinz Norodom Sihanouk und dem neuen Ministerpräsidenten Hun Sen über die zukünftigen bilateralen Beziehungen auf. Heikel, weil fast alle politischen Kräfte im Lande und auch externe Großmächte das Morden betrieben, toleriert oder verharmlost hatten. Lange redeten wir über die schlimme Zeit des Terrors, und ich stellte eine deutsche Kofinanzierung in Aussicht, wenn sich die neue Regierung mit der UNO über ein Verfahren verständigen würde – ein internationales Tribunal oder eine Art nationale »Wahrheitskommission«, wie sie etwa in Südafrika nach der Apartheid eingerichtet worden war. Ab 2004 funktionierten die gefundenen Kompromisse, und Sondergerichte und Tribunale begannen ihre Arbeit.

Zurück zu Korea. Am 1. März 2001 tauschten Deutschland und Nordkorea offiziell Botschafter aus. Unsere Vertretung wurde zur offiziellen Botschaft. Eine abgehärtete Diplomatin, die den entbehrungsreichen Rosenkranz zu beten gewohnt war, wurde zur ersten gesamtdeutschen Botschafterin ernannt. Die andere Seite hatte unsere Forderungen erfüllt. Es gab Gespräche mit den USA über Rüstungskontrolle, die Freiräume der Entwicklungshelfer wurden größer, Journalisten konnten berichten, es erschienen die ersten Reportagen »wie von einem anderen Stern«. Die Menschheit bekam einen weiteren Eindruck davon, wie verschieden die Kulturen sind, die auf diesem Globus friedlich zusammenleben müssen.

Doch dann folgte die Ernüchterung. Die Wiedervereinigungseuphorie in Südkorea wich schnell der kühlen Kalkulation. In Seoul befragten mich die politischen Strategen strengstens nach den Erfahrungen mit dem deutschen Vereinigungsprozess. Das koreanische Projekt war um ein Vielfaches schwieriger als das deutsche. Das wirtschaftliche Gefälle war erheblich größer, als jenes damals zwischen der BRD und der DDR gewesen war. Die Transferleistungen von Süd nach Nord würden die Volkswirtschaft und den Haushalt noch stärker belasten, als wir es von der innerdeutschen Solidarität kennen.

Nach den ersten tränenreichen Familienzusammenführungen wurde gerechnet: Die Stellung als aufstrebendes Schwellenland, als neu industrialisierte Wirtschaftsgroßmacht in Südostasien wäre für Südkorea zunächst dahin. Dazu kamen die politischen Unterschiede. Die DDR war von der eigenen Bevölkerung versenkt worden. Aber Nordkorea lebte, keine Revolution war in Sicht. Und die Nordkoreaner dachten gar nicht daran, ihre »unsterbliche Juche-Ideologie« und den »Geliebten Führer« aufzugeben. Sie träumten von der Konföderation, dem Modell »Ein Land – zwei Systeme«. Der Süden sollte die Rechnung zahlen. Sie wollten Transferleistungen als Preis für Reisefreiheit. Die Ursache für ihre ökonomische Misere, ihr verquastes autokratisches und despotisches System, wollten sie nicht zur Disposition stellen.

Im Gegenteil. Einige Wochen nach Aufnahme der Beziehungen rückte eine nordkoreanische Delegation unter Leitung des bekannten Vize-Außenministers in Berlin ein. Ich tafelte mit ihnen in Schloss Glienicke. Sie hatten uns bei sich auch das Beste aufgetischt. Nun legten sie los: »Wir haben euch unsere Freundschaft gewährt, und als Gegenleistung wollen wir ein Stahlwerk.« Ein demontiertes von Thyssen, sofort und geschenkt. Als Beweis unserer Treue und Zuneigung. Mühsam musste ich ihnen erklären, dass wir keine zentrale Kommandowirtschaft hätten und ich deshalb nicht über Thyssens Eigentum verfüge könne, Freundschaft würde bei uns mit Freundschaft vergolten und ein Stahlwerk mit Geld. Über Entwicklungshilfe bei Einstellung der Raketenproduktion könne man reden. Entrüstet, dass wir die Gnade ihrer Freundschaft nicht mit begeistertem Support der unsterblichen Juche-Ideologie würdigten, reisten sie ab.

Dann kam der Roll-Back in den USA. Clinton und Albright mussten den Fundamentalisten aus dem »Bibelgürtel« weichen. Das Weiße Haus des George W. Bush wollte keine komplizierte Diplomatie, es brauchte klare Feindbilder. Die Welt musste in Gut und Böse aufgeteilt werden. Auf der »Achse des Bösen« fand sich nun auch Nordkorea wieder. Ob das Land die Ursache war oder die Wirkung, das mögen Historiker entscheiden. Aber mit der Rückentwicklung der USA verfiel auch Nordkorea wieder in Starrsinn. Es kündigte den Atomwaffensperrvertrag auf.

Nordkorea ist das vielleicht deutlichste Beispiel dafür, wie zwei entgegengesetzte westliche Strategien wirken. Die Sonnenscheinpolitik, die EU-Initiative und Clintons Tauwetter eröffneten angesichts nordkoreanischer Not die Chance auf neue Verständigungs- und Integrationsprozesse. Auch die Japaner hätten sich über kurz oder lang aktiv anschließen müssen. Die konfrontative Politik von George W. Bush wirkte wie eine sich selbst erfüllende Prophezeiung. Wer sich auf der »Achse des Bösen« wiederfand, benahm sich auch so. Auch wenn der europäische Elan durch den Stimmungswechsel in Südkorea und Washington gebremst wurde, die Aufnahme diplomatischer Beziehungen war ein Akt der Integration, der die Abspaltung Nordkoreas als »Schurkenstaat« konterkarierte. Damit waren die realen Probleme noch nicht gelöst. Aber ein Fenster wurde aufgestoßen. Die Abschottung ist nicht mehr perfekt. Auch der »Große Führer« und sein Nachkomme surfen im Internet und, wer weiß, – der Ball ist rund!

Nachtrag Januar 2013: Nachdem Kim Jong-un, der Enkel des »Geliebten« und Sohn des »Großen Führers«, monatelang die Nachbarn erschreckt hatte, indem er Raketen ausprobierte, ließ er diese zu Silvester nicht krachen, sondern kündigte eine »radikale Wende« an: Armutsbekämpfung, Modernisierung, Friede mit den Landsleuten im Süden. Um wenige Wochen später wieder eine Bombe platzen zu lassen. Eine Atombombe. Juchhe!

Nachtrag April 2013: Kurz bevor dieses Buch in Druck geht, kommt es zur schwer kalkulierbaren Eskalation. Babyface Kim Jong-un betont den Kriegszustand mit Südkorea und droht diesem und den USA einen Atomschlag an. Nur martialisches Gerede, um sich innenpolitisch zu behaupten, gar Spielraum für Reformen zu verschaffen? Wieder eine Drohung, die er sich gegen Gebot abkaufen lassen will? Oder dreht er jetzt völlig durch und plant den kollektiven Untergang seines Volkes wie einst der deutsche »gröFaZ«? Der Rest der Welt jedenfalls ist nicht amüsiert. Das kann ins Auge gehen, auch unbeabsichtigt. Die Schutzmacht China distanziert sich.

7.
Ostern, als die Bomben fielen
(Zum Kosovo-Krieg)

Zehn Tage vor Ostern fielen die ersten Bomben. Der Kosovo-Krieg hatte begonnen! März 1999: Der erste Krieg mit deutscher Beteiligung seit dem Zweiten Weltkrieg. Unterstützt von der rot-grünen Regierung. Wenige Wochen nach der Bundestagswahl, als eine Mehrheit links von der Mitte hoffte, nach 16 Jahren konservativen Regierens würde vieles besser auf der Welt. Im Inneren wartete ein enormer Reformstau auf eine beherzte Politik. Im internationalen Bereich sollte die Remilitarisierung der Außenpolitik, die wir zu Oppositionszeiten Helmut Kohl und seinem Verteidigungsminister Volker Rühe vorgeworfen hatten, gestoppt werden. Zivile Konfliktbearbeitung sollte eine militärisch verengte Sicherheitspolitik zurückdrängen. Doch nun, quasi als Entree der Rot-Grünen in die internationale Politik, warf die Nato mit deutscher Beteiligung Bomben auf Serbien. Erst auf militärische Ziele, dann auf die Infrastruktur, dann auf die chinesische Botschaft in Belgrad, dann auf Zivilisten ...

Hatten wir Grünen versagt? Hatten wir unsere Prinzipien verraten? Viele unserer bisherigen Anhänger waren dieser Ansicht und kehrten uns den Rücken. Aber hatten wir wirklich eine Chance besessen, diesen Krieg zu verhindern? Haben wir nicht, angesichts der Situation, die praktisch klügste Politik gemacht?

Wie ein Damoklesschwert hing schon während der Koalitionsverhandlungen im Oktober 1998 die Gefahr eines Kosovo-Kriegs über uns. Als Günter Verheugen und ich die Verhandlungen zur Außenpolitik führten, fanden wir schnell einen gemeinsamen Nenner. An der Außenpolitik würde Rot-Grün nicht scheitern. Skeptiker hatten diese Koalition ja für unmöglich gehalten, weil mit den Grünen kein Staat zu machen sei. Wir wussten nun, dass Koalitionsprobleme nicht in unserem Bereich lagen, zumindest nicht programmatisch, nicht auf dem Papier. Aber wir spürten auch, dass sehr schnell die Geschichte über uns hinwegrollen könnte. Jugoslawien zerfiel seit Beginn des Jahrzehnts in blutigen Kriegen. Die Lage in Bosnien-Herzegowina war auch nach dem Vertrag von Dayton noch nicht wirklich unter Kontrolle, und im Kosovo braute sich etwas zusammen. Kurz nach der gewonnenen Bundestagswahl reiste am 8. Oktober 1998 der designierte Bundeskanzler Gerhard Schröder, begleitet von Joschka Fischer, dem designierten Außenminister, und den beiden zukünftigen Staatsministern Günter Verheugen und mir, nach Washington zum Antrittsbesuch im Weißen Haus. Noch hatte das Kabinett Kohl offiziell die Staatsgewalt inne. Kanzler Kohl hatte sich einige Wochen zuvor hinter die Drohpolitik der Amerikaner gestellt, die der Regierung Milošević in Belgrad ultimativ Luftschläge angedroht hatte für den Fall, dass die Drangsalierung und gewaltsame Vertreibung der Kosovo-Albaner aus ihrer Heimat nicht gestoppt würde. Die Nato war in Bereitschaft. Für sie galt die *Activation Order*, kurz Act-Ord, die ausgelöst würde, sobald die Nato-Führung das Kommando gab. Diese Order galt für alle Nato-Staaten, auch – wie Verteidigungsminister Rühe nicht müde wurde zu betonen – für den deutschen, der in wenigen Wochen rot-grün regiert sein sollte. Vorausgesetzt, der Bundestag würde sie billigen. Belgrad zündelte weiter. Die Lunte brannte …

Konnte die neue rot-grüne Mehrheit die Vorentscheidung der Regierung Kohl-Kinkel noch beeinflussen? Wollte sie das überhaupt angesichts der völkermörderischen Politik der Serben im Kosovo? Vertreter pazifistischer Zurückhaltung und humanitärer Intervention stritten seit Jahren in beiden Koalitionsparteien, besonders heftig bei den Grünen, um Gesinnung und Verantwortung. Diese Grundsatzfrage war unter Rot-Grün noch nicht geklärt. Eine abstrakte Diskussion hätte die neue Koalition zerrissen, kaum dass sie gebildet war, und das nach 16 Jahren Helmut Kohl, als sich selbst liberal-konservative Kräfte in Schröders Neue Mitte eingereiht hatten, um den Reformstau endlich aufzulösen. Wir konnten die Hoffnungen der neuen gesellschaftlichen Mehrheit, für die wir jahrelang gekämpft hatten, nicht dadurch zerstören, dass wir angesichts einer eskalierenden außenpolitischen Situation wieder auseinanderstoben. Zumal der Bevölkerung die Dramatik gar nicht bewusst war. Rot-Grün gewogen – und zu leicht befunden? Es wäre mit diesem Projekt – mit der grünen Partei wohl auch – ein für alle Mal vorbei gewesen: vor der Verantwortung davongelaufen, vor der Geschichte versagt. Interessant, wie einig Fischer und ich uns plötzlich in dieser Frage waren, die wir uns ein Jahrzehnt als Antipoden in der Partei gegenübergestanden und manch überhitzten Streit geliefert hatten, er als Leitfigur der gemäßigten Realo-Strömung, ich als Leitfigur des moderat linken Flügels. Das Interregnum, die verfassungspolitische Übergangssituation, in der wir uns befanden, schien ein Hintertürchen zu eröffnen. Die alte Regierung abgewählt, die neue noch nicht im Amt – wer hatte eigentlich politisch zu entscheiden? Konnte die alte Regierung, gestützt auf die abgewählte Bundestagsmehrheit, die neue Regierung in einer entscheidenden Frage binden? Formal ja, aber politisch? Im Flugzeug über dem Nordatlantik wurde überlegt. War es nicht eine gute Idee, den Amerikanern zu sagen: »Wegen der ungeklärten Lage bei uns reden wir den Nato-Strategen nicht hinein. Aber bitte habt Verständnis dafür, dass wir uns ganz aus dem Konflikt heraushalten.« Im Klartext: ActOrd mag gelten, aber wir Deutschen bleiben außen vor. Der mitreisende amerikanische Botschafter John Kornblum hielt dies für denkbar.

Washington. Händeschütteln mit dem Präsidenten im Weißen Haus. Ein stilvoller Lunch, bei dem Bill Clinton mit einer Analyse der Weltlage brillierte. Ein längeres Vier-Augen-Gespräch zwischen Clinton und Schröder. Der Kanzler in spe gab danach keine Einzelheiten preis, vermittelte aber den Eindruck, Clinton habe Verständnis für die deutsche Unentschiedenheit. Würden wir mit einem blauen Auge davonkommen? Intellektuell und charakterlich unbefriedigend, weil die Berufung auf das Interregnum ein offensichtlicher Trick war, aber politisch für die beginnende Koalition vielleicht überlebenswichtig.

Kaum waren wir zurück in Deutschland, zirkulierte die Nachricht, die Amerikaner bestünden auf einer klaren Entscheidung! Jetzt doch! Irgendwer hatte in Washington angerufen und klargemacht, die Nato ohne die Deutschen, das ginge nicht. Und so billig dürfe man Rot-Grün nicht davonkommen lassen. Das zumindest war die Informations- oder sagen wir mit dem heutigen Wissen: Gerüchtelage. Heute, nach dem Studium von Schröders Memoiren, offenbart sich eine andere Wahrheit.[27]

Demnach hat sich Schröder unmittelbar nach der Wahl und vor der Washington-Reise seinem Vorgänger Kohl gegenüber festgelegt auf eine »begrenzte Teilnahme an einer militärischen Intervention«.

Sein Parteivorsitzender Oskar Lafontaine war bei dem Gespräch dabei wie auch – Joschka Fischer. Mir, wie wohl den meisten anderen, die die Koalition trugen, war Schröders späte Offenbarung neu. Ebenso die Darlegung, er habe sich in diesem Sinne bei dem besagten Gespräch Clinton gegenüber erklärt, worüber er und Fischer anschließend bei den Koalitionsgesprächen berichtet hätten. Auch das war mir neu, obwohl ich in der grünen Verhandlungskommission für Außenpolitik zuständig war. Ich erinnere mich weder an einen solchen Bericht noch an entsprechende grüninterne Unterrichtungen durch Fischer. Sondern vielmehr daran, dass das Gerücht vom Anruf in Washington (die Hardthöhe? Deutsche Militärs im Nato-Stab? Rühe selber?) kräftig genährt wurde. Für den objektiven Gang der Dinge ist dieser Umstand unerheblich, nicht aber für die Frage, wer wen politisch funktionalisiert hat und wo in dem erbitterten Ringen um die richtige Politik gegenüber dem Kosovo die Wahrhaftigkeit liegt.

Wie auch immer, der Bundestag musste nun entscheiden! Kohl, Schröder, Lafontaine und Fischer hatten sich im kleinsten Kreis auf die gemeinsame Unterstützung der Nato-Politik verständigt. Noch bevor die neue Regierung die Amtsgewalt übernahm, trat der alte Bundestag zur Entscheidung zusammen. Die Haltung der SPD war fast geschlossen pro Militärintervention. Die Grünen waren gespalten. Für die Mehrheitsbildung war das nicht relevant, denn es galt noch die alte schwarz-gelbe Übermacht, die zudem auf SPD-Stimmen rechnen konnte. Aber als Signal für die zukünftige Regierung war die Stimmung in den alten Fraktionen der neuen Mehrheit bedeutsam.

Jahrelang hatten die Grünen vehement über die Haltung zu den Balkan-Krisen gestritten: radikale Pazifisten auf der einen Seite, die nie und unter keinen Umständen Waffengewalt erlauben wollten. Auf der anderen Seite Pragmatiker, die, über die sich einschleichende Denkfigur der humanitären Intervention hinaus, sich den Mustern der traditionellen Sicherheitspolitik näherten. Für sie stand Joschka Fischer. Dazwischen die Position des politischen Pazifismus, der Militäraktionen nicht zustimmen wollte, solange nicht alle zivilen Mittel der Krisenprävention und Konfliktbearbeitung ausgereizt und die Sicherheitsorganisationen entsprechend umgebaut waren. Dafür stand ich.

Nach dem Massaker von Srebrenica hatten sich Joschka Fischers und meine Position angenähert. Für das Wahlprogramm 1998 hatten wir eine Formel gefunden, mit der alle gut leben konnten. So meinten wir. Das sicherheitspolitische Primat lag demnach bei der zivilen Krisenprävention. Nur wenn diese trotz ernsthafter Bemühungen endgültig gescheitert war, sollte ein Nachdenken über begrenzte militärische Konsequenzen möglich sein. Das war eine klare Abgrenzung gegen die konservative Rede von der *ultima ratio* militärischen Eingreifens. Denn diese Formel verschwieg, dass über die »ersten« Mittel in der traditionellen Sicherheitspolitik nicht nachgedacht und das »letzte« Mittel somit zum einzigen wurde.

Die grüne Basis aber stimmte den Kompromiss zwischen Realos und uns pragmatischen Linken auf Betreiben von Reinhard Bütikofer, der sich profilieren musste, mit einer Stimme Mehrheit nieder und formulierte den pazifistischen Anspruch radikaler. Dennoch: Die grüne Programmlage lehnte Militärinterventionen nicht mehr rigoros ab; sie sagte »Nein«, konditionierte die Ablehnung aber. Die auflösende Bedingung war das Scheitern aller ernsthaften zivilen Bemühungen und ein Beschluss des UN-Sicherheitsrats. In einem solchen Fall – das konnte man absehen – würde es dennoch Streit um die politische Bewertung geben. Die jetzt anstehende Entscheidung zum Kosovo jedoch führte weit über dieses Szenario hinaus. Denn Mindestbedingung für eine Intervention musste nach der Programmlage das Völkerrecht sein. Aber stünde ein Angriff der Nato-Luftwaffen auf Belgrad damit in Einklang?

In der entscheidenden Bundestagsdebatte am 19. Oktober 1998 bekamen die Grünen Zeit für zwei kurze Reden. Fischer erklärte in seiner Rede den geplanten Nato-Einsatz für völkerrechtlich legal, weil er geltende UN-Resolutionen durchsetze, die den Rückzug der serbischen Truppen und Milizen aus dem Kosovo forderten. Ich entgegnete, ein Einsatz sei ohne ausdrücklichen Beschluss des Sicherheitsrats völkerrechtswidrig, und es sei nicht alles versucht worden, eine Eskalation durch präventive Maßnahmen zu verhindern. Fischer plädierte für Zustimmung zu ActOrd. Ich redete dagegen, plädierte aber für eine Enthaltung der gesamten Fraktion, damit das Desaster auf dem Balkan nun nicht auch noch unsere Partei zerlegte. Es nützte nichts. Die Fraktion votierte in der Mitte gespalten. Kein gutes Omen, uns würden schwierigste Debatten ins Haus stehen. Mit der Bundestagsabstimmung galt ActOrd auch für Deutschland. Das war die »konstitutive Entscheidung«, die die Verfassung verschreibt. Weitere

Abstimmungen des Bundestags gab es nicht mehr. Es gab kein Entrinnen mehr aus der einmal begonnenen Logik.

Auf der Basis der Nato-Drohung erklärte sich der rest-jugoslawische Präsident Milošević in Verhandlungen mit dem Amerikaner Richard Holbrooke bereit, den Forderungen der einschlägigen UNO-Resolution Folge zu leisten, die serbisch-jugoslawischen Truppen und die Sonderpolizei aus dem Kosovo abzuziehen und die Heimkehr der Flüchtlinge zuzulassen. Die Organisation für Sicherheit und Zusammenarbeit in Europa (OSZE) sollte mit 2000 Leuten diesen Prozess überwachen.

Uns Grünen schien diese Wendung entgegenzukommen. Seit dem Ende des Kalten Krieges hatten wir propagiert, die OSZE anstelle der Nato zur zentralen sicherheitspolitischen Organisation auszubauen. Endlich war sie an prominenter Stelle im Spiel. Aber konnte sie die Aufgabe ausfüllen? Sie hatte weder Personal noch Mittel für dieses Mandat. Manche unkten, Nato-Strategen wollten die OSZE ins Messer laufen lassen, um nachzuweisen, dass nur die Nato fürs Grobe geeignet war.

Schröder wurde zum Kanzler gewählt, Fischer zum Außenminister ernannt, Verheugen und ich zu Staatsministern. Der Winter kam, Schnee legte sich über die Berge des Kosovo, die Kämpfe flauten ab. Würde der Waffenstillstand halten? Oder zwang lediglich der Winter zur Ruhe? Was würde zu Frühlingsanfang geschehen, mit dem Einsetzen der Schneeschmelze? – Es ging schon früher wieder los.

Bereits Anfang 1999 eskalierte die Lage erneut. Die UÇK hatte sich als nationale Befreiungsarmee des Kosovo Geltung verschafft, nachdem die höflichen Mahnungen des zivilen Friedenskämpfers Ibrahim Rugova, der auf Emanzipation des Kosovo von Belgrad, aber auch auf Deeskalation des Konflikts bedacht war, von der Staatengemeinschaft überhört worden waren. Die UÇK stichelte und provozierte mit blutigen Anschlägen. Diese anarcho-mafiösen Rebellen, so befürchteten Beobachter nicht zu Unrecht, wollten einen Krieg provozieren, damit die Nato auf ihrer Seite eingreifen müsse: Die Nato als Luftwaffe der UÇK. Die Übergriffe serbischer Einheiten und Milizen, provoziert wie aus eigenem Antrieb, nahmen an Häufigkeit und Brutalität zu. Die OSZE hatte keine Chance, den Waffenstillstand durchzusetzen. Der Westen stand bald vor der unbequemen Frage, welches von zwei Übeln er hinnehmen solle: die von der

UÇK betriebene staatliche Unabhängigkeit oder die serbische Vertreibungspolitik gegen die Albaner? Oder sollte er sich völlig heraushalten, diese schwärende Wunde im europäischen Körper sich selbst überlassen?

Kurz nach dem Jahreswechsel vertrat ich Fischer im Kabinett und musste die pessimistische Prognose überbringen: »Wir im Auswärtigen Amt befürchten, dass die Bundesregierung bald eine sehr schwierige Entscheidung wird treffen müssen. Der Waffenstillstand hält nicht mehr lange.« Die Stimmung war gedrückt. Niemand hier hatte die geringste Lust, seine Reformpläne durch eine Kriegsbeteiligung in den Hintergrund drängen und gefährden zu lassen. Verteidigungsminister Rudolf Scharping teilte die Analyse des Auswärtigen Amtes. Finanzminister Oskar Lafontaine, der sich später, nach seinem Austritt aus der SPD, so vehement als Kriegsgegner gebärdete, meldete sich nicht zu Wort.

Im Januar 1999 lud Fischer die Spitze des Auswärtigen Amtes zu einem Konklave auf den Petersberg bei Bonn. Dort sollten die Grundlinien der neuen deutschen Außenpolitik in allen Sektoren festgelegt werden. Es herrschte eine freundliche, aufgeräumte Atmosphäre, keine Aversion der altgedienten Diplomaten, der Genscheristen, gegen die jungen Grünen war zu spüren. Im Gegenteil, alle waren in Aufbruchsstimmung: raus aus der Duckmäuserei der Kinkel-Ära, neue Kreativität freisetzen. – Mitten in die Konferenz platzte die Nachricht: Die Serben haben in Racak ein Massaker an Kosovo-Albanern verübt. Die Amerikaner verlangen die sofortige Auslösung von Act-Ord. Das Eingreifen der Nato steht kurz bevor. Warnstufe Rot.

Sofortiger Themenwechsel. Was tun? Ich hatte zufällig gerade das Wort: »Dies ist die letzte Gelegenheit und das Fanal, mit einer umfassenden internationalen Balkan-Konferenz die Konflikte beizulegen!« Schon vor Jahren hatten die Grünen in einem Bundestagsantrag gefordert, alle Nachfolgestaaten des zerfallenen Jugoslawiens nach Europa, in die EU, einzuladen. Dem überschäumenden Nationalismus sollte durch die europäische Perspektive die Spitze gebrochen, den Ländern eine zivile Entwicklungsperspektive geboten werden. Politische Krisenprävention statt militärischer Reaktion. Bei der Spitze des Auswärtigen Amtes fand dieser Vorschlag nun allgemeine Zustimmung. Niemand wollte einen Krieg.

Fischer ging sofort ans Werk. Das Konklave fand ohne ihn statt.

Am Ende des zweiten Tages kam er erschöpft, aber sichtlich froh, zurück:»Die Konferenz steht! Die Amerikaner machen mit.« Zwei Tage lang hatte er mit allen westlichen Außenministern telefoniert, um sie zu gewinnen. Von Vorteil war dabei die deutsche EU- und G7-Präsidentschaft im ersten Halbjahr 1999. Fischer hatte eine der großartigsten Leistungen seiner Laufbahn erbracht.

Die Amerikaner verlangten für ihre Zustimmung allerdings einen hohen Preis: Sie unterstützten die Friedenskonferenz, falls diese aber scheitere, müsse Deutschland bei der dann unvermeidlichen Militäroperation mitmachen. Ohne dieses Junktim hätten die USA sofort losgeschlagen und die Nato-Partner mit ihnen – auch Deutschland, das durch den Bundestagsbeschluss auf Beteiligung festgelegt war. Die Konferenz sollte in Rambouillet stattfinden, Frankreich Gastgeber sein. Fischer hatte recht, auch wenn es unser Vorschlag war:»Es ist günstiger, der ›Grande Nation‹ die öffentliche Rolle zu überlassen.«

Deutschland wurde wegen der Anerkennungspolitik Genschers gegenüber Kroatien und Slowenien von einigen westlichen Freunden, die anderer Meinung gewesen waren, misstrauisch beäugt. Auch die historischen Konstellationen aus den beiden Weltkriegen waren nicht aus dem Gedächtnis verschwunden. Für die Europäer sollte neben Frankreich und Großbritannien der vorhergehende Inhaber der EU-Präsidentschaft, Österreich, der zudem als Nachbar viel vom Balkan verstand, verhandeln. Deutschland war als Beobachter und Ratgeber dabei.

Rambouillet scheiterte. Nach meiner Beobachtung einzig und allein an Belgrad. Den wilden Gesellen der UÇK war der Vertrag, der ihnen die Entwaffnung abverlangte und die territoriale Integrität des Staatsverbands Serbien-Montenegro einschließlich des Kosovo festschrieb, mit gehörigem Druck aufgenötigt worden. Die UÇK stimmte einem Vertrag zu, der ihr Kriegsziel, die staatliche Unabhängigkeit, durchkreuzte. Milošević jedoch war nicht bereit zu einer Einigung. Er hatte nicht einmal eine wirklich verhandlungsfähige Delegation geschickt. Fast panikartig mussten die unbewaffneten OSZE-Beobachter nun aus dem Lande abgezogen werden, bevor sie von serbischen Kräften als Geisel genommen werden konnten. Ihr Abzug zeigte deutlich: Die Friedensmission ist gescheitert, der Krieg unabwendbar.

Sofort entbrannten auf dem linken Flügel der Grünen, ausgelöst durch einen naseweisen »taz«-Artikel,[28] heftige Diskussionen: Die

Amerikaner hätten die Konferenz torpediert, weil sie unbedingt einen Krieg wollten. Den Serben seien unzumutbare Bedingungen auferlegt worden. Wilde Verschwörungstheorien machten die Runde, die selbst in die deutsche Literatur Eingang fanden. Frank Schätzing kaut sie in seinem Roman »Lautlos« durch.[29] Sie waren unterhaltsam und passten ins Weltbild. Präzise Analysen der Vorgänge existieren zwar auch, finden aber nicht einmal den Weg in alle Universitätsbibliotheken.[30]

Der »Annex B«, zum Ende der Verhandlungen aufgetischt, war nach dem Glauben der Kritikergemeinde eine unzumutbare Auflage für Belgrad, eine geplante Sollbruchstelle. Dieser Anhang zum Abkommen enthielt Bestimmungen zur Stationierung von Nato-Truppen auf jugoslawischem Gebiet. Eine gezielte Brüskierung? Nach Aussage unserer Diplomaten bestand sein Sinn darin, nach einem Waffenstillstand die Stationierung von internationalen Friedenstruppen, von »Blauhelmen«, im Kosovo zu ermöglichen, dem erprobten Beispiel Bosnien-Herzegowinas folgend. Sie sollten über Belgrad verlegt werden. Es ging dabei nicht um die Besetzung der rest-jugoslawischen Hauptstadt durch Nato-Truppen, wie wütend gemutmaßt wurde. Die Einreise über Belgrad – statt über Albanien oder Mazedonien – bedeutete im Gegenteil die Anerkennung Belgrads als zuständige Hauptstadt auch für den Kosovo. Ein Zugeständnis an die jugoslawische Seite, ein Unterstreichen seiner territorialen Integrität! Alle Details hätten verhandelt werden können. Der vorgelegte Text war ein »Platzhalter«, so der Diplomatenjargon, für die endgültige Fassung.

Dass ein von Russland bei den Rambouillet-Nachverhandlungen in Paris eingebrachter Kompromiss, der den Serben eine Brücke bauen wollte, nicht zur Geltung kam, ist für viele Verschwörungstheoretiker der endgültige Beweis für ein falsches Spiel des Westens. In Wirklichkeit wurde dieser Vorschlag von der serbischen Seite ignoriert, die zudem ihre Zugeständnisse der ersten Verhandlungsrunde zurückzog. Zwischen den Verhandlungsrunden hatten zahlreiche Missionen in Belgrad ihr Glück versucht, auch Fischer, und waren alle abgeblitzt. Milošević wollte keinen Frieden.

Vieles war in Rambouillet verhandelbar, viele Wege zumindest. Das Ziel war nicht verhandelbar: dass Belgrad seine völkermörderische Politik im Kosovo beenden musste. Die amerikanische Außenministerin Madeleine Albright hatte unmissverständlich klargemacht, was die Prämisse der Gespräche war. Und so agierte sie auch.

In der Tradition der Imperialismuskritik suchten viele Linke nach der bösen Absicht der USA. Auch Wortführer des deutschnationalen Antiamerikanismus in der CDU/CSU stellten diese Frage. Welches Interesse trieb die Supermacht? Was hatte sie überhaupt in Europa zu suchen? Die Fundamentalkritiker mussten eine Teufelei wittern, weil sie das Ursprungsproblem nicht wahrzunehmen bereit waren. Wer den totalitären Milošević ignorierte und den Konfliktparteien auf dem Balkan gleichermaßen Schuld zusprach, konnte auch die Notwendigkeit eines Eingreifens von außen nicht erkennen. Er hatte auch kein Gespür für das Versagen der Europäer. Aus diesem Blickwinkel musste die amerikanische Intervention als aggressiver Akt gedeutet werden.

Man kann sich in der Tat trefflich akademisch darüber streiten, ob das Engagement der USA »konstruktivistisch« zu deuten sei, also als Konsequenz einer auf die Universalisierung humaner Normen gerichteten Außenpolitik. Oder aber »realistisch« als Durchsetzung nationaler Interessen. Nach meiner Beobachtung war es beides. Als die Europäer es nicht schafften, in ihrer Region Massaker und drohenden Völkermord zu verhindern, traten die USA des Bill Clinton als ethisch argumentierende Garantiemacht des Humanismus auf und zeigten der EU zugleich, dass Europa auch nach dem Ende der atomaren Abschreckungspolitik zumindest sicherheits- und militärpolitisch ohne den Führungsanspruch des transatlantischen Partners nicht auskommen könnte.

Es war die Zeit, als jeder beschwor, ein zweites Srebrenica müsse verhindert werden, ein Völkermord wie in Ruanda dürfe nicht noch einmal geschehen. Es war eine Zeit, als zumindest Sicherheitsexperten befürchteten, wenn nicht der Westen das Leben der europäischen Muslime rettete, dann würden – wie bereits im Bosnienkrieg – die Unterstützer aus der islamischen Welt einfliegen und später für ihre Hilfe die Rechnung in Form von Machtansprüchen und Ideologietransfer präsentieren. Das ohnehin ramponierte Ansehen des Westens in der arabischen Welt würde weiter beschädigt. Man kann über die USA granteln, sich letztlich aber nicht darüber hinwegtäuschen, dass die amerikanische Stärke in der europäischen Schwäche lag. Zu Letzterer trug auch eine Linke bei, die sich in die Problemverweigerung flüchtete.

Ich begann an meinen grünen Freunden zu zweifeln. Jahrelang war ich ein Wortführer der Parteilinken gewesen, gerade im Disput mit Fischer über die Balkan-Politik. Nun waren es viele meiner alten Freunde, deren Beiträge mich verstörten. Gegen den Krieg zu sein war die eine Sache, aber welche »Argumente« an den Haaren herbeigezogen wurden, um der eigenen Position Gewicht zu verleihen! Hier bahnte sich ein schwerer innerlinker Konflikt an.

»Warum hast du das nicht verhindert?«, fragte mich einer empört, der sich zu einem Wortführer der »Kriegsgegner« aufschwang.[31] Ich war erschüttert. Nicht weil sie gegen den Krieg waren – wer war schon dafür? –, sondern wegen ihres Realitätsverlusts. Zu glauben, ein Staatsminister könne gegen die Parlamentsmehrheit, gegen die eigene Regierung, gegen die Nato, gegen den Westen das Rad der Geschichte anhalten. Was verlangte man von mir? Zetern? Selbstverbrennung? Zur Blockade amerikanischer Kasernen aufrufen?!

Ich hatte, wie ein grüner Wahlkampfslogan forderte, Farbe bekennen müssen. Eines Tages, während der Verhandlungen in Rambouillet, ersuchte der jugoslawische Botschafter um ein Gespräch in meinem Büro. Er hatte ein gezieltes Anliegen. »Ihr Grünen seid doch Pazifisten«, legte er los. »Ihr wart doch immer gegen die amerikanische Machtpolitik. Warum lasst ihr euch jetzt vor deren Karren spannen? Warum lasst ihr Pazifisten zu, dass ein illegaler Krieg geführt wird? Wenn ihr ›Nein‹ sagt, dann kann auch Schröder nicht.«

Mir war schlagartig klar, was der Appell des Botschafters bedeutete, was er bezweckte. Eine deutsche Weigerung hätte die Nato erheblich geschwächt, vielleicht handlungsunfähig gemacht. Milošević hätte sich militärisch behaupten und seine Vertreibungspolitik erfolgreich umsetzen können. In Belgrad kalkulierte man anscheinend strategisch mit der pazifistischen Gesinnung der Grünen. Wir wurden als der »Schwachpunkt« in der westlichen Phalanx gesehen, als Angriffspunkt. Uns herauszubrechen hieß, Deutschland herauszubrechen und damit die Nato-Strategie zu torpedieren. Das war eine perverse Verdrehung unserer pazifistischen Motive. Eine verbrecherische Politik wollte diese funktionalisieren, um den Widerstand zu schwächen.

Doch hier wäre die Logik nicht zu Ende gewesen! Zu Ende gewesen wäre die rot-grüne Koalition. Die SPD hätte sich keine zweite Dolchstoßlegende einhandeln wollen. Wenn Rot-Grün nicht imstande war, die Lage zu meistern, weil die Grünen der historischen Herausforderung nicht gewachsen waren, dann musste eben eine Große Koalition her.

Solch ein Spiel durfte ich nicht mitmachen. Ich fühlte mich zurückversetzt in die Gesinnungsprüfung für Kriegsdienstverweigerer, 30 Jahre zuvor. »Was tun Sie, wenn der Feind Ihre Freunde abschlachten will und Sie eine Waffe haben, um das zu verhindern?« Die richtige Antwort damals lautete: »Ich weiß es nicht. Ich verweigere den Kriegsdienst, weil ich nie in eine solche Situation geraten möchte.« Jetzt war diese Situation da, nicht für den Soldaten, sondern den Politiker. Ich wünschte, sie wäre nicht eingetreten, aber sie war Realität. Der grüne Pazifismus wurde von Verbrechern gegen sich selber gekehrt.

»Nie wieder Auschwitz, nie wieder Krieg!« So hatten die pazifistischen Bekenntnisse seit fünf Jahrzehnten gelautet. Pazifisten hatten wenig reflektiert, wie sehr sie historisch bedingt waren. Auschwitz und Krieg, beides hatte denselben Ursprung, die militaristische, nationalistische, rassistische Brutalität der Nazis. Antifaschismus hieß gleichzeitiges Eintreten gegen eine Militarisierung der Politik und gegen Völkermord. Der Frage, wie der D-Day zu bewerten sei, die Landung der Alliierten in der Normandie, um Europa militärisch vom Hitler-Faschismus zu befreien, wurde nicht ernsthaft reflektiert. Der pseudophilosophische Spruch, es gebe keine »gerechten Kriege«, tötete als Killerphrase Debatten ab, kaum dass sie aufkeimten. Dabei hatten die Philosophen, die diese Erkenntnis formulierten, klassische Angriffskriege vor Augen, die »Fortsetzung der Politik mit anderen Mitteln«, in der Staatenwelt nach dem Westfälischen Frieden von 1648 gang und gäbe.[32] Aus der eigenen, individuellen Weigerung, zur Waffe zu greifen, wurde bei den postmodernen Pazifisten die politische Weigerung, zwischen ungerechtem Angriff und berechtigter Gegenwehr zu unterscheiden. Die völkerrechtliche Unterscheidung zwischen dem »Recht *zum* Krieg« und dem »Recht *im* Krieg« wurde gänzlich übersehen. Die nötige Differenzierung wurde durch den Pauschalbegriff »Krieg« verhindert und zugleich moralisch verurteilt. So wurde die Erkenntnis vermieden, dass Angriffe, Vertreibung, Völkermord, Holocaust vielleicht nur durch den Einsatz von Waffen zu beenden sind.

Hier im Kosovo-Konflikt standen wir vor genau dieser Frage: Wollten wir den drohenden Völkermord verhindern, mussten wir den Militäreinsatz zumindest tolerieren. Wollten wir den Waffeneinsatz verhindern, mussten wir den Völkermord hinnehmen. Unsere beiden Grundwerte gerieten in Widerspruch zueinander. Eine Entscheidung war unausweichlich. Ein Konflikt, der die Partei zerriss. Und innerlich jeden Einzelnen! Doch es kam auch zur diskursiven Übertreibung. Fischer erinnerte sofort an Auschwitz. Und provozierte damit ein Unbehagen, das den Wertekonflikt eher verdrängte. Hier wird ein Totschlagargument gebraucht, dachten sich viele. Sie wagten keinen Widerspruch, um nicht in Verdacht zu geraten, aber sie glaubten auch nicht an die Analogie. Schlimmer noch, der Vergleich war kontraproduktiv:»So schlimm wie Auschwitz ist es im Kosovo nicht ...« Der Vergleich wirkte wie eine Aufforderung, die intellektuelle Beschäftigung mit dem Wertekonflikt einzustellen.»Sie bombardieren ihr verkorkstes Jahrhundert. Nirgendwo sonst ist die Intervention so oft mit Auschwitz begründet worden wie in Deutschland. Darum waren die Deutschen so einvernehmlich schweigsam, während in Belgrad die Bomben fielen ... Sie hatten gewiss die besten Absichten, aber ich behaupte, dass sie in Wirklichkeit gar nicht Serbien bombardiert haben, sondern die Gestapo, die Waffen-SS und die Wehrmacht. Nachträglich, um endlich Absolution von der Erbsünde zu erhalten.« So deutet ein Romanheld diese rhetorische Figur.[33]

Dabei hatten wir real gar keinen Entscheidungsspielraum. Die Würfel waren gefallen. Es galt die Zusage, wenn die Friedenskonferenz scheitert, wird ActOrd ausgelöst und Deutschland ist dabei.»Es wird nur wenige Tage dauern«, sagte mir einer unserer Staatssekretäre, ein erfahrener Transatlantiker, durch und durch Zivilist, ausgebildet, Kriege zu verhindern, nicht zu führen, als die Luftangriffe begannen.»Die Nato ist übermächtig. Ostern ist alles vorbei.« Das hatte beiläufig klingen, Hoffnung machen sollen, bald gelte wieder *business as usual*. Eine Woche später, Angriff um Angriff war geflogen worden, schwanden die Gewissheiten. Belgrad behauptete sich, es waren falsche Ziele getroffen worden, unschuldige Zivilisten zu Tode gekommen, wie immer in Kriegen. Die Nato-Erklärungen dazu waren zu nassforsch.

Die Frage, wohin die»Luftkampagne«, wie der Angriff verharmlosend genannt wurde, führen solle, drängte sich immer vehementer auf. Zum schnellen Zusammenbruch Belgrads führte sie bestimmt nicht. Die Nato hatte Milošević sträflich unterschätzt. Wenn das Ziel also nicht klar war, machten die Angriffe dann überhaupt Sinn? Am Gründonnerstagmorgen stellte ich in einem Radiointerview genau diese Frage und forderte öffentlich eine präzise und überprüfbare Zieldefinition. Das war schon hart am Rande des Möglichen für ein Regierungsmitglied. Denn die Frage nach dem Ausweg aus dieser Lage hieß zugleich, die Lage ist unbefriedigend! Und sie hieß:»So kann es nicht weitergehen.« Diplomatisch formuliert, aber deutlich. Manche Zeitungen nahmen die Äußerung auf, aber es entfaltete sich keine öffentliche Diskussion. Auch die Grünen blieben fixiert auf Schröder und Fischer. Die traditionellen Ostermärsche der Friedensbewegung standen an. Auch Grüne würden mitmachen. Ich kannte die Planungen. Kritikziel der Demonstration war der »Nato-Luftkrieg gegen Serbien«. Darin steckte viel alte DKP-Rhetorik. DKP-nahe Gruppen hatten immer schon die Ostermärsche zu dominieren versucht. Viele hatten offensichtlich das Kalter-Krieg-Denken noch nicht überwunden. Dennoch: Im Prinzip war die Frage nach dem Ziel der Bombardierungen und ihrem Ende berechtigt.

Die Regierung musste darauf eine plausible Antwort finden. Noch vor den Ostermärschen. Sonst hätten sich die Demos gegen Rot-Grün gerichtet. Besonders gegen die Grünen. Die Partei, die aus der Friedensbewegung entstanden war, wäre zu deren Zielscheibe geworden. Ich ging zu Fischer.»Wir müssen diese Woche eine plausible Perspektive finden. Wo soll das alles hinführen? Wenn Belgrad nicht in die Knie geht, wie kommt der Westen raus aus dem Dilemma, ohne dass Milošević sich als Sieger fühlen kann? Wir brauchen eine *exit option*, einen Friedensplan.« Fischer zog ein Papier aus seinem Schreibtisch. »Hier habe ich einige Stichworte.« Wir gingen sie kurz durch, waren uns einig, diese Ideen mussten auf den Weg gebracht werden. Das war die Geburtsstunde des Friedensplans, der erst Fischer-Plan hieß und dann UNO-Plan. Der einzige realistische Ausweg, der – wie die Entwicklung zeigen sollte – letztlich auch Erfolg hatte.

Der Außenminister machte sich ans Werk. Ich selber deutete noch in den Ostertagen in Interviews diese Wendung an, um dem öffentlichen Protest ein positives Ziel anzubieten. Der Bundeskanzler unterstützte diese Linie, das Kabinett stimmte zu. Fischer brachte die EU hinter sich. Er holte die Russen ins Boot. Er gewann die Amerikaner. Zum guten Ende adaptierte Kofi Annan den Plan für die UNO.

Mitentscheidend war die Reintegration Russlands, das sich brüskiert zurückgezogen hatte, nachdem die USA ohne Anrufung des

UN-Sicherheitsrats den Luftschlag gegen den Despoten in Belgrad angekündigt hatten. Dabei hatten die USA Russland einen noch größeren Gesichtsverlust ersparen wollen: Entweder hätte Russland einem Militäreinsatz zugestimmt, dann hätte es seinen Vasallen Milošević aufgeben müssen. Das russische und das serbische Volk fühlten sich befreundet. Damit war also keineswegs zu rechnen. Außerdem befürchtete Moskau Parallelen zu Tschetschenien. Und China zu Tibet. Es war also nicht das universelle Interesse, das die Vetomächte bewegte, sondern ein nationales. Hätten beide gegen die Intervention gestimmt, dann wäre die Nato ohne Ermächtigung losmarschiert. Die Russen wären ebenso düpiert gewesen wie die UNO als Ganze.

Diese Strategie verstieß gegen das Völkerrecht, so wie es geschrieben stand. Doch wie wird Völkerrecht geschaffen? Es gibt keinen zentralen Gesetzgeber. Das meiste ist Vertragsrecht. Eine weitere Quelle der Rechtsschöpfung ist das Gewohnheitsrecht. Wenn eine Maßnahme im internationalen Raum wiederholt vollzogen wird, ohne dass andere Staaten widersprechen, gilt diese als gebilligt. Als akzeptierte Staatenpraxis. Deutschland machte beim Kosovo-Krieg mit, erklärte aber, dies sei eine Ausnahme. Das war mehr als Rhetorik. Es hieß nicht mehr und nicht weniger, als dass daraus kein Gewohnheitsrecht und keine völkerrechtliche Legalität entstehen können. Ob der jetzige Krieg völkerrechtlich legal war, wurde im Ungefähren gelassen.

Denn das »Völkerrecht« war eigentlich kein Recht der Völker und für Völker, sondern Staatenrecht, es regelte deren Beziehungen untereinander. Aber es schützte nicht die Völker gegen Übergriffe des eigenen Staates, der nach innen hin das Gewaltmonopol besaß. Es galt die Formel von der »Nichteinmischung in die inneren Angelegenheiten«. Selbst die Völkermordkonvention der UNO erlaubte keine Selbstermächtigung zur humanitären Intervention. Formal war die Nato-Aktion der Angriff eines Staatenbündnisses gegen den Bundesstaat Jugoslawien und damit völkerrechtswidrig. Aber Belgrad war offensichtlich dabei, einen Teil seines Staatsvolks zu ermorden und zu vertreiben! Es drohte ein Völkermord. UN-Resolutionen zum Krieg in Bosnien-Herzegowina hatten bereits die Lebensrechte ethnischer Minderheiten gegenüber dem staatlichen Gewaltmonopol betont, ohne daraus jedoch eine neue völkerrechtliche Systematik abzuleiten. Die Frage war aufgeworfen, aber noch nicht endgültig neu beantwortet.

Wie sollte die internationale Gemeinschaft mit einem Fall umgehen, der im Völkerrecht unzureichend geregelt ist? Wir hatten die hilflosen Auftritte von UNO-Blauhelmen in Bosnien-Herzegowina erlebt, den achttausendfachen Massenmord von Srebrenica. Sollte die Politik nun, bei drohender Wiederholung, dem geschriebenen Recht folgen oder ihrer Ethik, die in die Rechtsetzung noch keinen Eingang gefunden hatte? Welches Prinzip galt hier, das der Legalität oder das der Legitimität? Offensichtlich fielen beide hier auseinander. Der Versuch von Kriegsgegnern, die Nato-Aktion in der UNO verurteilen zu lassen, schlug fehl. Ein Zeichen dafür, dass die UNO den Widerspruch im Völkerrecht selbst sah.

Auch das Bundesverfassungsgericht wies später eine Klage von PDS/Linke gegen die Bundesregierung wegen Führens eines Angriffskriegs zurück. Ob damit der Rechtsfehler der Nato im juristischen Sinne behoben war? Diese Debatte ist nur noch akademischer Natur. Denn später betonte die UNO wiederholt die *responsibility to protect*, die Schutzverantwortung, ohne allerdings die UN-Charta selbst zu ändern. Heute hat die Frage der völkerrechtlichen Legalität der Nato-Aktion nur noch identitätsstiftenden Charakter für linkssektiererische und nationalistische Gruppierungen. Leider aber wurde die Debatte über die Schutzverantwortung abgewürgt, als die USA des George W. Bush sie zum Vorwand für ihren Angriff auf den Irak nahmen.

Es war hohe diplomatische Kunst, Russland nach seiner Brüskierung wieder einzubinden. Eins von Fischers Meisterstücken. Nach langwierigen Verhandlungen signalisierte auch China Zustimmung zum Friedensplan. Die USA hatten die chinesische Botschaft in Belgrad bombardiert, versehentlich. Eines der Desaster im Verlauf des Krieges. Es mangelte an Aufklärung und präziser Information. Wir Deutschen hatten übrigens keine genaue Kenntnis von der Zielplanung der Luftangriffe. Unsere Luftwaffe flog Begleitschutz, aber die Amerikaner ließen sich nicht in die Karten schauen. Hier spiegelte sich erneut das deutsche Sicherheitsdilemma. Deutschland ist angewiesen auf den Beistand durch den transatlantischen Partner, hat aber keinen Einfluss auf den Kern seiner Strategie. Wenn später viel über eine europäische Sicherheits- und Verteidigungsidentität diskutiert wurde, so hatte dies seinen Grund auch in den Erfahrungen dieser Tage.

Der UNO-Friedensplan sah zwei synchrone Prozesse vor: Die Vertreibungen im Kosovo und die Bombardierungen sollten zeitgleich beendet werden. Aber die Dinge kamen nur zäh in Fluss. Nervenzermürbende Wochen folgten. Unter dem Druck der Bombardierungen zog sich Milošević nicht zurück, er forcierte die Vertreibungspolitik im Kosovo. Bei oberflächlicher Sicht hätte man meinen können, die Luftangriffe seien die Ursache und die Flucht die Folge. Das war Unsinn, aber jeder Unsinn fand in diesen Tagen seine Verfechter. Die Analysen in unseren Ministerien zeichneten ein düsteres Bild von Miloševićs Absichten. Es sah alles danach aus, als wolle er die muslimisch-albanische Bevölkerungsmehrheit aus dem Kosovo treiben. Eine Mehrheit! Anfangs war das schwer zu glauben. In Bosnien-Herzegowina waren im Zuge »ethnischer Säuberungen« Minderheiten vertrieben worden, legitimiert stets mit dem Mehrheitsinteresse. Selbst die UNO-Friedenspläne für dieses Gebiet fußten auf umstrittener ethnischer Entflechtung. Auch das Dayton-Agreement, das den Krieg dort beendete, den Kosovo-Komplex aber ausgespart hatte. Hier im Kosovo – das war nun eine neue Dimension. Gestützt auf den Amselfeld-Mythos, wollte Belgrad das Gebiet für Serbien akquirieren, die albanische Mehrheit musste weg. Tausende und Abertausende wurden in einem steten Strom vertrieben, strandeten in hoffnungslos überfüllten Flüchtlingslagern von Mazedonien.

Zeichnete man die serbischen Übergriffe auf einer Karte ein, so ergab sich eine systematische Umfassungsbewegung der albanischen Siedlungsgebiete. Irgendwo tauchte der Name »Plan Hufeisen« auf. Vielleicht hatte ein Analytiker ihn auf eine Karte geschrieben, Rudolf Scharping, in der Kommunikation wenig geschickt, schrieb den Begriff Milošević zu. Sofort gab es wütende Proteste von Kriegsgegnern, wohl bestens aus Belgrad informiert. »Einen solchen Plan gibt es nicht! Alles nur Propaganda der rot-grünen Kriegshetzer.« Mit dem falschen Titel wurde auch der richtige Inhalt abgestritten.

Im Auswärtigen Amt wurden noch viel schlimmere Entwicklungen befürchtet, Worst-Case-Szenarien durchgespielt. Wenn die Albaner alle aus dem Kosovo vertrieben würden, wie käme die »frühere jugoslawische Republik Mazedonien«, nun unabhängiger Staat, mit den Flüchtlingsströmen zurecht? Dort lebte neben den ethnischen Mazedoniern eine starke Minderheit von ethnischen Albanern, auf die auch die UÇK zurückgegriffen hat. Würde eine Verschiebung der ethnischen Gewichte nicht auch dieses Land destabilisieren, das bisher vom Krieg verschont geblieben war? Entstünden bei den albanischen Volksgruppen in der Region Ambitionen auf ein Großalbanien? Wenn Mazedonien sich destabilisierte, würde der Konflikt dann überschwappen in die angrenzende griechische Provinz Makedonien und damit direkt Nato-Gebiet berühren? Immerhin zirkulierten in der F. Y. R. Mazedonien Landkarten, die das griechische Makedonien einschlossen. Falls Griechenland an seiner Nordgrenze Probleme bekäme, könnten dann einige Strategen gegenüber seiner Ostgrenze meinen, die Gunst der Stunde etc., etc. …

Befürchtet wurde die Destabilisierung von ganz Südosteuropa mit direkter Betroffenheit der Nato. Waren solche theoretischen Erwägungen so gewichtig, dass sich die Sicherheitspolitik darauf einstellen musste? Gab es gar die Absicht von Milošević, die Nato hineinzuziehen, um auf der anderen Seite das russische Brudervolk um Hilfe zu ersuchen? Wollte Milošević knapp zehn Jahre nach dem Ende des Kalten Krieges einen heißen Ost-West-Konflikt provozieren, um als Kriegsherr von Moskaus Gnaden an der Macht bleiben zu können? Würden Strategen in Moskau darauf spekulieren, über Belgrad einen Marinehafen am Mittelmeer zu bekommen? Es taten sich Abgründe auf …

Bei den Grünen, denen solche Überlegungen fremd waren, wurde es immer unruhiger. Unter dem Eindruck von Tod und Zerstörung, von bagatellisierten Kollateralschäden, befeuert durch einen bizarren Auftritt des PDS-Granden Gregor Gysi in Belgrad, wurden die Rufe nach einem sofortigen Ende der Bombardierungen immer lauter. Schluss, Schluss, Schluss! Das war die Stimmung in der Partei. Kaum einer reflektierte, was dies in der Praxis hieß. Wer war der Adressat der Forderung? Sollte Deutschland seine Beteiligung beenden? Hätte dann der Krieg wirklich aufgehört? Wäre er nach einer Schwächung der Nato vielleicht schlimmer geworden, aber wir hätten ein besseres Gewissen gehabt? Hätten wir den Völkermord hinnehmen sollen? Sollte Milošević als Sieger dastehen? Die Partei war nicht mehr zu halten. Ein Sonderparteitag musste entscheiden.

Bielefeld, Stadthalle. Von Demonstranten belagert, von der Polizei geschützt. Pfeifkonzerte und Rempeleien gegen grüne Mandatsträger. Einige bekannte Gesichter aus dem pazifistischen Spektrum waren da, alte Freunde. Aber auch viele Unbekannte, Autonome, Schläger.

Serbische Provokateure? Joschka Fischer wurde ein Farbbeutel ins Gesicht geschleudert – das Bild des Parteitags nach außen. Im hinteren Saalabschnitt hatte sich Jutta Ditfurth mit ihren letzten Getreuen postiert. Vor fast zehn Jahren war die Anführerin der Fundis unter Absingen schmutziger Lieder ausgetreten, weil ihr zunehmend irrationaler Kurs sie isoliert hatte. Das gemäßigte »linke Forum« das ich mit ins Leben gerufen hatte, war auf dem linken Flügel dominant geworden. Durch Kompromissbildungen mit den anderen Strömungen der Partei hatte es eine über Jahre stabile Mitte-Links-Mehrheit behaupten und die einst zerstrittene Partei konsolidieren können. Als Repräsentant dieser integrativen Politik war ich Parteivorsitzender und nun gerade Staatsminister geworden. Neben Fischer war ich deshalb Ditfurths zweiter Erzfeind. Der Großteil der gemäßigten Linken – wie die Außenpolitiker Angelika Beer und Winni Nachtwei – teilte meine Einschätzung auch in der Kosovo-Frage.

Was mich besonders ärgerte, war der schwankende Kurs mancher Menschenrechtler. Seit Jahren forderten sie immer vehementer, man müsse »etwas tun« angesichts der serbischen Kriegspolitik. »Tun«, das war militärisch gemeint. Ich habe sie noch im Ohr – Christa Nickels, Claudia Roth ... Jetzt gehörten sie zu den Ersten, die »Aufhören, aufhören« schrien. Wie die völkermörderischen Aktionen anders gestoppt werden könnten nach dem Scheitern von Rambouillet – die Frage fand keine Antwort. Die bauchgesteuerte regierungskritische Antikriegspose kam in der völlig verunsicherten Partei gut an. So mancher hatte wohl bereits die nächste Aufstellung der Landeslisten im Blick. Menschenrechtler brachten es fertig, uns im selben Atemzug zu beschwören, Milošević in den Arm zu fallen und den Krieg zu stoppen.

Als ob es neu war, dass Kriege Opfer unter der Zivilbevölkerung fordern! Dieses Wissen bildete eines der Grundmotive des Pazifismus. Deshalb waren ja einige so reserviert gewesen bei der konstitutiven Bundestagsabstimmung zu ActOrd. Hatten die neuen Kriegsgegner aus der Menschenrechtsbewegung etwa an das Märchen vom chirurgischen Schnitt geglaubt, einer Militäroperation, die präzise, blutarm, effektiv, ohne zivile Opfer verlief? Wer Waffengewalt gefordert hatte, um Menschenrechte durchzusetzen, durfte sich jetzt nicht vor den Konsequenzen davonstehlen und auf die andere Seite flüchten.

Die andere Seite, das war der Teil der Linken, der nun das sofortige Ende des Krieges forderte. Mit welcher Konsequenz auch immer. Er entdeckte plötzlich das Völkerrecht. Argumentierte mit Zitaten und Artikelnummern. Lange Zeit hatte er es ignoriert oder als amerikanisches Herrschaftsinstrument entlarvt. Jetzt plötzlich klammerte er sich an das geschriebene Wort, legte es, ohne Rücksicht auf seine politische Entstehungsgeschichte, im Sinne der eigenen Ideologie möglichst eng aus. Vom »Linksanwalt«, mit einem ironischen Verhältnis zum Recht, zum Rechtspositivisten – eine eigenartige Karriere.

Bielefeld. Die Redeschlacht begann. Fischer eröffnete mit einer ehrlichen und schonungslosen Rede, ohne die übliche Effekthascherei. Der Beifall war nicht beeindruckend. Die Stimmung im Saal war gespalten. Die Debatte verlief auf des Messers Schneide. Es wogte hin und her. Dann folgte der Auftritt von Bärbel Höhn, Landesministerin aus Nordrhein-Westfalen, dort linke Spitzenkraft. Sie zog alle Register: gegen die deutsche Beteiligung, gegen die Militäraktion überhaupt, gegen die USA, gegen das falsche Feindbild Serbien, gegen die da oben in Bonn. Frenetischer Jubel im Saal, grüne Gründungsmythen feierten Wiederauferstehung, eine Erweckungsmesse für den Widerspruchsgeist. Nach Höhns Rede war die Koalition erledigt.

Ich nahm der Kollegin die Empörung nicht ab. In einem internen Papier hatte sie mit vielen Ausrufezeichen einen radikalen Pazifismus gefordert, außer wenn militärische Gewalt nötig sei, wie man versteckt in einem Nebensatz lesen konnte. Diese merkwürdige Denkfigur wurde flankiert durch ein Plädoyer für Neutralität gegenüber Serben und Kosovaren. Äquidistanz. »Es sind immer beide Seiten schuld.« Das war eine reine Killerphrase, die jede Tiefenanalyse verhindern wollte, deshalb kam sie bei vielen Linken gut an. In Wirklichkeit goss die UÇK zwar immer wieder Öl ins Feuer, aber die Verbrechen lagen, strategisch betrachtet, eindeutig auf der Seite Belgrads. Das stellte später auch der forensische Bericht der OSZE zum Massaker von Racak fest, dessen Hergang von Linken bestritten worden war.

Zudem brauchte Bärbel Höhn dringend einen »linken« Auftritt. In der rot-grünen Koalition in Düsseldorf hatte sie viele Kompromisse machen müssen, besonders beim grünen Identitätsthema Braunkohle. Nur mühsam konnte in der Partei ein Ende der Koalition samt Umweltministerin Höhn verhindert werden. Nun musste sie offensichtlich Kompromisslosigkeit demonstrieren, koste es, was es wolle, um sich in Nordrhein-Westfalen zu behaupten. Krieg und Frieden auf dem Balkan – diese Frage wurde nun der landespolitischen Taktik unterworfen. Es war ungeheuerlich. Die Ränkespiele der niedrigeren Ebene sollten die Bundes-, ja, die Weltpolitik bestimmen. Föderalismus live. In diesen Stunden vollzog sich mein Bruch mit »meiner« Parteilinken.

Ein Pazifismus, der sich auf Realitätsverweigerung gründete, auf einer zumindest fahrlässigen Analyse, der nur den eigenen Kopf gegen neue Einsichten verteidigte, war meine Sache nicht. Pazifismus, so meine Meinung, muss sich angesichts schwierigster Herausforderungen beweisen! Kann er dies, taugt er etwas, kann er es nicht, muss man ihn revidieren. Hier nun stand er vor seiner schwierigsten Herausforderung! Sie mit rhetorischen Figuren zu umgehen, um die eigene innerparteiliche Position zu behaupten, das traf nicht das geforderte Niveau. Wäre nach Höhns Rede abgestimmt worden, die Regierung wäre beendet gewesen!

»Wenn die Partei Joschkas Kurs nicht stützt, tritt er als Minister zurück.« Als Fischer diese Drohung hinter den Kulissen streuen ließ, glaubte ich nicht an Bluff. Er hätte keine Basis mehr für ein Weiterregieren gehabt. Auch als parteiloser Minister von Schröders Gnaden weiterzumachen wäre nicht tragfähig gewesen; Rot-Grün hätte die Parlamentsmehrheit verloren. Mancher Linke glaubte im Vorfeld noch, dass ich als Außenminister einspringen könnte. Irrtum. Auf welcher Basis? Auf der linker Illusionen und Verdrängungen? Zudem fand ich Fischers Kosovo-Politik richtig; es war schließlich auch meine. In der Vergangenheit hatten wir so manchen Streit ausgefochten über Fragen der Außenpolitik und die generelle Linie der Oppositionsarbeit. Aber wir waren nie verfeindet, hatten eher ein Nicht-Verhältnis. In diesem Moment stand ich hinter ihm. Weil ich wusste, unser Friedensplan ist die einzige realistische Option, aus dem Schlamassel herauszukommen.

Es gab auch andere Optionen zum Fortgang der Dinge. Nato-Strategen dachten über den Einsatz von Bodentruppen nach, über eine Invasion, um den Sieg zu erzwingen. Hätte sich die Position der Radikalpazifisten – »Sofort Schluss mit der deutschen Beteiligung« – in Bielefeld durchgesetzt, sie hätte das Ende von Rot-Grün bedeutet, nicht das Ende des Krieges. Ein Ende unseres Friedensplans, des einzig realistischen, der zur Umsetzung aber noch einige quälende Wochen brauchte. Zum Zuge gekommen wäre dann wohl die andere Option. Große Koalition und Landkrieg. Mit ungewissem Ende. Die

114

»Sofortisten« hätten das genaue Gegenteil dessen erreicht, was sie rhetorisch anstrebten. Und die Grünen wären historisch erledigt gewesen.

Dagegen stand in Bielefeld ein Antrag des Bundesvorstands, maßgeblich formuliert von Christian Sterzing, mitgetragen von den meisten namhaften grünen Außenpolitikern. Auch er setzte sich kritisch mit Begründung und Verlauf des Krieges auseinander, nahm die Seelenlage der Partei auf, aber er stärkte der Regierung den Rücken für den Friedensplan.

Nach der hitzigen, von spontanen Stimmungen beherrschten Debatte sollte ein Rededuell den Abschluss markieren, bevor abgestimmt wurde. Hans-Christian Ströbele für die Sofort-Schluss-Position, ich für die Vorstandsposition, die aus Sicht der Regierungscrew tragbar war. Ströbele war seltsam zurückhaltend, als spüre er, wenn er die Mehrheit bekäme, hätten die Linken zwar gewonnen, aber ansonsten wäre alles vorbei, Ende der Geschichte der Grünen als ernst zu nehmende Bundespartei. Die Stimmung im Saal, so war unterschwellig zu spüren, driftete seit Höhns Rede auf Anti-Regierungskurs. Ich musste mit der letzten Rede der Debatte die Stimmung herumreißen, ging aufs Ganze, griff die illoyale Landesministerin, die der Bundesregierung in den Rücken gefallen war, frontal an. Dass damit meine eigene Basis in Nordrhein-Westfalen verprellt wurde, war in dem Moment unwichtig. Dann rezitierte ich eine Dokumentation aus der »Frankfurter Rundschau«: Serbische Ideologen hatten ein rassistisches Pamphlet gegen die Albaner verfasst. Die Rede endete mit der maximalen Zuspitzung: gegen den Krieg, für den Friedensplan und deshalb für die Regierung mit Außenminister Fischer! Es gab starken Beifall, auch viele Buhrufe, aber die Abstimmung wurde gewonnen: Eine deutliche Mehrheit votierte für die Vorstandslinie. Die Regierung war gerettet. Der Friedensplan wurde weiter verfolgt.

Die Presse meldete den angeblichen Sieg der Kriegsbefürworter über die Kriegsgegner. Das war zwar falsch, aber es entsprach in unterhaltsamer Weise der »bipolaren Störung« der Medien. Zur Abstimmung gestanden hatten in Wirklichkeit zwei Friedenspläne: Der realistische hatte den illusionären geschlagen. Doch die Sprache setzte sich fest: Wer Fischer unterstützt hatte, »war für den Kosovo-Krieg«. Selbst wenn man – wie ich – bei der einzigen Bundestagsentscheidung die einzige Antikriegsrede gehalten hatte. Die Ablehnung des rhetorischen »Sofortismus« war für die Interpreten ausschlaggebend. In Wirklichkeit wäre die Konsequenz der Sofortisten der Landkrieg gewesen, während die angebliche Kriegsbefürwortung zum Frieden führte. Das war die Paradoxie von Bielefeld.

Leider wurde dies lange Zeit von vielen kaum begriffen. So verlor ich meinen innerparteilichen Rückhalt in Nordrhein-Westfalen. Alte Freunde schimpften: »Das kostet dich das Mandat.« Auch wenn andere trösteten: »Du hattest keine andere Wahl.« Die Mitte-Links-Mehrheit, für die ich stand, war schon ins Wanken geraten, als mein Nachfolger im Bundesvorstand, Jürgen Trittin, ab 1994 die Linke wieder stärker konturierte. Die verstärkte Polarisierung trieb so manchen aus der Parteimitte auf die Seite der Realos und manövrierte die Linken in eine strukturelle Minderheit. Für die ich, ehrlich gesagt, auch gar nicht mehr stehen wollte. Die Hälfte der Linken lehnte mich nun ab, auch in meiner Heimatregion Ruhrgebiet. Dort wollte man ohnehin lieber jemanden, der sich um Sozialpolitik kümmerte. Einen Außenpolitiker aus dem Ruhrpott – seit wann gab es denn so was! Bärbel Höhn tat alles, um meine Position zu Hause zu untergraben. Bei der Listenwahl zum Bundestag 2002 stellte sie dem amtierenden Staatsminister einen weitgehend unbekannten Ökolandwirt entgegen, um mich zum Stolpern zu bringen und ihre eigene Hausmacht zu verstärken. Alte Freunde hielten mir nicht mehr den Rücken frei; während ich – wie es der außenpolitische Job mit sich bringt – in den Wochen, da der Bundestag sitzungsfrei hatte, auf Reisen gehen oder ausländische Delegationen in der Hauptstadt empfangen musste, tingelten sie klinkenputzend durchs Land, um in der Gunst der Basis an mir vorbeizuziehen. Die Presse prophezeite meinen Absturz. Ich konnte mich – wenn auch arg gerupft – behaupten, unterstützt von führenden Realos wie Michael Vesper, die meine Politik würdigten. Doch auf dieser Basis als Staatsminister weiterzumachen – dazu fehlte mir die masochistische Ader.

Genervt hat auch die Haltung mancher Regierungs-Linken, die hinter dem obsiegenden Antrag von Bielefeld standen. In der Vergangenheit hatten sie oft darauf bestanden, meine Thesen und Positionspapiere zur Außenpolitik mit unterzeichnen zu dürfen, obwohl sie selbst wenig zur Positionsbildung beigetragen hatten. Aber sie wollten namentlich sichtbar sein, solange alles gut lief, jedenfalls nicht mir allein das Feld überlassen. Nach Bielefeld ließen sie mich hängen.

Sie wussten, dass mein Auftritt die Partei gerettet hatte und ihre eigene Perspektive auch. Aber die Wut der unterlegenen Radikalpazifisten durfte ich allein abwettern, während sie sich in den linken Kreisen ihre Streicheleinheiten abholten.

Fischer arbeitete unermüdlich an der Umsetzung des Friedensplans. Dessen Gleichung ging auf. Nach quälenden Wochen das ersehnte Ergebnis: Ende der Vertreibung und Ende der Bombardierungen; Sturz des Milošević-Regimes, Neubeginn in und mit Belgrad, Entwicklungspläne für den Kosovo. Aber nicht alles verlief positiv. Der Konflikt war nicht wirklich gelöst, er war unter die militärische Eskalationsschwelle gedrückt. Mehr hatte der Militäreinsatz auch nicht bezweckt. Und angesichts der völkermörderischen Zuspitzung war viel erreicht worden. Viel, aber nicht genug. Den Abzug der serbischen Truppen nahmen nun bis vor Kurzem unterdrückte Albaner zum Anlass, Sinti und Roma sowie die serbische Minderheit im Kosovo zu drangsalieren, ihre orthodoxen Kirchen niederzubrennen.

Offen blieb der finale Status des Kosovo. Bliebe das Gebiet Teil Rest-Jugoslawiens, eine serbische Provinz? Oder würde es ein selbstständiger Staat? Konnte man den Kosovo-Albanern ein Leben mit dem Volk ihrer Peiniger noch zumuten? Oder hatte letztlich die UÇK-Strategie, die Nato für ihre Unabhängigkeitskämpfe zu funktionalisieren, Erfolg? Wie auch immer, der Westen hatte militärisch interveniert, als sich ein Völkermord abzeichnete. Er sah nach Rambouillet keine Alternative mehr. Die Opfer, aus ihrer Lage befreit, nutzten die historische Stunde, um weit über die reine Selbstbehauptung hinausgehende staatspolitische Ziele zu verfolgen, für die es im Westen ursprünglich wenig Rückhalt gab. Die Provokationen der UÇK hätten keinen Erfolg gehabt ohne die serbisch-nationalistische Hybris Miloševics. Auch wenn Milošević seinem Richter vor dem Kriegsverbrechertribunal von Den Haag durch den Tod entging, zweifelt heute kein vernünftiger Mensch mehr, dass mit ihm und seiner Frau die Gräueltaten auf dem Balkan ihren Anfang nahmen. Letztlich hat Milošević auch den Kosovo verspielt.

Das spricht nicht alle anderen frei von Schuld. Verurteilte Kriegsverbrecher gibt es auf allen Seiten, die serbischen Haupttäter Karadžić und Mladić sind gefasst und ausgeliefert. Befriedet ist die Region längst nicht. Aber heute wird verhandelt statt gemordet, auch wenn die einen noch nach hinten auf nationale Mythen schauen und andere nach vorn Richtung Europa.

Das Elend auf dem Balkan eskalierte, als für die Integrationsprobleme Jugoslawiens nationalstaatliche Lösungsmuster sich durchsetzten, auf immer kleineren Ebenen. Es begann beim serbischen Größenwahn nach Beherrschung der anderen, als diese ihr Heil im Wettlauf nach Europa suchten und Serbien mit dem »Entwicklungsland« Kosovo als Klotz am Bein abzuhängen drohten. Es ging weiter mit der von Deutschland durchgesetzten Anerkennung Sloweniens und Kroatiens. Dann verlangten auch Mazedonien und Bosnien-Herzegowina die Eigenstaatlichkeit, gefolgt von Minderheiten, von Minderheiten in den Minderheiten, in immer kleineren Entitäten: Montenegro, der Kosovo ...

Ist die Unabhängigkeitserklärung des Kosovo nun die Lösung? Wird sie nicht manchen in der Republika Srpska, dem serbischen Anteil von Bosnien-Herzegowina, zu sezessionistischen Ambitionen verleiten? Wird das interne Bündnis von Kroaten und Bosniaken dann halten? Mancher Kroate denkt über den Anschluss seiner Volksgruppe an Kroatien nach. Die serbische Minderheit im Nord-Kosovo könnte den Anschluss an Serbien suchen. Und die neuen Machthaber im Kosovo: Wollen sie wirklich die Transformation von der mafiösen Drogenökonomie zur rechtsstaatlichen Marktwirtschaft nach EU-Muster? Stabil ist die Lage noch lange nicht.

Während die europäischen Staaten einerseits um eine Vertiefung der Integration rangen, projizierten sie andererseits eigene nationale Interessen auf den Balkan und förderten so den Sezessionsprozess. Dabei sind sich Völkerrechtler einig: Selbstbestimmungsrecht der Völker heißt nicht Staatenbildungsrecht. Würde jede Ethnie, jeder Stamm seinen eigenen Staat haben wollen, die Erde wäre ein unbewohnbarer Ort.

Wenn heute die Integration in die EU als Perspektive geboten wird, dann verbirgt sich dahinter auch die selbstkritische Einsicht, dass das nationalstaatliche Lösungsmuster mehr Probleme schafft, als es beseitigt. Verlangt ist zumindest regionale Integration. Dazu trug der Stabilitätspakt für den Balkan bei. Er war teuer. Teurer sogar, als es der Erlass der Auslandsschulden Jugoslawiens Ende der 80er Jahre gewesen wäre. Damals, als durch das Ende des Ost-West-Konflikts ein besonderes Bemühen um dessen Neutralität überflüssig schien, ließ Europa dieses Land fallen, das sich seine militärische Selbstständigkeit eine Menge hatte kosten lassen. Die daraus resultierenden ökonomischen Verwerfungen waren letztlich die Gründe für den Staatszerfall. Heute kommt die klare Ansage der EU. Sie gilt unter bestimmten Bedingungen auch für das serbische Volk. Wenn auch zehn Jahre zu spät, entsprechen diese Angebote dem, was die Grünen einst gefordert hatten, nicht nach den, sondern statt der Militärinterventionen: die Einladung nach Europa!

Und Rot-Grün? Hat es versagt, seine Ideale verraten mit dem Kosovo-Krieg, die Vision einer Zivilmacht aufgegeben, wie linke Kritiker behaupteten? Oder hat Rot-Grün Deutschland als militärgestützten Nationalstaat »normalisiert«, wie konservative Gegner heuchlerisch lobten? Man kann heute getrost sagen, beide irrten sie. Rot-Grün hat zu jeder Zeit der Eskalation des Konflikts zur Krise eigeninitiativ und mit Nachdruck versucht zu deeskalieren und friedliche Alternativen zu finden: Die Initiative zur Verhandlung in Rambouillet, als andere bereits auf Krieg setzten. Die Lancierung eines realistischen Friedensplans, als andere entweder weglaufen oder mit Bodentruppen einmarschieren wollten. Die Reintegration Russlands als Bedingung jeder Lösung und zur Vermeidung weiterer Konflikte. Die Einrichtung des Stabilitätspakts, um einen selbsttragenden Friedensprozess zu finanzieren. Gerade in der Krise hat sich das rot-grün regierte Deutschland als verantwortungsbewusste Zivilmacht erwiesen.

Nachtrag 2002: Mein Abschiedsspiel als Torwart der Fraktionsfußballmannschaft »Grüne Tulpe«. Im Mittelfeld brilliert Ratimir Britvec. Mitte der 1990er Jahre hatte er in Belgrad die ersten Friedensmärsche in den Kosovo organisiert – gegen den aggressiven Nationalismus Miloševićs. Er musste fliehen, kam nach Deutschland, war lange arbeitslos. Dann fand die grüne Fraktion einen Job für den gelernten Philosophen und Basketballtrainer: Er bekam eine halbe Stelle als Spielertrainer der »Grünen Tulpe«. »Ich bin und bleibe Jugoslawe«, bekannte er. »The last man standing« dieser großen Fußballnation.

8.
Aus Wüstencamps gegen Wolkenkratzer

(Zum 11. 9. und den Afghanistan-Einsätzen)

Meine Referentin reicht wortlos eine Notiz herein. Sie scheint etwas verstört. Die Tickermeldung sagt, in New York sei ein Flugzeug in einen Wolkenkratzer gestürzt. Es gäbe vermutlich Tote. Im Auswärtigen Amt sitze ich mit einem amerikanischen Journalisten beim Kaffee und erläutere die deutsche Außenpolitik. Ein Korrespondent ausgerechnet des »Wall Street Journal«. Ich zeige ihm die Notiz, er bleibt völlig ungerührt. Wir reden weiter. Die nächste Meldung wird hereingereicht: Ein großer Jet ist in das World Trade Center geflogen, es sind Hunderte von Toten zu befürchten. Welthandelszentrum? Ein Jet? Wie kann ein Jet da hineinfliegen? Ein Absturz? Zufällig? Von der »Top of the World«-Plattform habe ich selbst einige Male über New York geschaut und kann nicht an einen Unfall glauben. Wir brechen das Gespräch ab. Der Journalist will seine Zentrale anrufen, die nur wenige Blocks vom Katastrophenort entfernt liegt.

Ich schalte den Fernseher ein. Tatsächlich, Rauch aus einem der beiden Türme. Plötzlich kommt etwas angeflogen. Der zweite Jet. Er rast in den anderen Turm. Ein Unfall ist auszuschließen. Das ist keine böse Fiktion, das ist Realität. Das ist ein Terroranschlag!

Die Routinen in der Chefetage des Auswärtigen Amtes werden abrupt unterbrochen, Minister und Staatssekretäre nach Berlin zurückgerufen. Eine Krisensitzung ist für den Abend anberaumt. Wir beobachten die Nachrichtenlage, telefonieren mit Washington. Die Katastrophe nimmt immer größere Ausmaße an. Tausende unschuldiger Menschen fallen ihr zum Opfer. Plötzlich stürzt der erste Turm in sich zusammen, dann der zweite. Uns ist klar, dieses Ereignis wird die Welt dramatisch verändern. Die unverwundbar scheinenden USA sind angegriffen worden.

Wer war das? Wie konnte das passieren? Wann und wie werden die Amerikaner reagieren? Gibt es weitere Angriffe? Das Pentagon in

Washington sei angegriffen worden, erfahren wir, eine weitere Maschine sei abgestürzt. Sind noch mehr Maschinen unterwegs? Hat die amerikanische Luftwaffe einige vom Himmel geholt? Ein Abgrund tut sich auf. Erste Erklärungen des amerikanischen Präsidenten. Unsere politische Reserviertheit gegenüber George W. Bush spielt in diesem Moment keine Rolle. Er und das amerikanische Volk haben unsere Solidarität und unser Mitgefühl. Der Präsident gibt eine kluge Erklärung ab, mahnt zur Ruhe. Die ersten Drahtberichte unserer Botschaft in Washington gehen ein in Berlin. Aber dort wissen sie auch nicht mehr, als wir der Live-Reportage bei CNN entnehmen.

Sofort jagen wilde Gerüchte um die Welt. Einige wirkliche und noch mehr angebliche Experten versuchen eine Deutung. In Fernseh- und Radiointerviews verdichtet sich die These »Das waren palästinensische Terrorgruppen«. Im Auswärtigen Amt ist uns klar, dass die es nicht gewesen sein können. Diese Anschläge tragen nicht ihre Handschrift, sind einige Nummern zu groß. Hier muss eine Kraft dahinterstecken, die über enorme logistische Fähigkeiten verfügt, über entsprechende Finanzen und die konspirativ mindestens 20 Leute zum Einsatz hatte bringen können. Am nächsten Morgen weise ich in einem Radiointerview all die voreiligen Verdächtigungen gegen Palästinenser, Araber und Muslime zurück und wage die erste Vermutung: Der Anschlag trägt die Handschrift von Bin Laden und der al-Qaida. Im Laufe der Tage bestätigte sich diese Einschätzung. In der deutschen Diskussion war diese Gruppe eine bisher kaum bekannte Größe. Die USA hatten sie seit Langem auf dem Bildschirm. Wir wussten dies und hatten uns gewundert, dass Washington nicht längst in die Offensive gegangen war.

Die Miene von Außenminister Fischer war düster. Unter dem Eindruck der Gewalt der Ereignisse neigte er zur pessimistischsten aller Annahmen: »Der erste Huntington-Krieg.« War dies nun der »Clash of Civilizations«, der Kampf der Kulturen, der Krieg der Welten, den der amerikanische Soziologe Samuel Huntington[34] an die Wand gemalt hatte? Denn wenn die Amerikaner nun mit aller Härte zurückschlugen, was passierte dann im Nahen Osten, war die Eskalation kontrollierbar, könnte Israel diese Zuspitzung überleben? Fischer war zutiefst erschüttert. Gerade Israel war ihm immer wichtiger, als es die besondere deutsche Verantwortung für den jüdischen Staat ohnehin verlangte. Ich wandte vorsichtig ein, es sei noch nicht der Kampf der Kulturen, jemand wolle ihn allerdings provozieren, unsere Aufgabe sei es, ihn zu verhindern: Wir erlebten nicht den Angriff der arabischislamischen Welt auf die christlich-jüdische. Hier war ein verbrecherisches Subjekt angetreten, gegen uns, aber auch gegen Araber, gegen den Islam und alle anderen Zivilisationen. Das Subjekt war präzise zu beschreiben, erforderte gezielte Gegenstrategien. In diesen Minuten am Abend des 11. 9. wurde die deutsche Strategie umrissen, unser Paradigma des Kampfes gegen den transnationalen Terrorismus: Die arabisch-islamische Welt ist nicht Feind, sondern muss als Verbündete gewonnen werden.

Wir wussten, wie sehr es in den nächsten Stunden und Tagen darauf ankam, diese Deutung der Ereignisse öffentlich durchzusetzen, zum politischen Allgemeingut zu machen. Nicht auszudenken, was geschehen würde, wenn sich die Kulturkriegsthese breitmachte. Wir haben Millionen muslimischer Zuwanderer unter uns. Für manchen Dummkopf bot sich ein willkommener Anlass zum Zündeln. Zudem wimmelte es von Wichtigtuern, die mit Mutmaßungen und Verschwörungstheorien die reichlich dargebotenen Kameras und Mikrofone bedienten. Doch die Bundesregierung gewann die Deutungshoheit. Die Diskussion um Ursachen und Konsequenzen begann sich in die richtige Richtung zu bewegen.

Diese Botschaft vermittelte auch der Bundeskanzler nach Washington, er bekannte sich stellvertretend für Deutschland zur »uneingeschränkten Solidarität«. Der Regierung war völlig klar, was er damit meinte: In der Stunde der Not heißt es, zusammenzustehen, heißt es, sich gegenseitig emotionalen Halt zu geben. Es ist nicht die Zeit für Differenzen und Differenzierungen. In der Stunde der Not steht Deutschland zu den USA, wie diese in früheren Notzeiten zu uns gestanden haben. Hier war unmissverständliche Klarheit gefordert.

Ich empfand es als geradezu schäbig, wie haarspalterisch Schröders »uneingeschränktes« Bekenntnis später seziert wurde – insbesondere in Kreisen, die gern halblaut darüber räsonierten, ob »die Amis« sich die Entwicklungen nicht selber zuzuschreiben hätten. Für genauso inakzeptabel aber hielt ich den Versuch der Opposition, aus dem Adjektiv die Verpflichtung der Bundesregierung herzuleiten, in der Folge jede amerikanische Maßnahme mitzutragen. Ich empfand es als schändlich, wie diese Erzkatastrophe der Zivilisationen zur Demonstration geschmäcklerischer und taktischer Kleinkariertheiten herhalten musste.

Es war absehbar, dass die Amerikaner nach einer Phase des Abwartens gezielte Maßnahmen ergreifen würden. Wahrscheinlich militärische. Es konnte keinen Zweifel geben, dass unsere Solidarität auch praktisch gefragt war. Die Anschläge auf New York und Washington waren ein aus dem Ausland vorgetragener bewaffneter Angriff auf die USA, ein kriegerischer Akt im Sinne des Völkerrechts. In seinen Resolutionen 1368 und 1373 am 12. bzw. 28. September traf der UNO-Sicherheitsrat umgehend die entsprechenden Feststellungen und wies zudem auf das Recht zur Selbstverteidigung hin.[35] Die USA kündigten an, dass sie dieses Recht nach Artikel 51 der UN-Charta in Anspruch nähmen. Eine ausdrückliche Ermächtigung durch den Sicherheitsrat zum Einsatz militärischer Mittel war in diesem Fall überflüssig. Mit den USA war das gesamte Nato-Bündnis angegriffen worden. Der Nato-Partner Deutschland stand mit in der Pflicht. Zum ersten Mal seit dem Bestehen der Nato trat – auf Wunsch der USA – der Artikel 5, der Verteidigungsfall, in Kraft.

Fast grotesk verlief angesichts der Dramatik der Ereignisse manche Diskussion bei der Parteilinken der Grünen und einigen Gruppen, die den Namen Friedensbewegung vor sich her trugen. Viele Außenpolitiker der gemäßigten Linken wie Angelika Beer, Christian Sterzing oder Winni Nachtwei teilten meine Sicht der Dinge. Aber es gab auch andere. Sie wollten nicht wahrhaben, was geschehen war. Um das eigene Weltbild zu retten, wurden groteske Umdeutungen vorgenommen. Nicht ein bewaffneter Angriff von außen sei es gewesen, sondern ein beliebiger Terroranschlag, wie er immer wieder vorkomme. Letztlich hätten die Attentäter doch nur Messer als Waffen benutzt.[36] Es wurde heftig gemutmaßt: Ist dies nicht der längst erwartete Gegenschlag der Verdammten dieser Erde gegen den US-Imperialismus? Und überhaupt, wer könne garantieren, dass es sich bei der ganzen Geschichte nicht um ein Komplott der CIA handle? Die absonderlichsten Verschwörungstheorien kursierten. Wenn man zum Kosovo-Krieg noch geteilter Meinung sein, das schwer Vermeidliche für sich persönlich ablehnen konnte – in diesem Fall führte politische Sturheit zu einer Verdrängungsleistung, die einem Realitätsverlust nahe kam. Viele von denen, die sich in Fantastereien flüchteten, waren alte Freunde und Weggefährten aus der Linken. Wer sich nun der Realität stellte, war für sie nicht mehr »links«. Der Begriff »links« wurde wieder einmal durch Leute desavouiert, die eine irreale, ja sektiererische Weltsicht pflegten und sich fortan als seine legitimen Interpreten aufspielten. Die Linke, lange meine politische Heimat, wurde zum Vexierbild. Wenn man den Blick stur auf die weiße Fläche richtet, sieht man ein lächelndes Gesicht. Wenn man die Perspektive wechselt und die schwarze Fläche fixiert, eine grinsende Fratze. Mir wurde schwarz vor Augen.

Für uns, die wir aus der Friedensbewegung stammten, war die Situation gewiss nicht leicht. Wir waren Ende der 70er Jahre angetreten, um den Ost-West-Konflikt überwinden zu helfen, und wähnten uns in den Wendejahren 1989/90 fast am Ziel. Mancher träumte schon davon, dass die Menschheit nun, gestützt auf die »Friedensdividende«, kooperativ die gemeinsamen Probleme anpacken könne. Kants »ewiger Friede« schien nah. Rot-Grün sollte ab 1998 die Außenpolitik zivilisieren, auf der Basis eines erweiterten Sicherheitsbegriffs Sicherheit mit nichtmilitärischen Mitteln schaffen. Dann hatte uns die Kosovo-Krise Entscheidungen abverlangt, die weit über das hinausgingen, was wir uns in den Oppositionsjahren an Zumutungen hatten vorstellen können. Doch jetzt potenzierte sich unser Problem, jetzt ging es nicht mehr um einen regional eingegrenzten Konflikt. Jetzt ging es um ein Phänomen, das den Globus umfasste. Um eine neue Epoche. Der transnationale Terrorismus, lange eine theoretische Größe unter Sicherheitspolitikern, hatte reale Gestalt angenommen und er würde sich, wie die Globalisierung, nicht eingrenzen lassen. Die alte Friedensbewegung war stark gewesen, weil sie sich den Realitäten gestellt hatte. Sie durfte ihren pazifistischen Geist jetzt nicht dadurch zu retten versuchen, dass sie Realitäten verdrängte. Auch wenn die Konsequenz darin bestand, in genau definiertem Maße und unter dem Primat politisch-ziviler Strategien militärische Maßnahmen mitzutragen. Rote und Grüne waren sich schnell einig, dass der Terrorismus nicht mit Waffengewalt allein und auch nicht in erster Linie zu bekämpfen sei. Doch mancher aus dem linken Spektrum zog sich hinter diese Formel zurück, um über militärische Mittel überhaupt nicht nachdenken zu müssen.

Im Laufe der nächsten Tage wurde deutlich, dass Bin Laden und al-Qaida von den Taliban beherbergt wurden, die vor Jahren die

Macht in Afghanistan an sich gerissen hatten und seitdem die Bevölkerung tyrannisierten. Jeder erinnerte sich daran, wie die Taliban durch die Zerstörung der Buddhastatuen vor den Augen der Welt ihre Verblendung unter Beweis gestellt hatten. Die Taliban hatten de facto die Staatsmacht in Afghanistan inne, und von afghanischem Boden war die Planung des Terrors ausgegangen. Die USA stellten der Taliban-Regierung das Ultimatum, Täter und Drahtzieher zu verurteilen oder auszuliefern, gaben ihr die Möglichkeit, sich als Staat von der Tat zu distanzieren, den Tätern die Beherbergung zu entziehen. Vergeblich. Völkerrechtlich war damit klar: Der Staat Afghanistan hatte die USA angegriffen. Die USA hatten jedes Recht, sich gegen einen erneuten Angriff durch die Zerschlagung der Infrastruktur des Terrors in Afghanistan zu wehren. Ob die folgenden Maßnahmen effektiv, ob sie klug waren, ist eine andere Frage.

Nach Lage der Dinge waren Militäraktionen der USA zu erwarten. Die UNO hatte die militärische Bekämpfung des Terrornetzwerkes in Afghanistan, die »Operation Enduring Freedom« (OEF), gutgeheißen. Sie erklärte die Verpflichtung eines jeden Staates, sich am Antiterrorkampf zu beteiligen. Es galt zudem die Nato-Beistandspflicht. So beriet der Außenminister mit mir, wie ein deutscher Beitrag aussehen könnte. Fischer erläuterte den Stand seiner Gespräche mit Verteidigungsminister Scharping. Die Hardthöhe hatte ein ganzes Arsenal an Ideen aufgefahren, die nun in der Regierung bewertet wurden. Was mussten wir uns abverlangen, um unseren Solidaritätsanspruch zu erfüllen? Was musste Deutschland mindestens tun, damit die USA seinen Beitrag anerkannten? Wie viel konnte die Regierung der deutschen Bevölkerung zumuten? Wie viel die Koalition der rotgrünen Anhängerschaft, ohne dass das Regierungsbündnis platzte? Immerhin handelte es sich auch um den ersten Kampfeinsatz der Bundeswehr außerhalb Europas und des Bündnisgebiets. Wir gingen die Möglichkeiten durch, suchten die Schnittmenge von Bündnissolidarität und Stimmung an der Basis.

Das Kabinett verabschiedete diese Linie und legte sie dem Bundestag zur Bestätigung vor. Kernpunkte: keine Beteiligung an Luftangriffen und an Interventionstruppen auf dem Boden außer einigen Spezialkräften zum Aufspüren von Tätergruppen. Rückraumsicherung im Indischen Ozean durch Marineeinheiten. Stationierung von Hospitalflugzeugen in der Golfregion. Dort auch Aufstellung von Fuchs-ABC-

Spürpanzern. Letztere hatten keine sinnvolle Funktion außer der, den deutschen Beitrag umfangreicher erscheinen zu lassen.

Der Einsatz war – außer für die Kommandospezialkräfte (KSK) – weit ab vom Schuss, wenn auch alles andere als ungefährlich. Wenn den Amerikanern dieser Beitrag ausreichend und willkommen war, dann konnten wir von Glück reden. Wir hätten auch mit Solidaritätsforderungen konfrontiert sein können, die viel Schmerz in deutsche Familien getragen hätten. Aber die amerikanische Philosophie »Nur wer mitmacht, darf mitbestimmen«, die wir im Kosovo-Konflikt hatten erleben können, galt auch in ihrer Umkehrung: Die USA ließen sich nicht gern in die Strategie hineinreden und verzichteten lieber auf allzu kooperationswillige Partner.

In der Regierung hatten wir das Gefühl, halbwegs glimpflich davonzukommen. Schließlich hatten wir betont, der Angriff auf die USA sei auch einer auf uns gewesen. Gut zwei Wochen nach Beginn des militärischen Kampfes gegen den Terror besuchte ich auf einer Durchreise in Katar den unabhängigen arabischen Fernsehsender Al-Dschasira. Als erster westlicher Regierungspolitiker bekam ich die Gelegenheit zu einem Live-Interview über den Terrorismus und die Beweggründe für den Afghanistan-Einsatz. Eine einmalige Chance, unsere Sicht und unser Werben um Kooperation aller Zivilisationen unmittelbar in die arabische Welt zu tragen.

Obwohl die Bundesregierung intensiv kommunizierte – in Partei und Öffentlichkeit entbrannten wieder wütende Diskussionen. Panzer am Golf! Das könne doch nur der Vorbereitung einer Invasion im Irak dienen. Schnell war für einige linke Berufsoppositionelle die Rolle wieder klar. Nicht eine Minute hatten sie darüber nachgedacht, mit welchen Mitteln die Terrorstrukturen zu zerschlagen seien. Ob nicht einige militärische Aktionen nötig und zweckmäßig sein könnten. Man duckte sich weg, saß die Situation ein paar Wochen aus, drückte sich vor der Verantwortung. Doch nun, da der erste Schritt der Bundesregierung nicht auf den ersten Blick verständlich war und amerikanische Bomben erneut die Falschen trafen, wurde man wieder munter. Man konnte sich wieder in die Lieblingspose werfen, Widerstand leisten zu müssen. Nicht die Massenmörder Bin Ladens zogen den Zorn auf sich, sondern die Angegriffenen, die bei der Organisation der Gegenwehr Fehler begingen. Das Weltbild stimmte wieder.

Seinen aberwitzigen Höhepunkt fand die Selbstgerechtigkeit des »Widerstands« bei der fälligen Abstimmung des Bundestags über die deutsche Beteiligung an OEF. Acht grüne Wortführer hatten sich so weit aus dem Fenster gelehnt, dass es für sie eigentlich kein Zurück mehr gab. Würden sie mit »Nein« stimmen, hätte Bundeskanzler Schröder keine eigene Mehrheit, sondern wäre auf Stimmen der Opposition angewiesen. Konnte er riskieren, dass diese ihn stolpern ließ? Er verknüpfte die Abstimmung mit der Vertrauensfrage. Es war klar, nun würde die Opposition auf jeden Fall gegen ihn stimmen, und die Koalition musste ihn geschlossen stützen. Was bedeutete das für die acht grünen Abweichler? Wollten sie Rot-Grün scheitern lassen? »Nein, das natürlich nicht.« Sie bemühten intern ein in der Parlamentsgeschichte wohl einmaliges Verfahren: den Losentscheid. Er legte fest, welche vier Abweichler den Kanzler stützen mussten und wer mit »Nein« stimmen durfte. Der Kanzler überlebte die Abstimmung. Die Abweichler opferten ihr Gewissen dem Machterhalt. In der grünen Partei spielten sie sich dennoch als Helden auf und lieferten die Kollegen, die von vornherein die inhaltliche Sach- und taktische Gefechtslage richtig eingeschätzt hatten, bei der linken Basis ans Messer. Assistiert von Weichspülern, die sich mit allen gut stellen wollten und maulten, Schröder habe ja nicht die Vertrauensfrage stellen müssen. Das alte Märchen von wechselnden Mehrheiten. Opposition in der Regierung und im Gegenzug das harsche »Basta« des Kanzlers – sie trugen wesentlich zum rot-grünen Niedergang bei.

Programme schreiben und in die Realität umsetzen sind zwei verschiedene Dinge. Diese Erkenntnis klingt nach tieferer Einsicht in die Politik und nach wohlwollendem Verständnis für Politiker, die sich redlich bemühen, aber an den Realitäten die Zähne ausbeißen. Nur: Darum ging es bei der Strategiebildung gegen den transnationalen Terrorismus nicht. Hier ging es nicht um das Verhältnis von bestehenden Programmen und Realisierbarkeit. Hier ging es um eine neue Realität, die Erfordernis neuer Programme, zumindest die Überprüfung der alten Positionen auf Realitätstauglichkeit. Doch viele Freunde wollten in der neuen Realität gar nicht ankommen. Sie blieben im virtuellen Raum tradierter friedenspolitischer Theorien. Das Rezitieren erlernter Parolen wurde gleichgesetzt mit Politikmachen, während andere die Verantwortung übernahmen, zwischen Entscheidungsalternativen wählen mussten, die alle mit existenten

Parteibeschlüssen kaum zu vereinbaren waren. Doch andere Optionen waren real nicht im Angebot. Militärische Aktionen mittragen oder nicht – das war auch eine Gewissensfrage. Für uns Friedensbewegte hieß Gewissensentscheidung bisher, den Kriegsdienst zu verweigern. Aber das Gewissen kann auch sagen, jetzt ist es Zeit für dosierte militärische Maßnahmen. So jedenfalls ging es manch einem anerkannten Kriegsdienstverweigerer.

»Mit Terroristen wird nicht verhandelt«, so lautete ein politischer Konsens. Der Terrorismus von al-Qaida war so vermessen, dass keine Verhandlungsbasis denkbar schien. Doch was ist »Terrorismus« eigentlich? Ob in der UNO oder der EU – der Begriff bleibt strittig, wird zu oft missbraucht, um Gegner abzustempeln. Es scheint angebracht, zwischen seinen Zielen und Methoden zu unterscheiden: Terrorismus ist eine Methode der Kriegsführung, die darauf zielt, mit geringem Mitteleinsatz durch unvorhersehbare, möglichst brutale Anschläge möglichst viele Zivilisten zu töten, um ein Klima von Angst und Schrecken zu verbreiten. Dabei werden völkerrechtliche Normen des »Rechtes zum Krieg« und des »Rechtes im Krieg«, die humanitären Grenzsetzungen in der Landkriegsordnung, absichtsvoll negiert.

Eingesetzt werden Terrormethoden von Kräften, die zu einer »symmetrischen Kriegsführung« nicht in der Lage sind. Wenn der Gegner im offenen Kampf zu stark ist, wird dessen Stärke unterlaufen. Die Guerillataktik ist ein Beispiel für asymmetrische Kriegsführung, ebenso wie der Partisanenkampf. Zumindest Letzterer steht nicht unter dem Schutz der Kriegsordnung. Bei Guerillas wird unterschieden, ob es sich um eine reguläre Armee, um Befreiungsbewegungen, um Aufständische oder um Verbrechergruppen handelt. Im Unterschied zu Partisanen und Guerillas, die gegen militärische Infrastruktur, Logistik und Soldaten des überlegenen Feindes gerichtet sind, hat Terrorismus größtmögliche Opfer unter der Zivilbevölkerung zum Ziel und die Zerstörung der Verfasstheit einer Gesellschaft, in diesem Falle des Kerns liberaler Moderne: der demokratischen Partizipation und Rechtsstaatlichkeit. Partisanen- und Guerillaführer sind nach erfolgreichem Kampf oft zu anerkannten Staatschefs geworden, ihre Kampfgruppen haben sich in politische Parteien verwandelt. Mancher ehemalige Partisan, von seinen Gegnern als »Terrorist« gebrandmarkt, fand später internationale Anerkennung, bekam sogar den Friedensnobelpreis.[37]

Was also unterscheidet den al-Qaida-Terrorismus prinzipiell von den anderen asymmetrischen Strategien? Es ist dessen Verneinung des Lebens an sich. Auch für andere ist das Leben nicht der absolut höchste Wert, nicht einmal das eigene. Man opfert sein Leben für Vaterland, Menschenrechte, Ehre oder Geld. Aber es hat einen Wert, ist Gegenstand einer Wertentscheidung und somit – wie zynisch auch immer – einer Verhandlung zugänglich. Für Bin Ladens Dschihadisten besitzt Leben hingegen überhaupt keinen Wert. Dies ergibt sich aus dem Ziel des Kampfes. Ziel ist die Verwirklichung fundamentalistisch-religiöser Ideen von einem Gottesstaat. Alle persönlichen Hoffnungen erfüllen sich in dieser totalitären Ideologie erst im Jenseits. Der Tod wird zur Voraussetzung des Glücks. Nach dem Selbstmordattentat wird der junge Mann, dessen Sexualität zu Lebzeiten aus religiösen Gründen unterdrückt wird, von schönen Jungfrauen empfangen. Mord und Selbstmord werden so zu einem vor-erotischen Akt.[38] Es dürfte diese Haltung zum Leben sein, die die Zivilisationen, nicht nur die westliche, sagen lässt, dass es hier keine Geschäftsgrundlage für Verhandlungen geben kann. Dem Leben, zumindest dem eigenen, einen gewissen Wert beizumessen ist bei allen Feindseligkeiten und Brutalitäten gemeinsame menschliche Basis. Das ist der Grundgedanke jeder Geiselnahme wie jeder Abschreckungspolitik. Die al-Qaida-Dschihadisten verlassen diesen Grundkonsens menschlicher Existenz. Nur vor diesem Hintergrund war es möglich und richtig zu sagen, al-Qaida ist nicht nur Feind der USA, nicht nur Feind des Westens, nicht nur Feind von Aufklärung und Demokratie, sondern Feind jeglicher Zivilisation.

Wir Deutschen haben aus dem Zweiten Weltkrieg gelernt, nicht mehr töten, nicht mehr eines gewaltsamen Todes sterben zu wollen. Zivilisierung der Außenpolitik ist – bei allem Disput im Detail – gesellschaftlicher Mainstream geworden. Deutschland ist nicht mehr kriegsführungsfähig, aus mentalen Gründen. Der *mind set*, das Geflecht von Werten und inneren Einstellungen, steht dagegen. Wir wollen nicht sterben, und wir wollen nicht töten. Das weiß der militante Dschihadist. Er interpretiert das Bekenntnis des Westens zum Leben als dessen Schwäche, die er gnadenlos auszunutzen sucht. Die zivilisatorischen Lehren aus den europäischen Kriegskatastrophen stehen dem dschihadistischen Denken diametral entgegen.

Für die Grünen, angetreten als »Partei des Lebens«, war es ein schwieriger Lernprozess einzusehen, dass es nicht nur falsche Feindbilder gibt, sondern richtige Feinde, Todfeinde. Nicht jeder machte diesen Schritt mit. So mancher Schlaumeier rechnete vor, wie unwahrscheinlich es sei, von einem Terroranschlag getroffen zu werden. So groß sei das Problem doch gar nicht! Die Verdrängung nahm absonderliche Züge an. Wegen ihres schrillen Widerspruchs zum Mainstream waren solche Haltungen medial sehr gefragt, die Wortführer wurden zu angeblichen Leitfiguren der Linken aufgeblasen. Die meisten prominenten Linken allerdings unterstützten die Linie von Fischer und mir, zogen am selben Strang. Dennoch, es bedurfte unzähliger Veranstaltungen, vieler nervtötender Diskussionen in der Partei, um die neue Realität und die neue politische Linie klarzubekommen.

Das Hauptproblem war jedoch nicht die Befindlichkeit einer deutschen Kleinpartei. Entscheidend war, auf welche Strategie sich die internationale Gemeinschaft, die Sicherheitspolitiker in Staat und Gesellschaft verständigen würden. Nach den Wochen, in denen die Solidarität mit den USA im Vordergrund gestanden hatte, traten die ersten wahrnehmbaren Differenzen auf. Viele Amerikaner lasteten den Terror nicht einer verirrten Gruppe verblendeter Fanatiker an, sondern glaubten, ihn im Wesen des Islam und in Boshaftigkeiten der arabischen Lebenswelt entdecken zu können. Das ließ Schlimmes ahnen. Das roch nach Eskalation. Hatten dort etwa einige vor, nach Afghanistan auch noch andere Ziele ins Visier zu nehmen? Würde es gegen den Irak gehen? Gegen den Iran? Gegen Syrien …?

Die Europäer waren sich einig, dass militärische Eskalation nicht die Lösung sein konnte. Die Erfolge der Amerikaner in Afghanistan waren begrenzt. Zudem forderten Flächenbombardierungen mit Cluster- und Aerosol-Bomben erhebliche Opfer unter der Zivilbevölkerung, ein Umstand, der nicht nur ethische Fragen nach der Wahl der Mittel aufwarf, sondern auch die nach dem politischen Resultat. Die amerikanische Verteidigungsstrategie begann sich in Widersprüche zu verwickeln. Man zerbombte nicht nur die Macht der Taliban, sondern auch die Sympathien der Zivilbevölkerung für den angeblichen Befreier. So sank auch in Europa die öffentliche Zustimmung für den amerikanischen Kurs. Gegen terroristische Netzwerke seien polizeiliche und geheimdienstliche Methoden, Wirtschafts- und Finanzsanktionen effektiver, lautete hier die Schlussfolgerung. Vor allem aber sollte eine Ausweitung des Dialogs der Kulturen ein Bündnis von

Westen und arabisch-islamischer Welt schmieden und den Terroristen die Rekrutierungsbasis entziehen.

Als hätten wir geahnt, dass es darauf einmal ankommen könnte, hatten Günter Verheugen und ich den »Dialog der Kulturen« als eigenständiges Kapitel rot-grüner Außenpolitik 1998 in das Koalitionsprogramm geschrieben. Viele meinten damals, das sei die übliche nichtssagende Verbeugung vor der Kulturpolitik, die Standardreverenz für die Kulturszene. Nun war der Dialog strategisches Element einer globalen Sicherheitspolitik geworden. Auf höchster Ebene hatte Bundespräsident Roman Herzog zwischenzeitlich im Briefwechsel mit dem iranischen Präsidenten Chatami den Kulturdialog zwischen der christlichen und der islamischen Welt zur Selbstverpflichtung erklärt. Bundespräsident Johannes Rau nahm diesen Faden später auf. In der Wissenschaft rückten all jene Orientalisten in den Vordergrund, die auf Verständigung setzten, statt uns zu erklären, was die Araber Schlimmes anstellen könnten. Auch die Araber und Muslime in Deutschland spürten, dass nun klare Bekenntnisse gefordert waren. Die große Mehrheit von ihnen ließ keinen Zweifel an ihrem Abscheu für den Terrorismus. Allerdings mussten sie sich die Mahnung anhören, dass ihre Imame in den Gemeinden aktiver dagegen anpredigen sollten.

Man konnte, man musste den Amerikanern die Wahl ihrer militärischen Mittel kritisch vorhalten. Guantánamo vor allem. Menschen lange Zeit ohne klare Rechtsgrundlage hinter Gitter zu sperren war ein glatter Bruch des Völkerrechts. Doch vielen war diese Kritik der Methoden ein willkommener Anlass, sich von der gesamten Aktion zu distanzieren. Ohne zu sagen, was stattdessen hätte stattfinden sollen. Wie hätte man die Taliban von der Macht verdrängen können, so schnell, dass al-Qaida keine weiteren Anschläge mehr organisieren konnte? Man kann eine Intervention nach den Kriterien Legalität, Legitimität und Effektivität beurteilen. Legal im Sinne des Völkerrechts war der Angriff auf Afghanistan, verfassungsrechtlich legal auch die deutsche Beteiligung. Legitim war der Versuch, weitere Terrorangriffe zu verhindern, ohne Zweifel. Er gewann weitere Legitimation durch den erklärten Willen, mit der Vertreibung der Taliban die Entwicklungschancen des afghanischen Volkes, insbesondere der Frauen, zu verbessern und sich am Wiederaufbau nach Kräften zu beteiligen. Er büßte an Legitimation ein durch die Wahl umstrittener Waffen, wegen entsetzlicher Kollateralschäden und Guantánamo. Wie stand es um die Effektivität? Camps von al-Qaida auf afghanischem Boden wurden zerschlagen. Aber das Netzwerk war längst über Afghanistan hinaus gewuchert, wurde offensichtlich aus pakistanischen Regionen unterstützt. Es hatte zahlreiche autonome Zellen gebildet, sich in kranke Hirne als Wahnidee hineingefressen. Man kann also über die Effektivität durchaus diskutieren. Man kann aber eins nicht tun: vom Mangel an Effektivität rückschließen auf mangelnde Legalität oder Legitimität. Genau dieser Fehler war bei vielen Grünen und Friedensgruppen zu beobachten. So konnte man sich wieder in Opposition zu den USA und zum Kriegsgeschehen manövrieren, konnte abstrahieren von den Ursachen des Krieges, ja, konnte den 11. 9. in der Vergangenheit versinken lassen. Guantánamo verstärkte die Fehlsichtigkeit.

Guantánamo! Der amerikanische Stützpunkt auf Kuba, vorher nur den Kubanern ein Dorn im Auge, wurde mit seinem Häftlingslager zum Inbegriff amerikanischer Hybris und Willkür, zum Symbol amerikanischer Unfähigkeit, die psychologischen Folgen des eigenen Handelns abzuschätzen. Wenn es eine weltweite Allianz im Kampf gegen den Terror gegeben hatte, Guantánamo – und später der Irak-Krieg – zersetzten sie. Es ist nicht nur Fehlsichtigkeit, wenn die Augen der Welt sich auf Guantánamo und nicht auf Ground Zero richteten. Die USA handelten hier außerhalb jeder Rechtsnorm. Denn Gefangene sind entweder Kriegsgefangene und müssen nach den völkerrechtlichen Regeln der Genfer Konvention behandelt werden. Schwere Bestrafungen sind durchaus eingeschlossen, wenn Kriegsverbrechen nachgewiesen werden. Nachgewiesen, nicht nur unterstellt. Dazu zählen auch gezielte Angriffe auf Zivilisten. Oder aber Gefangene gelten von vornherein als Verbrecher; dann müssen sie der Strafjustiz zugeführt werden. Die Lager dürften nur zeitlich befristete Untersuchungsgefängnisse sein. Selbst wenn man argumentiert, der Terrorismus negiere seinerseits jegliches Recht, auch das Völkerrecht, und habe jede Berufung darauf verwirkt, wäre es Aufgabe der Siegermacht, diesen Umstand als Regelungslücke des Völkerrechts zu identifizieren und eine entsprechende Rechtssetzung durch UNO-Gremien herbeizuführen.

Die amerikanische Selbstherrlichkeit hat fatale Folgen: Sie gibt den Kritikern der USA in der arabisch-islamischen Welt völlig unnötig einen schlagenden Beweis für *double standards*, der ihren Kampf für Demokratie so uneffektiv und unglaubwürdig macht. Und sie nimmt den »Westen« mit in Haftung. Doch bei aller Kritik gilt auch hier: Die Illegalität der Lager von Guantánamo ist kein Beweis für eine Unrechtmäßigkeit der militärischen Intervention an sich. Sie beweist aber, dass die USA, die das »Recht zum Krieg« als Verteidigungsmaßnahme völkerrechtlich legitimiert, beim »Recht im Krieg« die eigenen Normen verletzen. Und die Solidarität ihrer Verbündeten bis aufs Äußerste strapazieren.

Die Bundesregierung beließ es nicht bei Beteuerungen, den militärischen Beitrag in ein politisches Konzept zur Lösung der Afghanistan-Krise einzubinden. Auf ihre Initiative hin versammelten sich die Wortführer des geschundenen Landes auf dem Petersberg bei Bonn, um Pläne für eine Zukunft als Nation zu entwerfen. Eine »Loya Jirga«, die große Versammlung der Stammesführer, sollte den Prozess politisch einleiten. Petersberg sollte den Auftakt bilden, um das Schicksal des Landes wieder in die Hände seiner Bewohner zu legen.

Heute wissen wir, dass viele Hoffnungen auf Demokratie Illusion bleiben mussten. Ein pragmatisches Arrangement zwischen Stammesfürsten und Warlords bedeutet noch nicht den Aufbruch zu einer Demokratie westlichen Musters. Doch damals ging es darum, die Versprechungen, die zur Legitimierung der Militäraktion gegenüber Menschenrechtlern, Feministinnen, Entwicklungsorganisationen und Hilfswerken gemacht wurden, einzulösen. Im Blick war nicht nur die Lage in Afghanistan selbst, sondern die Stimmung in Deutschland, besonders bei Rot-Grün. »Jahrzehnte haben wir das Land vernachlässigt. Jetzt investieren wir alles in eine mustergültige Entwicklung«, so lautete die vorherrschende Überzeugung.

Man suchte sich an Gutwilligkeit zu übertreffen. Der Menschenrechtsauschuss des Bundestags erarbeitete unter Leitung von Christa Nickels ein umfassendes, detailversessenes Entwicklungsprogramm. Doch wir Außenpolitiker bekamen immer größere Zweifel am Erfolg der Mühen. »Wir können froh sein, wenn wir heil wieder herauskommen und das Land als halbwegs friedliche Despotie weiterfunktioniert«, wandte ich ein. So versuchten wir, die überzogenen Erwartungen zu dämpfen. Aber, als hätten nicht von M. M. Kayes »Palast der Winde« bis zu Ken Follets »Die Löwen« seit 20 Jahren alle möglichen

Schmöker[39] das Scheitern der Westler am Hindukusch geschildert, glaubten manche, mit Militär, Geld und gutem Willen das Land »in den Griff« zu bekommen. Was britischer und sowjetischer Imperialismus nicht geschafft hatten, sollte nun menschenrechtsorientierter Aufbauwille schaffen.

Doch auch aus sicherheitspolitischer Sicht konnte man das Land nicht einfach sich selbst überlassen. Und die Amerikaner erwarteten einen stärkeren militärischen Beitrag Deutschlands. Wir aber wollten möglichst wenige deutsche Soldaten in den gefährlichen und zunehmend uneffektiven OEF-Einsatz entsenden. Eine Sicherungskomponente für den Wiederaufbau schien der Ausweg zu sein. Deshalb war der deutsche Beitrag zur Stabilisierungsmission ISAF, die von der UNO daraufhin beschlossen wurde, weniger umstritten als die Teilnahme bei der Nato-Operation »Enduring Freedom«.

Aber nach einigen Anfangserfolgen kamen die traditionellen Probleme des Landes wieder zum Vorschein. Demokratie findet höchstens in einer stark bewachten Enklave wie Kabul statt. Im Lande herrschen die Regionalfürsten und Warlords wie seit Anbeginn der Zeiten, ihre Wirtschaft gründet auf dem Drogenanbau, für den es keine ähnlich lukrativen Alternativen gibt, und im Südosten, an der Grenze zu Pakistan, halten sich die Sympathisanten der Taliban. Die westliche Doppelstrategie von Terrorbekämpfung und Entwicklung änderte nichts daran, im Gegenteil.

Zum Kampf gegen den Terror, d.h. zur Durchsetzung des staatlichen Gewaltmonopols, das in den Händen Kabuls lag, wurden ebenjene Warlords als Verbündete rekrutiert, die man schon gegen die Sowjetunion stützte, korrupte, mafiöse Regionalfürsten, die jede demokratische Entwicklung unterlaufen. Ihnen und ihrer Drogenökonomie fließen Hilfsgelder zu, von der Zentralregierung, um Loyalität zu erkaufen, von NGOs, um Bewegungsfreiheit zu erhalten, von internationalen Organisationen, um den regionalen Wiederaufbau zu bewerkstelligen. Die Strategie des *State Building* unterläuft sich selbst.

Und die alternative Strategie des *Nation Building*, der Entwicklung einer nationalen Identität von unten, dementiert sich auch selber: Die Paschtunen, bei denen das Gewehr zum männlichen Outfit gehört wie bei uns die Krawatte, werden mit Bomben belegt. Ebenjenes Volk, das seit der willkürlichen kolonialen Grenzziehung zwischen Britisch-Indien und Afghanistan in zwei Staaten lebt und wegen seiner permanenten Entwicklungs- und Identitätskrisen zur Brutstätte der Taliban wurde. Ob so Staat oder Nation geschaffen werden können, ist mehr als fraglich. Eher ist zu befürchten, dass der Westen die Probleme Afghanistans nicht löst, sondern völlig in sie hineingezogen wird. Zudem wird nicht ganz zu Unrecht die Frage gestellt, ob die Militäraktion, die als unmittelbare Antwort auf die Terroranschläge vom 11.9. legal war, Jahre später und mit veränderter Zielsetzung nicht eine neue völkerrechtliche Absicherung bräuchte. Warum soll ausgerechnet jetzt in Afghanistan gelingen, was seit Jahrhunderten scheitert? Nur weil unser Verständnis von Globalisierung keinen Raum lässt für archaische Gesellschaften? Dies ist kein Plädoyer für weniger humanitäre Hilfe und Entwicklung. Aber der Versuch einer Einordnung. Ausgangspunkt war der 11.9. Entwicklungsstrategien waren als Flankierung der Sicherheitspolitik gedacht, als Legitimation der Militäraktionen gegenüber der armen Landbevölkerung dort und den Pazifisten hier. Doch fatalerweise begannen sie sich zu verselbstständigen, als kompensatorische Aktion des Westens, der meint, ein schlechtes Gewissen wegen seiner Selbstverteidigung gegen Terroristen haben zu müssen. Der einstigen Vernachlässigung Afghanistans darf nicht die Selbstüberschätzung folgen, den Grundkonflikt des Landes mit westlichem Engagement lösen zu können, den Konflikt zwischen archaischem Beharrungswillen und Modernisierungsimpuls. Er ist tief in der Mentalität und politischen Kultur Afghanistans verankert.

Seit Langem stehen sich Traditionelle und Modernisierer gegenüber, Stamm und Staat, Warlord und Präsident, Bauer und Beamter. In den 1970er Jahren verfeindeten sich zwei Modernisierungsströme: Der eine folgte dem Westen, der andere der Sowjetunion. Als Letzterer die Macht an sich riss, von Moskau unterstützt, verbündete sich der unterlegene mit den Verteidigern der Tradition. Unterstützt von den USA, gelang es ihnen, die Sowjetunion unter schweren Opfern zu vertreiben. Bei den Siegern, allein gelassen von ihren Förderern, setzten sich die Fantasten archaischer Gottesstaatlichkeit durch, die Taliban. Und ein Teil der antisowjetischen Kämpfer, arbeits- und mittellos gewordene Landsknechte, zog mordend durch die arabische Welt. »Afghanische Araber« nannte man sie. Als sie im algerischen Bürgerkrieg Zehntausende Menschen bestialisch abschlachteten, schaute der Westen weg. Als einige auf muslimischer Seite in den Balkan-

Kriegen auftauchten oder in Tschetschenien, wollte das auch niemand wissen. Als sie sich zur al-Qaida formierten, kam der Bumerang zurück, der einst gegen Moskau geschleudert wurde.

Ende 2006 traf ich zufällig einen ehemaligen Kollegen wieder, einst mein Pendant im pakistanischen Außenministerium. »Lasst Afghanistan in Ruhe«, meinte er, »zieht euch zurück. Nicht abrupt, sondern berechenbar. Greift nur ein, wenn sie nach außen aggressiv werden sollten. Das Land will sich selbst überlassen bleiben. Endlich. Ohne Großmächte, die es gängeln, egal ob gut- oder böswillig. Sie werden Fehler machen. Es wird zum Bürgerkrieg kommen. Denn sie tun nichts lieber als kämpfen. Aber am Ende haben sie eine neue Ordnung, eine, die ihnen angemessen ist, eine, die ihr nicht schaffen könnt.«

»Selbstbegrenzung« hatte einst ein Schlagwort in grünen Programmen geheißen. Gemünzt war es auf den Geltungsanspruch Deutschlands in der internationalen Politik. Bezogen hatte es sich nicht nur, aber besonders auf militärische Fähigkeiten. Ein Engagement Deutschlands als »Zivilmacht« dagegen sollte grenzenlos sein. So richtig und nötig es war, die zivile Konfliktbearbeitung und Krisenprävention als erstrangige Säule einer modernen Sicherheitspolitik zu errichten und gegen sicherheitspolitische Traditionalisten durchzusetzen – hier habe ich selbst meine Hauptaufgabe gesehen – , so nötig scheint es mir heute, die Grenzen auch dieses Ansatzes zu diskutieren. Militärisches Eingreifen kann nur punktuell und eingewoben in politische Konzepte akzeptiert werden und Effizienz entfalten. Jetzt aber zeigt sich, dass auch zivile Strategien an Grenzen stoßen.

Vielleicht gibt es Grenzen des Interventionismus überhaupt, gleichgültig ob militärisch oder zivil. Vielleicht muss sich der Westen eingestehen, dass er auch nach dem Ende des Kalten Krieges und der Globalisierung von Dollar, Euro und Yen nicht allmächtig ist. Mancher mag damit hadern. Supermachtinteressen wären dann ebenso relativ wie aufopferungsvolles humanitäres Engagement. Doch nicht nur mächtige Staaten können unter Überdehnung leiden, sondern auch große Herzen. Vielleicht bringt dieser Umstand auch Entlastung: Der Westen ist nicht für alles zuständig und verantwortlich. Selbst wenn er meint, an der Universalisierung seiner Werte arbeiten zu müssen, sollte er seine Grenzen erkennen. Es wäre keine falsche Selbstbeschränkung zu sagen: »Einen zweiten Ground Zero werden wir verhindern. Ansonsten macht euren Kram alleine.«

9.
Achsenbruch im Wüstensturm
(Zum Irak-Krieg)

Washington, Dezember 2004, leichter Schneefall, vorweihnachtliche Stimmung, piekfeines Restaurant, Candlelight Dinner. Die Heinrich-Böll-Stiftung hat zur Diskussion geladen. Ich bin da, um als außenpolitischer Sprecher meiner Fraktion amerikanischen Interessenten Auskunft zu geben. Schon bei ihrer Begrüßungsrede liefert die Böll-Büroleiterin mich ans Messer. »Er gehörte zu denen, die die Nato abschaffen wollten.« Das ist zwar ebenso dumm wie falsch, verfehlt aber nicht seine Wirkung. Der Vertreter des »American Enterprise Institute« fällt über mich her. Laut, ungehobelt, pöbelnd. Ein Parteigänger der Fundamentalistentruppe rund um das Weiße Haus. Das also waren George W. Bushs außenpolitische Berater. Die Böll-Stiftung hat, aus Angst, des Antiamerikanismus geziehen zu werden, ihre Dialogstrategie sehr weit nach rechts ausgeweitet. Die feinsinnigen Ostküstenintellektuellen, die auch anwesend sind, reagieren wenig amüsiert auf den rustikalen Auftritt des Bush-Freundes. Tom Buhrow, ARD-Korrespondent, der mir gegenübersitzt, kennt solche Ausfälle, greift mäßigend ein.

Wir diskutieren Strategien gegen den internationalen Terrorismus. Der Nahostkonflikt mit palästinensischen Selbstmordattentaten bedrückt alle, der israelische Mauerbau die meisten. Die jüdischen Gesprächspartner verteidigen das Bollwerk und bestreiten die palästinensischen Ansprüche auf die Grenzen von 1967: »Die grüne Linie ist nicht die endgültige Begrenzung.«

Oder: »Warum gehen sie nicht alle nach Jordanien?« Friedlicher Interessenausgleich steht hier nicht auf dem Programm, sondern Durchsetzung von Macht- und Geltungsansprüchen. Jetzt erlebe ich hautnah, was es heißt: Der Nahostkonflikt wird in Washington entschieden. Im Zentrum der Diskussion allerdings steht die Irak-Politik. Hatte sie Erfolg gehabt?

Gegen Afghanistan, das die Terroristen vom 11. 9. beherbergt hatte, zurückschlagen, die Taliban vertreiben, den organisierenden Kern von al-Qaida militärisch bekämpfen und das Land auf einen demokratischen Pfad führen – die erklärte Phase 1 des Kampfes gegen den transnationalen Terrorismus war Mitte 2002 abgeschlossen. Sie war völkerrechtlich legal gewesen, politisch und ethisch legitim, anfangs halbwegs effektiv. Was aber nun? Wie sah die Phase 2 aus? Vom Kulturdialog, den wir Europäer predigten, hielt die Bush-Regierung wenig. Zu wenig Interesse zeigte sie auch für die Seelenlagen fremder Völker. Ihre technischen Aufklärungsmittel waren fantastisch. Aber wer konnte diesen Datenwust eigentlich interpretieren? Was fehlte, war *HumInt*, die menschliche Intelligenz. Zu wenige arbeiteten in den Regierungsapparaten, die in der Lage oder willens gewesen wären, Beweggründe fremder Völker zu enträtseln. Stattdessen dominierte die einfache Rasterung nach Gut und Böse. Statt Empathie krude Interessenorientierung.

So war der Irak auf der »Achse des Bösen« platziert worden. Nicht erst von Bush jr. Eine Gruppe von rechtsgerichteten Intellektuellen war mit ihren Plänen schon im Januar 1998 bei Präsident Clinton hausieren gegangen, dort aber abgeblitzt. Verständlich, wenn man die Pläne las:

»... In the long term, it means removing Saddam Hussein and his regime from power. That now needs to become the aim of American foreign policy. We urge you to articulate this aim, and to turn your Administration's attention to implementing a strategy for removing Saddam's regime from power. This will require a full complement of diplomatic, political and military efforts ...«[40]

Den »Neokonservativen« passten die Ergebnisse des zweiten Golfkriegs nicht, besonders nicht Saddams Überleben. Sie wollten den Irak final attackieren und darüber hinaus alle despotischen Nachbarländer, die halbe arabische Welt. Mit Feuer und Schwert sollten Despoten gestürzt und Demokratien erzwungen werden. Kreuzzügler des 21. Jahrhunderts. Ein aberwitziger Plan! Aber es waren die Unterzeichner solcher Briefe, die entscheidenden Einfluss auf George W. Bush gewannen. Dick Cheney wurde sein Vizepräsident, Donald Rumsfeld Verteidigungsminister, Paul Wolfowitz dessen einflussreicher Vize, Richard Armitage Militärplaner, John Bolton und einige andere mehr UNO-Botschafter, Leute, wie mein »Gesprächspartner«

beim Candle-Light-Dinner. Ihr Rat an Bush am 20.11.2001, also kurz nach den Angriffen auf New York und Washington:

»… But even if evidence does not link Iraq directly to the attack, any strategy aiming at the eradication of terrorism and its sponsors must include a determined effort to remove Saddam Hussein from power in Iraq. Failure to undertake such an effort will constitute an early and perhaps decisive surrender in the war on international terrorism …«[41]

Im Auswärtigen Amt kannten wir die Papiere und den Einfluss dieser Leute. Deshalb waren wir gar nicht überrascht, als bereits kurz nach dem 11.9. im Weißen Haus, im Pentagon und in Langley, dem Sitz der CIA, die Debatte über eine Invasion in den Irak als Phase 2 des Kampfes gegen den Terrorismus losging. In einem Interview mit dem Deutschlandfunk, der mich am Tag nach Neujahr zu den absehbaren außenpolitischen Entwicklungen des Jahres 2002 fragte, warnte ich davor, nun den Irak ins Visier zu nehmen. Soweit mir bekannt, war dies die erste Äußerung eines deutschen Regierungsmitglieds zum Thema. Die Resonanz blieb zunächst gering.

Auf der Münchner Sicherheitskonferenz am 3. Februar 2002 wagten Paul Wolfowitz und Senator John McCain einen ersten öffentlichen Vorstoß Richtung Irak. Richard Perle, Pentagon-Berater, Neocon und Unterzeichner der zitierten Schreiben, assistierte: George W. Bush wolle Saddam auf jeden Fall stürzen, auch gegen den Willen der Europäer. Am nächsten Tag wies ich in einem ZDF-Interview diese Äußerungen scharf zurück, lehnte einen Irak-Krieg ab und betonte – für alle Fälle –, dass es keine deutsche Beteiligung geben würde.

Interviews machte ich in der Regel unabgesprochen, nach freiem Ermessen. Doch schien die Stimmung in der Koalition eindeutig. Ich wusste aus Erfahrung, dass die Beamten im Auswärtigen Amt genau zuhören und meine Auffassung in ihre Vorlagen an den Minister schreiben würden. So indirekt liefen die Kommunikation und Meinungsbildung oft ab.

Die »FAZ« und andere konservative Blätter reagierten gereizt auf meine Stellungnahme. Bundeskanzler und Außenminister versuchten, meine Worte als privaten Diskussionsbeitrag zu relativieren. Um eine Auseinandersetzung mit dem Weißen Haus zu vermeiden, betonten sie ihr volles Vertrauen, dass Präsident Bush keine verhängnisvollen Entscheidungen treffe. Was sollten sie auch sonst sagen? Man suchte die Bedrohung zu bannen, indem man sie in die zweite Linie verdrängte und auf eine konstruktive Haltung des US-Präsidenten hoffte. Doch der Disput der Stellvertreter sickerte in die Fraktionen, war nun in allen Medien, und eine Diskussion nahm ihren Lauf, die in der deutschen Ablehnung des Krieges gipfeln sollte.

Im Laufe der nächsten Wochen wurde uns zur Gewissheit, dass die Falken im Weißen Haus die Oberhand gewinnen würden. Wir fragten uns nur, wie die Amerikaner diese unsägliche Wendung des Geschehens nun einfädeln und begründen würden. Aha: Saddam Hussein sollte über Massenvernichtungswaffen verfügen, mit denen er unmittelbar die Nachbarschaft und den Weltfrieden gefährde. Das also war die Legitimation. War sie triftig? Der Auswärtige Ausschuss im Bundestag zumindest stellte diese Frage zu Recht und verlangte bereits im März 2002 einen Bericht der Bundesregierung zur Lage im Irak.

Die Berichterstattung fiel mir zu. Auf der Wissensbasis unserer Ministerien und Dienste versuchte ich, eine möglichst genaue Bedrohungsanalyse zu präsentieren. Der Bericht differenzierte nach Planung, Produktion und Einsatzfähigkeit sowohl von Trägerraketen als auch von atomaren, biologischen und chemischen Gefechtsköpfen. Fazit: Am bösen Willen des Diktators gab es keinen Zweifel. Es existierten Planungen, auch erste Produktionsanlagen für Mittelstreckenraketen. Mittelstreckenraketen, so lehrt die Militärgeschichte, taugen wegen ihrer mangelnden Zielgenauigkeit und der enormen Kosten nicht für konventionelle Sprengköpfe. Als Erweiterung der Artillerie sind sie untauglich. Sie haben nur als Transporter von Nuklearmaterial »Sinn«. Saddam hatte mit seinen Massakern an der kurdischen Bevölkerung längst bewiesen, dass er willens war, Massenvernichtungswaffen einzusetzen. Auch hatte er Scud-Raketen auf Israel geschossen, eine Bedrohung für die Menschen, wenn auch keine strategische Gefahr für den Staat. Genauso zweifellos konnte aber festgehalten werden, dass er jetzt, Anfang 2002, weit von der Einsatzfähigkeit moderner, zielgenauer Mittelstreckenraketen entfernt war. Ebenso wenig war eine fortgeschrittene atomare Waffenproduktion zu erkennen. Die Existenz chemischer Kampfstoffe, die den zweiten Golfkrieg überstanden hatten, war nicht auszuschließen, aber unwahrscheinlich. Die UN-Inspektoren hatten hier systematische Vernichtungsarbeit geleistet, trotz aller Behinderungen. Die Frage nach der Existenz biologischer Stoffe konnten nicht aus der Ferne geklärt werden, weil diese in jedem Privathaushalt herstellbar sind. Aus all diesen Einzelerkenntnissen ergab sich das eindeutige Bild: Eine unmittelbare Bedrohung existierte nicht, weder für die Nachbarn noch für den Weltfrieden. Aber eine weitere Inspizierung des Irak schien nötig.

Der Ausschuss war in seiner übergroßen Mehrheit von dieser Einschätzung überzeugt. Sie wurde durch spätere Vorträge unseres Nachrichtendiensts untermauert. Nur ein vorwitziger CDU-Abgeordneter, außenpolitischer Einflüsterer von Angela Merkel, rannte flugs zur Presse, um das Gegenteil zu behaupten. Besonders als im Auswärtigen Ausschuss über angebliche mobile Produktionsstätten für biologische Kampfstoffe berichtet worden war. Der entsprechende Vortrag war eindrucksvoll gewesen, bunte Grafiken von den fahrbaren Laboren, aber kein wirklicher Beweis ihrer Existenz. Die Frage nach der Zuverlässigkeit dieser Informationen drängte sich auf: »Dafür gibt es einen Informanten«, hieß es. »Nur einen?« – »Ja, einen. Der scheint glaubwürdig.« Gesichert gelten Fakten aber erst bei zwei unabhängigen Informanten. Also: reine Spekulation. Später stellte sich der »Informant« als Wichtigtuer und Scharlatan heraus.

Dennoch benutzte Colin Powell genau diese »Informationen« bei seinem denkwürdigen Auftritt vor der UNO am 5. Februar 2003, mit dem er Gefahr in Verzug melden und zum Angriff blasen musste. Als ich seinen Auftritt im Fernsehen sah, stockte mir der Atem. Gezeigt wurde genau der Diavortrag, der Monate zuvor vom BND im Ausschuss gehalten worden war und den wir als unseriös bewertet hatten. Mehr hatten sie nicht?! Auf eine solche Scharlatanerie wollten sie ihre Kriegspläne stützen?! »Die »Lastwagenkolonne« in der Nähe einer »mit biologischen Waffen in Verbindung stehenden Anlage« … konnte nach Ansicht unserer Experten genauso gut mit der in dieser Jahreszeit stattfindenden Auslieferung von Impfstoffen in Verbindung gebracht werden«, schrieb der Leiter der UN-Inspektion, Hans Blix, später.[42] Wir hatten Powell für unseren Freund gehalten, unseren heimlichen Verbündeten in Bushs Administration. Hatten ihm die Besonnenheit und die Kraft zugetraut, diesen Krieg vielleicht doch noch abzuwenden. Jetzt demütigte Bush den verdienten General des Zweiten Golfkriegs auf diese entwürdigende Art und Weise. Powell spielte ein unglaubliches Theater vor. Uns war klar, hier wurde eine Art »Tongking-Zwischenfall«[43] konstruiert.

Bereits kurz vor Weihnachten 2002 hatte ich im Ausschuss – nun nicht mehr Staatsminister, sondern außenpolitischer Sprecher meiner Fraktion – den Minister gefragt, ob es sich bei der amerikanischen Informationspolitik um eine strategisch angelegte Desinformationskampagne zur systematischen Irreführung der Weltöffentlichkeit handele. Fischer hätte die Frage als Verschwörungstheorie zurückweisen können; tat er aber nicht. Powell hat sich später für seinen Auftritt entschuldigt und wie Bush und Tony Blair darauf berufen, von der CIA falsch informiert worden zu sein. Ich habe da meine Zweifel. Auf meine Frage im Ausschuss, ob andere Dienste über mehr und bessere Informationen verfügten als unsere, hieß es klipp und klar: »Nein. Die tauschen alles aus.« Wenn also wir deutschen Abgeordneten wie die UNO-Inspektoren auf derselben Informationsbasis Zweifel an den Biowaffenlabors hegten und zudem von Desinformation ausgingen, wie konnte dann die amerikanische Führung behaupten, sie sei getäuscht worden? Wer hätte sie zu täuschen gewagt, wenn auch sie Zweifel geäußert hätte? Die CIA, eigenmächtig? Oder muss es nicht eher andersherum gewesen sein: Die amerikanische Führung verlangte von der CIA – ob wahr oder unwahr – belastendes Material.

Die Spekulationen um die Biowaffen fielen leider auf fruchtbaren Boden. Nicht zuletzt, weil Friedbert Pflüger, Angela Merkels Mann für die Weltpolitik, sie der Öffentlichkeit als wahr verkaufte. Er verlangte einen pro-amerikanischen Kurs, d. h. – den festen Willen der USA zur Kriegsführung unterstellt – im Endeffekt einen Pro-Kriegskurs. Infam an seinen Interviews war, dass wir anderen Abgeordneten uns an die Geheimhaltungspflicht hielten und die Kassandrarufe der CDU nicht durch detaillierte Argumente widerlegen konnten, die zu viel von der Arbeit des BND preisgegeben hätten. »Da seht ihr's«, triumphierte der CDU-Vormann nach Powells Märchenstunde vor der UNO, »da sind die Beweise. Oder misstraut ihr eurem Freund etwa auch?« Er behauptete, endlich Saddams »rauchenden Colt« gesehen und nun die Pflicht zum Parforceritt an der Seite der Amerikaner zu haben.

Bereits im Sommer 2002 wurde uns der Verdacht zur Gewissheit, dass die USA eine Invasionsarmee zusammenzuziehen begannen. Hier ging es nicht darum, Druck aufzubauen, damit Saddam mit der UNO kooperierte, wie Kanzler und Außenminister in öffentlicher Rede noch friedenserhaltend umdeuten wollten. Alle Signale und Informationen, die wir aus Washington erhielten, deuteten darauf hin, dass die Strategen – ungeachtet der öffentlichen Nebelkerzen – fest zum Angriff entschlossen waren.[44] Für sie war dies die Phase 2 des Kampfes gegen den transnationalen Terrorismus. Genauso entschieden waren wir dagegen. Nicht weil uns an Saddam irgendetwas sympathisch war, sondern weil er mit dem Terrorismus, der von al-Qaida ausging, nichts, aber auch gar nichts zu tun hatte. Mehr noch, wir befürchteten, dass dieser verhängnisvolle Schritt den Westen in den Augen der arabischen Welt noch mehr ins Unrecht setzen und die Terrorgefahr weiter verschärfen würde.

Unser Problem: Die Bundesregierung konnte nicht öffentlich die USA des falschen Spiels und der Kriegstreiberei bezichtigen, zumal ohne militärischen Druck Saddam erneuten UN-Inspektionen, wie wir sie verlangten, wohl nicht zugestimmt hätte. Sie konnte weder die Geheimdienstinformationen offenlegen noch behaupten, dass unser wichtigster Verbündeter, die Führungsmacht des Westens, lüge. »Naming, blaming, shaming«[45] – diese Unsitten der Innenpolitik sollte man auf der internationalen Ebene tunlichst vermeiden, besonders gegenüber der eigenen Schutzmacht, der man historisch vieles zu verdanken hat. Stattdessen begann nun ein zähes politisches und diplomatisches Ringen auf der UNO-Ebene um Informationen und ihre Deutungen, Verfahrensweisen und ihre Konsequenzen, Mandate und ihre Ermächtigungen.

Das Tauziehen mündete am 8. November 2002 in die UN-Resolution 1441. Diese löste das Problem nicht wirklich, sondern bildete fortan die Arena der Auseinandersetzung. Dabei war die Resolution selbst schon eine Niederlage für die Kriegsgegner. Sie verhinderte zwar die sofortige Ermächtigung oder Selbstermächtigung der USA zum Angriff, indem sie erneut eine UN-Inspektion zur Abklärung der strittigen Frage nach chemischen und biologischen Waffen einsetzte. Zugleich aber tat sie etwas Unerhörtes, sie drehte auf amerikanischen Druck hin die Beweislast um: Nicht mehr der Ankläger musste beweisen, dass Saddam dieses Teufelszeug besaß, sondern dieser musste seine Unschuld beweisen. Eine kaum einzulösende Forderung. Mit diesem Dreh konnten die USA die Daumenschrauben immer fester ziehen. Denn der Despot musste seinen guten Willen zur Kooperation aktiv unter Beweis stellen; wenn nicht – dann ... ja, was dann? Dann würden »ernsthafte Konsequenzen« folgen. Das hieß notfalls auch

Waffengewalt. Aber wer hatte darüber zu entscheiden, ob der Irak kooperierte oder gegen die Auflagen »materiell verstieß«? Brauchte es einen offiziellen Feststellungsbeschluss des Sicherheitsrats, oder durfte eine Supermacht samt *coalition of the willing* einfach sagen »Uns reicht's«?

Die deutsche Haltung war klar: Die Vorwürfe gegen Saddam Hussein müssten ausgeräumt, die offenen Fragen nach chemischen und biologischen Kampfstoffen geklärt werden. Am besten durch Inspektoren der UNO. Wir wussten, dass dieser Vorschlag den Amerikanern nicht behagte. Schließlich hatte der Irak in der Vergangenheit UN-Inspektoren immer wieder an der Nase herumgeführt. Dennoch, diese hatten mehr Waffen vernichten können als zuvor George Bush seniors »Desert Storm«. Besaß der Irak noch einsatzfähige Reste aus dem Zweiten Golfkrieg? Wie viele neue Waffen produzierte er heimlich, die die Aufklärung vielleicht nicht erfasst hatte? Und wo versteckte er sie? Scheinbar rationale Fragen, die aber unter dem beschlossenen Vorzeichen der Beweislastumkehr ins Irrationale und Willkürliche umschlugen: Wenn Saddam keine Waffen herausgab, hieß das, dass er log oder dass er keine besaß? Wenn er auch keine Verzeichnisse über produzierte Stoffe aushändigte, wollte er dann täuschen oder gab es einfach keine mehr? Wenn die Inspektoren keine gefährlichen Stoffe fanden, hieß dies, dass keine existierten oder dass man noch besser suchen musste – etwa nach mobilen Labors in Lkws? Wie intensiv sollte man dann forschen – musste man auch Saddams Paläste durchsuchen, wie die Amerikaner forderten, weil dort die Giftküchen verborgen sein könnten? Und damit Saddam bis aufs Blut provozieren, weil man von ihm den totalen Gesichtsverlust in der arabischen Welt verlangte? Der politische Grenzwert solcher Fragen läuft auf das Extremszenario hinaus: Ist die Tatsache, dass nichts gefunden wurde, nicht der Beweis dafür, dass man das Land militärisch besetzen muss, um es richtig auf den Kopf stellen zu können? Mit 1441 hatten die Amerikaner die Kriegsgegner des Alten Europa in die Falle laufen lassen.

Die UN-Mission von Hans Blix und Mohammed El Baradei leistete hervorragende Arbeit, auch wenn Saddam nicht den Eindruck machte, als wolle er seine letzte Chance auf Frieden nutzen. Darin waren sich die objektiven Beobachter einig. Schröder und Fischer mahnten Saddam immer wieder eindringlich, zu kooperieren; dies sei die einzige Möglichkeit, einen Krieg zu vermeiden. Das war nicht als Unterstützung der amerikanischen Drohgebärden zu verstehen, im Gegenteil: Hinter der Mahnung stand das Wissen um den unbedingten Angriffswillen der USA, der nicht durch gute europäische Worte, sondern nur durch die weiße Fahne in Bagdad zu verhindern war.

Die Inspektoren selbst händigten Saddam nie einen Persilschein aus, sie beklagten seine Sperrigkeit, beharrten aber auf einem Weiterführen der Mission. Doch die Amerikaner zogen alle Register, um die Inspektoren in ein schlechtes Licht zu rücken. Wenn diese nichts fanden, dann hatten sie eben schlecht gesucht. Den ultimativen Beweis dafür sollte Colin Powell mit seiner UNO-Show liefern. Was da lief, war offensichtlich. Ich fragte den Außenminister kurz vor dem Jahreswechsel 2002/03 im Ausschuss, ob die Amerikaner ihren Aufmarsch eigentlich noch stoppen, gar rückgängig machen könnten. »Haben die USA nicht längst den *point of no return* erreicht?« Auf ähnliche Fragen in den Wochen zuvor hatte Fischer geantwortet, man müsse die Amerikaner beim Wort nehmen, dass der militärische Druck der Unterstützung der UN-Inspektionen diene. Das hatte immer zuversichtlich klingen sollen. Doch wolkig verklausuliert verbarg Fischer nun seine Resignation. Wir wussten, es würde bald losgehen! Aber natürlich konnten sich Kanzler und Außenminister nicht einfach öffentlich hinstellen und sagen: »Die Amerikaner belügen uns, weil sie einen längst beschlossenen Krieg unbedingt vom Zaun brechen wollen und nun eine offizielle Begründung brauchen.«

Die CDU-Opposition kokettierte mit der amerikanischen Position, die CSU trotz aller Rhetorik eher mit der Regierung. Der stellvertretende Fraktionsvorsitzende, Wolfgang Schäuble, philosophierte über Erstschläge. Die Partei- und Fraktionsvorsitzende Angela Merkel und ihr außenpolitischer Sprecher Pflüger warfen dem Bundeskanzler vor, er habe sein Nein zum Irak-Krieg zu absolut und undiplomatisch formuliert und so eine gemeinsame Strategie mit den Amerikanern vereitelt. Sein Wahlkampfauftritt habe die Beziehungen zu Bush zerstört. Und er habe die UNO düpiert, weil er selbst für den Fall einer UN-Resolution eine deutsche Beteiligung an einer Intervention im Irak ausschloss. Kurz: Seine Kriegsgegnerschaft sei reine Wahlkampfmasche mit großem außenpolitischem Schaden.

Die Kritiker hatten offensichtlich die Vorgeschichte seit Jahresbeginn nicht mitbekommen, sich die Lage und die amerikanischen

Motive schöngeredet. Für sie war offensichtlich die Irak-Krise erst im Wahlkampf auf die Tagesordnung geraten, und sie hingen immer noch der Illusion an, ein freundliches Verhältnis zu Bush hätte diesen umstimmen und in eine friedliche Strategie einbinden können. Doch Bush musste seinen Wählern beweisen, dass er im Kampf gegen den Terror nicht nachließ. Der Irak-Krieg war das Projekt seines innenpolitischen Überlebens. Es war aus missionarischem Eifer entstanden, mit religiösen Letztbegründungen, die sich einem rationalen Diskurs entzogen. Die UNO war im Herbst 2002 längst nicht mehr souveräne Entscheidungsinstanz, sondern Arena erbitterter Auseinandersetzung. Mit einem Sicherheitsratsbeschluss pro Intervention war schon wegen eines russischen, chinesischen oder französischen Vetos nicht zu rechnen. Das konnte man antizipieren. Im Ernst: Hätte Schröder im Wissen darum heucheln sollen, falls der Sicherheitsrat doch das Plazet für einen Einmarsch im Irak geben sollte, dann wäre Deutschland dabei? Und durfte Deutschland, obwohl keine Vetomacht, nicht auch ein klares Wort sagen, ein klares »Nein« zum Krieg, um eine entsprechende Meinungsbildung in der UNO zu fördern? Die Opposition übertünchte ihre Zerrissenheit in dieser Frage durch die Schmähungen gegen Schröder, er betreibe einen deutschen Sonderweg. In außenpolitischen Fragen war für die CDU Duckmäuserei angesagt.

Die Europäer! Gab es die überhaupt? Hätte Schröder sich für einen gemeinsamen Standpunkt der EU einsetzen können, der dann den USA angetragen würde, wie es die Opposition forderte? In Wirklichkeit war Europa längst in seine Nationalstaaten zerlegt, noch bevor die Debatte die Öffentlichkeit erreichte. Bush hatte ganze Arbeit geleistet. Der Reihe nach hatte er die Staatschefs angerufen und *special relationships* angeboten, die jeweils besondere bilaterale Freundschaft beschworen. Die britische Waffenbrüderschaft, die den Nordatlantik schmaler als den Ärmelkanal erscheinen ließ, stand ohnehin nicht infrage. Italiens Berlusconi sah die wunderbare Chance, endlich als Staatsmann anerkannt zu werden und Deutschland transatlantisch auszustechen. Spaniens nörglerischer Aznar fühlte sich umworben, konnte von der Randlage ins Zentrum rutschen und endlich Frankreich übertrumpfen. Polen, vor die Wahl gestellt, entschied sich für den Sicherheitsgaranten USA gegen den misstrauisch beäugten deutschen Nachbarn, ironischerweise nicht zuletzt wegen des Treibens der Vertriebenenfunktionäre in der CDU/CSU. Einzelne kleinere Europäer mochte der Ärger über ein zu großes Gewicht der deutsch-französischen »Achse« gewurmt haben. Die EU-Präsidentschaft brachte keine integrative Kraft auf. Noch bevor die Meinungsbildung in der Bundesregierung abgeschlossen war, gab es bezüglich der anstehenden Entscheidung kein einiges Europa mehr. Es hatte sich erwiesen, dass ein Anruf aus Washington in einer europäischen Hauptstadt mehr bewirken kann als alle Aufrufe zu europäischer Gemeinsamkeit. Mitte 2002 schien die Bundesregierung mit ihrer Ablehnung der amerikanischen Strategie sogar isoliert. Uns schlug aus den deutschen Medien unverhohlene Häme entgegen. Ein halbes Jahr später befanden wir uns in bester Gesellschaft – und in der Mehrheit. Und die Medien wollten es immer schon gewusst haben.

Ein wichtiger Partner war Frankreich. Die deutsch-französischen Konsultationen funktionierten. Ein Grund für CDU/CSU, Rot-Grün »Achsenbildung« vorzuwerfen. Dabei hatte die Union kurz zuvor noch gebarmt, Schröder vernachlässige die deutsch-französische Freundschaft, und sie hatte versucht, dies als Oppositionsthema hochzuziehen. Zufällig aber jährte sich Anfang 2003 der Élysée-Vertrag zum 40. Male, und auf verschiedenen Ebenen führte die Betonung der weiteren engen Freundschaft zu gemeinsamen Beratungen, z. B. der Auswärtigen Ausschüsse beider Länder. CDU/CSU hätten sich freuen sollen. Sie waren bei den Feierlichkeiten in Versailles mit von der Partie, und ihr Vordenker Wolfgang Schäuble hatte kurz zuvor noch ein Kerneuropa mit Frankreich und Deutschland als treibenden Kräften gefordert. Nun versuchte Pflüger in der gemeinsamen Sitzung der Außenpolitischen Ausschüsse, die Vertreter der französischen Schwesterpartei gegen die deutsche Regierung aufzubringen – und holte sich eine derbe Abfuhr.

Verlässlich war Frankreich auch, als die USA kurz vor Kriegsausbruch versuchten, die Europäer mit einem Trick doch noch in eine Kriegsallianz zu manövrieren – mit der Zusage eines mehrwöchigen Moratoriums, um Saddam eine letzte Chance zu geben, und der Forderung, nach dessen Verstreichen eine Militäraktion mitzutragen. Uns war längst klar, die USA würden keine Äußerung Saddams als den verlangten »Unschuldsbeweis« gelten lassen, und das Moratorium war zeitlich so bemessen, dass die Angriffspläne nicht durcheinandergeraten konnten. Hätten wir dem zugestimmt – und auf eine solche Konsequenz lief die Politik der CDU unweigerlich hinaus –, wären auch unsere Soldaten im Irak verblutet.

Noch verwerflicher fand die CDU die »Achse« Berlin–Paris–Moskau. Der Begriff war grob beleidigend gemeint. Aber was war falsch daran, Moskau in die Beratungen über die Verhinderung eines unsinnigen Krieges einzubinden? Weil dies die guten Beziehungen zu Washington störte? Und hatte nicht der Kosovo-Konflikt bewiesen, dass man Russland einbinden musste? Moskau war kein Paria, sondern G8-Partner und der Nato in einem Pakt verbunden. Die Einheit des Westens war durch die USA geopfert worden, durch deren unilaterale Entscheidung zum Krieg, die bilaterale Spaltungspolitik und die Verhöhnung der multilateralen Ebene.

Wie hätte denn eine gemeinsame Strategie der Europäer aussehen können? Hätten sie im Bunde mit den USA die Führungsmacht wirklich von der Militäraktion ablenken können? Wohl kaum. Aber wir Europäer hätten dann mit im Boot gesessen. Mit gefangen, mit gehangen. Einmal im Bündnis, einmal der völligen Loyalität verpflichtet, wären wir nicht mehr herausgekommen. Aus ihrer Sicht nicht unlogisch, hätten die USA gesagt: Wer mitbestimmen will, muss alle Risiken mittragen. Es wäre dasselbe Junktim gewesen wie beim Kosovo-Konflikt. Wir hätten die Bereitschaft der Amerikaner zu Dialog und Verhandlungen mit dem Zugeständnis erkaufen müssen, im Falle der Fälle mitzumachen. Eine Lehre aus dem Kosovo-Konflikt lautete: keine Automatismen!

Dabei waren die Unterschiede gravierend, wie eine Beurteilung nach den Kriterien Legalität, Legitimität und Effektivität zeigt:

Was die Legalität angeht, war der Kosovo-Einsatz umstritten. Gemessen am positiven Recht war er illegal, gemessen daran, wie Rechtsetzung im Völkerrecht geschieht, konnte man ihn begründen: mit der Lücke im Völkerrecht bei innerstaatlichen Verbrechen, die es auch auf dem Wege einer neuen Praxis zu schließen gelte. Diese Debatte über die Weiterentwicklung des internationalen Rechts vom zwischenstaatlichen Recht zum wirklichen Völkerrecht dauert noch an unter dem Schlagwort *responsibility to protect*: Wie können Völker geschützt werden, wenn der Staat, dem sie angehören, sein Gewaltmonopol gegen sie missbraucht? Muss zur Verhinderung eines Völkermords nicht die alte Formel von der Nichteinmischung in die inneren Angelegenheiten aufgehoben werden, um humanitäre Interventionen zu legalisieren? Der Irak-Krieg aber war in jeder Hinsicht illegal. Es gab kein Mandat des Sicherheitsrats, und es drohte keine Gefahr, die nur unter Verletzung bestehender, aber veralteter völkerrechtlicher Normen abzuwehren war. Die USA entschieden eigenmächtig, dass der Irak seine Verpflichtungen massiv verletzt habe; der Krieg brauche keine Mandatierung durch den UNO-Sicherheitsrat, weil er dem Ziel diene, bereits vorhandene Resolutionen der UNO durchzusetzen.

Legitim, d. h. ethisch berechtigt, fast ethisch verpflichtend, war der Kosovo-Einsatz durchaus. Es ging darum, einen drohenden Völkermord zu verhindern. Aus dem Widerspruch von Legalität und Legitimität ergab sich die Diskussion über die beschriebene Weiterentwicklung des Völkerrechts. Beim Irak-Einsatz war gar nichts legitim. Es gab keinen drohenden Völkermord, der nicht anders zu verhindern war. Als die USA merkten, dass ihre Propaganda – Saddam habe Massenvernichtungswaffen und unterstütze den internationalen Terrorismus – nicht zog, schoben sie kurzerhand eine neue Legitimationsfigur nach. Jetzt sollte es um *regime change* gehen, um das, was die Neocons bereits in ihrem Memorandum von 1998 gefordert hatten. Auch einige deutsche Dichter und Denker fanden es intellektuell, in Saddam den neuen Hitler zu sehen, und räsonierten, bar jeder konkreten Kenntnis der Lage, dass man dreinschlagen solle. Warum aber gerade Saddam? Warum nicht andere? Es gab eine Menge vergleichbarer Despoten in der Welt. Warum gerade jetzt, da die anderen Argumente für eine Militärintervention ihre Vertreter blamierten? Hatte man nicht durch Sanktionen, das Oil-for-Food-Programm, die Kontrollflüge über das schiitische und kurdische Gebiet die Lage halbwegs im Griff? Gab nicht die sich abzeichnende Nuklearpolitik des Nachbarn Iran erheblich mehr Anlass zu Besorgnis? Hatten Entwicklungspolitiker der CDU/CSU nicht ein Jahr zuvor noch, verbunden mit Angriffen auf Rot-Grün, eine Lockerung der Sanktionen gefordert, weil der Irak keine Gefahr mehr darstelle und Unterstützung brauche! Damals hatte ich mich für die Regierung gegen eine Aufhebung der Sanktionen ausgesprochen, weil Saddam noch unberechenbar sei! Der Sturz des Regimes aus Menschenrechtsgründen – das war nun nicht nur eine gänzlich neue Zielsetzung, sondern lief der ursprünglichen, Schutz vor Massenvernichtungswaffen, geradezu zuwider! Denn Sturz des Regimes bedeutete, dass Saddam nun alle Register ziehen müsste, um Position und Leben zu verteidigen. Hätte er wirklich die Massenvernichtungswaffen besessen, die ihm angedichtet wurden, wäre für ihn die Zeit gekommen, sie einzusetzen. Die neue amerikanische Argumentationsstrategie bedeutete entweder die Aufforderung an Saddam: »Schurke, zieh!«, oder sie bedeutete, dass der Schurke gar keine Massenvernichtungswaffen hatte. Durften wir uns dermaßen an der Nase herumführen lassen?

Was die Effektivität angeht, so kann man dem Kosovo-Einsatz mindestens zugutehalten, dass er den beginnenden Völkermord gestoppt, den Konflikt zwischen Albanern und Serben unter die Ebene militärischer Gewalt gedrückt und somit die Chance auf eine friedliche Lösung eröffnet hat. Was die Effekte eines Irak-Kriegs anging, schwante uns von Anfang an nur Schlimmes.

Selbst wenn die USA es schaffen sollten, mit ihren überlegenen Hightech-Streitkräften die mittelmäßige Armee des Irak in kurzer Zeit zu besiegen – was wäre dieser militärische Sieg eigentlich wert? George Bush sr. und General Colin Powell hatten den Marsch auf Bagdad im Zweiten Golfkrieg wohlweislich vermieden, nicht nur wegen des begrenzten UNO-Mandats, sondern auch, weil sie die Frage nach dem »Danach« nicht beantworten konnten. An der Situation hatte sich eigentlich nichts geändert. In Bundestagsreden malte ich schwarz: Würde der Irak nicht zerfallen in seine drei großen ethnisch-religiösen Gruppen, Kurden, Sunniten und Schiiten? Würden die besiegten Sunniten, die Sympathisanten Saddams, sich integrieren oder den Guerillakrieg aufnehmen? Würden bei den Kurden wieder großkurdische Visionen mächtig, und wie würde dann die Türkei reagieren? Bekämen wir dann ein Sicherheitsproblem an einer Nato-Grenze? Was, wenn nach freien Wahlen die Schiiten die Regierung stellten – verbündet mit dem Iran, dem Erzfeind der Amerikaner? Wie hielten es die USA dann mit dem demokratischen Anspruch? Wer würde überhaupt für Ordnung sorgen, gäbe es Bürgerkrieg? Wann könnte eine Besatzungsarmee wieder abziehen? Und letztlich: Wäre ein militärischer Sieg wirklich ein effektiver Schlag gegen den transnationalen Terrorismus, oder würde er diesem nicht eher neue Sympathisanten zutreiben? Eines zumindest war klar: Ein Krieg, auch ein Sieg gegen den Irak, würde mehr Probleme schaffen als lösen.

»Arabischer Nationalismus und islamistischer Fundamentalismus sind in der arabisch-islamischen Welt zwei unvereinbare Gegensätze. Der arabische Nationalist Saddam Hussein hat mit dem islamistischen Fundamentalisten Osama Bin Laden nichts gemein. Sie sind Gegenspieler! Ein Angriff auf den Irak läuft Gefahr, dass sich die verfeindeten Strömungen gegen den Westen verbünden. Nicht nur gegen die USA, auch gegen uns. Der Irak wird zum Hort eines Fundamentalismus werden, der er bisher nicht war. Das Land könnte so nach dem Sieg über al-Qaida neue Basis für neue terroristische Gruppen werden. Diese Strategie wird den Terror fördern, den sie zu bekämpfen vorgibt«, so lautete damals in zahlreichen Reden und Interviews meine Kernbotschaft, bei Rot-Grün weitgehender Konsens.[46]

Dass aus einem Sturz Saddam Husseins Demokratie erwachsen würde, war eine gewagte Behauptung. Eine Diktatur, so verdammenswert sie ist, ist eine stabile Herrschaftsform. Wenn man sie beseitigen will, muss man die Frage beantworten können, ob danach Demokratie kommt – oder das Chaos! Und ob aus dem Chaos vielleicht neue, noch schlimmere Gewalt erwächst, gar ein »Gottesstaat«. Wie waren denn eigentlich die Taliban in Afghanistan entstanden? Und al-Qaida? Rekrutierten sie sich nicht auch aus den sogenannten »afghanischen Arabern«, den einstmals vom Westen unterstützten, von der CIA ausgebildeten Kämpfern gegen die sowjetische Invasionsmacht? Zumindest musste man befürchten, dass ein völkerrechtswidriger und illegitimer Angriff auf den Irak neue Wut und neuen Hass bei der Jugend der arabischen Welt säen würde. Viel Frustration über bescheidene Lebensperspektiven würde sich in Militanz verwandeln, ein idealer Nährboden für neue Generationen von Terroristen.

Heute sind all diese düsteren Prophezeiungen eingetreten. Massenvernichtungswaffen gab es im Irak keine. Der Westen hat noch mehr an Glaubwürdigkeit verloren, im Irak regiert das Chaos, und der Terrorismus hat neue Netzwerke gebildet.

Januar 2003, Münchener Sicherheitskonferenz. Außenminister Fischer im Gespräch mit dem amerikanischen Verteidigungsminister Rumsfeld. Der Amerikaner will die europäische Sicherheitscommunity zum Krieg überreden. Fischers lakonische Antwort:»Ich bin nicht überzeugt.« Doch der Rubikon war längst überschritten. Die USA konnten und wollten nicht mehr zurück. Der Wahnsinn nahm seinen Lauf – ohne uns. Er zerlegte Bagdad, er zerlegte den Irak, er zerlegte die westliche Glaubwürdigkeit, und er zerlegte politisch das zerstrittene Europa. – Und während dieses Kapitel geschrieben wurde, zerlegte er bei den Kongresswahlen im Herbst 2006 Bushs Mehrheit.

Bis zum Schluss berichtete Ulrich Tilgner für das ZDF von den Bombenangriffen auf Bagdad. In seinen zu Recht preisgekrönten Reportagen sahen wir die gespenstischen Leuchtspuren der Geschosse, sahen, wie Saddams Denkmal vom Sockel stürzte. Genau 20 Jahre zuvor war Tilgner der erste Berater der grünen Bundestagsfraktion für Nahost-Politik gewesen. Er brachte uns bei, die innere Differenzierung der arabisch-islamischen Welt zu erkennen. Aber seine Haltung zum Nahost-Konflikt passte nicht jedem der damals ton-angebenden Grünen, die meinten, ihre Reputation durch einseitige Bekenntnisse zu Israel festigen zu müssen. Die grüne Position zum Irak-Krieg gründete nicht zuletzt in Tilgners früherem Wirken.

Zu Beginn des amerikanischen Angriffs hatte Joschka Fischer einige Vorstandsleute und Außenpolitiker der Grünen zu einem vertraulichen Gespräch im kleinsten Kreise geladen. Wir berieten unsere Strategie. Am Ende war uns klar, es gibt nur einen Weg: Beim Krieg machen wir nicht mit. Aber wir ergreifen in Deutschland keine Maßnahmen, die die Amerikaner unnötig vor den Kopf stoßen und möglicherweise die Nato zerstören. Wir mussten Partei und Regierungskoalition zwischen zwei Klippen hindurchsteuern. Die eine war die Brüskierung der Amerikaner, die andere die Brüskierung unserer Friedensfreunde und der Parteibasis. Wir durften nicht aus Angst vor der einen Seite frontal in die Klippen auf der anderen manövrieren. Wir mussten mitten hindurch und wussten, dass es auf beiden Seiten Schrammen geben würde. Aber eben keinen Totalcrash. Mit massiver Kritik von beiden Seiten mussten wir rechnen. Von Transatlantikern, die uns an der Seite der USA sehen wollten, und von Friedensbewegten, die verlangten, den Amerikanern aktiv in den Arm zu fallen. Wir waren uns bewusst, dass die Regierung ihre Schritte bis ins Einzelne plausibel machen musste. Kritiker brauchen nur zu zürnen, den Nachweis der Logik ihrer Haltung verlangt niemand. Das gehört zur Demokratie. Zur Demokratie gehören aber auch Leute mit Führungskraft, die in schwierigen Situationen einen Kurs zu bestimmen und durchzuhalten in der Lage sind.

Schon bei den Koalitionsgesprächen 1998 hatten Günter Verheugen und ich uns auf grobe Leitlinien zu Einsätzen der Bundeswehr verständigt. Es war klar, dass die radikalpazifistische Idee eines Teils der Grünen, die Bundeswehr aus allen Konflikten herauszuhalten und am liebsten in ein ziviles Hilfswerk zu konvertieren, nicht durchhaltbar und nicht sinnvoll war. Wir Grünen hatten aber darauf bestanden, dass vor dem Einsatz von Streitkräften alle Mittel der zivilen Prävention und Konfliktbearbeitung ausgeschöpft sein müssten. Und schnell waren sich SPD und Grüne über ein Szenario einig: »Auf keinen Fall machen wir bei einem Irak-Krieg mit.« Das war zu einer Zeit, als der Kosovo-Einsatz noch drohend vor uns lag. Unausgesprochen gingen wir davon aus, dass im Kosovo alle grünen und sozialdemokratischen Träume von der Zivilisierung der Außenpolitik ihre Grenzen finden könnten. Aber niemand wollte auf die schiefe Bahn regelmäßiger bewaffneter Interventionen oder gar militärisch-offensiver Interessenvertretung geraten. Wir kannten das gerade erschienene, oben zitierte Memo der Neocons an Clinton. »Ein Irak-Krieg ist die Deadline.« Das meinte auch Gerd Weißkirchen, außenpolitischer Sprecher der SPD, der im Nahen Osten ansonsten Israel zuliebe, entgegen seinem friedlichen Naturell, auch eine härtere Linie mit zu tragen bereit war. Wir waren sicher, dass eine Irak-Intervention nicht legitim und legal sein könnte. Von der Effektivität ganz zu schweigen. Die Ereignisse ab Anfang 2002 gaben uns Recht.

»Kein Blut für Öl«, lautete das Motto der Demonstrationen gegen den Irak-Krieg. Ging es um Öl? Indirekt und in letzter Instanz vielleicht auch darum. Als Investitionsprogramm rechnete sich die Intervention jedoch nicht. Dieses Öl war zu teuer. Es war eher ein ideologischer Krieg, den die Neocons vom Zaun brachen. Aber noch eine andere Erklärung drängte sich auf. Wer war al-Qaida? Ein Netzwerk, eine Bande, eine verbrecherische Nichtregierungsorganisation? Jedenfalls kein Staat. Aber sie hatten einem Staat, der Führungsmacht der westlichen Welt, den Krieg erklärt. Es war ein asymmetrischer Kampf. Banden gegen Staat, zu Kerosinbomben umfunktionierte Passagierflugzeuge gegen die atomare Hightech-Armee, privatisierte Gewalt gegen Völkerrecht und staatliches Gewaltmonopol. Welche Waffen, welche Instrumente hatten die USA für solche asymmetrischen Kriege? Al-Qaida war vom Staat Afghanistan, den die Taliban okkupiert hatten, beherbergt worden. Ein Militärschlag gegen Afghanistan erweckte zumindest den Anschein eines symmetrischen Krieges – Staat gegen Staat. Dafür stand das Militärarsenal zur Verfügung. Doch wie den Terrorismus in der Phase 2 bekämpfen, nachdem die Taliban von der Macht vertrieben waren? Besaßen die USA Mittel und Methoden für den asymmetrischen Kampf gegen ein schwer definierbares terroristisches Netzwerk? Statt diese Frage ernst zu nehmen und mit den Europäern zu beraten, wollten die USA – so schien es mir – den Supermachtstatus nicht in Zweifel ziehen lassen, nicht handlungsunfähig erscheinen oder sich gar zum Multilateralismus wenden und – funktionierten einen asymmetrischen Konflikt kurzerhand in einen symmetrischen um. Man hatte keine Waffen gegen den wirklichen Feind. Also erfand man einen Feind, gegen den man Waffen hatte. Indem der Irak nun zum Feind Nummer eins erklärt wurde, hatte man wieder einen Staat als Gegner, einen symmetrischen Konflikt.

Man ist ja geneigt, in all den bösen Geschichten das Gute zu suchen. Was könnte gut an dem Zerwürfnis zwischen den USA und den Europäern gewesen sein? Vielleicht das neue Bewusstsein der Europäer, sich doch wieder mehr um Gemeinsamkeiten zu bemühen. Die europäische Sicherheits- und Verteidigungsstrategie nicht bei der militärischen Infrastruktur zu beginnen, sondern bei der Formulierung eines »gemeinsamen Standpunkts«. Denn schließlich hat es daran gehapert.

Die Bundesregierung verfolgte in der Irak-Krise drei Ziele: erstens einen Krieg verhindern, zweitens, wenn dies nicht gelänge, dann zumindest Deutschland heraushalten, und uns drittens in dieser Position nicht isolieren. Ziel eins wurde verfehlt, wir hatten keine Chance. Die anderen beiden Ziele wurden erreicht. Gegen eine Opposition, die uns in den Augen der Amerikaner und der internationalen Gemeinschaft zu blamieren versuchte.

Deutschland hatte Selbstbewusstsein gezeigt, zeigen müssen. Ohne das Selbstbewusstsein der rot-grünen Regierung hätten deutsche Truppen unweigerlich im Irak gestanden. Aber ein solches Bewusstsein speist sich nicht aus einem Nationalismus, wie uns die CDU einreden wollte, die aller Rhetorik von »deutschen Interessen« zum Trotz, bereit war, sich dem amerikanischen Führungsanspruch zu unterwerfen. Selbstbewusstsein heißt, die eigene Rolle in der Welt selber zu definieren, nicht nur nach Interessen übrigens, sondern auch nach universellen Werten. Und sich damit dem Diskurs auszusetzen, innenpolitisch, unter Bündnispartnern, international – bereit auch zur Kompromissbildung. Der Irak-Krieg verstieß gegen beide, gegen deutsche Interessen und gegen universelle Werte. Selbstbewusstsein des wiedervereinigten Deutschlands heißt auch, dass der Dank, den wir den Amerikanern schulden wegen ihres Kampfes gegen Hitlerdeutschland und wegen des Sicherheitsschirms im Kalten Krieg, uns nicht verpflichtet, jede noch so unsinnige und schädliche Politik in Vasallentreue mitzutragen.

Dabei hatte sich die Bundesregierung immer um Schadensbegrenzung auch gegenüber den USA bemüht. Wir Regierungsgrünen hatten dabei die üblichen Diskussionen mit unseren radikalen Friedensfreunden in Kauf zu nehmen. Sie warfen uns vor, die Manövriermöglichkeiten der Amerikaner in Deutschland nicht beschnitten zu haben. Im Klartext: Sie verlangten aktiven Widerstand gegen die USA. Strittig waren besonders die Überflugrechte, die Bewachung von Kasernen, die Nutzung der Airbase. Eine wunderbare Möglichkeit für Schlaumeier, sich in Szene zu setzen. Aber: Was hätte aktiver Widerstand bedeutet? Den USA die Nutzung zu verbieten? Wie das Verbot durchsetzen? Deutsche Polizei gegen amerikanisches Militär? Eine Wahnsinnsvorstellung. Interessanterweise nehmen Nationalkonservative und Linksradikale auch heute noch gleichermaßen die deutsche Weigerung, den amerikanischen Krieg aktiv zu sabotieren, als »Beweis« dafür, dass wir letztlich doch »mitgemacht« hätten. Und exkulpieren damit ihre eigene Verantwortungslosigkeit. Mein eigenes politisches Denken wurzelte im Pazifismus, aber diese, jeder Verpflichtung zur Rationalität enthobene Radikalität desavouierte den Pazifismus, verlieh ihm sektiererische Züge. Ein politischer Pazifismus nach meinem Verständnis versuchte in diesem Fall, den Krieg zu verhindern, eine deutsche Teilnahme zu vermeiden und dennoch den Schaden im transatlantischen Verhältnis möglichst eng zu begrenzen.

Die rot-grüne Regierung hat immer betont, dass die unterschiedliche Auffassung in der Irak-Frage nicht der Auftakt sein dürfe für einen generalisierten Antiamerikanismus. Im Gegenteil, wir haben uns bemüht, den politischen Kollateralschaden kleinzuhalten. Jedes unserer Argumente gegen einen Angriff auf den Irak hatte starke Vertreter in den USA selbst. Nicht zuletzt der alte Realist Samuel Huntington, der einen Krieg der Zivilisationen prophezeit hatte, wandte sich vehement gegen eine westliche Attacke. Zugleich räumte er damit ein Missverständnis aus. Sein Text war bisher meist als Voraussage eines unabwendbaren Schicksals der Menschheit interpretiert worden, dem Autor wurde deshalb Kulturpessimismus vorgeworfen. Nun stellte er klar: Zum »Clash of Civilizations« käme es nur, wenn der Westen nicht lernte, andere Kulturen in ihrer Verschiedenheit zu respektieren. Ein harter Einwand gegen die fundamentalistischen Gotteskrieger aus Texas.

Als Saddams Armee geschlagen schien und Bush den »Sieg« ausrief, hatte ich eine Fernsehdiskussion mit Hans-Ulrich Klose. Während der SPD-Kollege hoffte, dass nun das irakische Volk, ähnlich wie das deutsche nach der Befreiung vom Nationalsozialismus, mit wehenden Fahnen zur Demokratie überlaufen würde, wagte ich die These, dass der Krieg nur sein Gesicht wandele: »Die Saddam-Anhänger werden einen Guerilla-Krieg führen, gegen den die Amerikaner nicht ankommen werden.« Bei aller Kritik aber an der amerikanischen Politik hätten auch wir Deutschen ein Interesse daran, dass die USA halbwegs heil aus dem Schlamassel herauskämen: »Wenn die USA einen unsinnigen Krieg beginnen, ist das schlimm, noch schlimmer ist es, wenn sie ihn verlieren.« Das ist eine der Paradoxien der westlichen Welt, in denen sich auch das deutsche Sicherheitsdilemma spiegelt. Was macht die Welt – diese Frage steht hinter dem Bonmot –, wenn die Supermacht, und sei es aus eigener Schuld, Ansehen und Einfluss verspielt? Eine Weltordnung als *Pax Americana* ist nicht attraktiv. Aber ist eine ohne oder mit einem aus Schwäche und Frust introvertierten Amerika attraktiver? Haben wir Europäer dann weniger Probleme?

Pikanterweise hat man von Fischer nie den Satz gehört, der Irak-Krieg sei völkerrechtswidrig. Er sprach immer von unterschiedlichen Auffassungen – den deutschen und den amerikanischen. Seine eigene Meinung war klar, aber er räumte ein, dass andere Auffassungen ähnliche Gültigkeit beanspruchten. In der Tat argumentieren amerikanische Rechtsgelehrte nicht ungeschickt, wenn sie die Ermächtigung zum Krieg aus Resolutionen ableiten, die in der Konsequenz des Zweiten Golfkriegs entstanden waren. Auch deutsche Pazifisten, die in der Kurdistan-Solidarität geübt waren, argumentierten ähnlich, wenn sie die militärische Luftüberwachung des kurdisch-irakischen Raumes durch die amerikanische und britische Luftwaffe nicht als Waffeneinsatz geißelten, für den es keine Rechtsgrundlage gebe. Auch sie bezogen sich auf alte Resolutionen. Ohne Heuchelei war der Widerspruch zwischen eigentlich abgelehntem Waffeneinsatz und der Verteidigung kurdischer Menschenrechte nicht zu bewältigen. Dennoch: Die Resolution 1441 hatte einen neuen Mechanismus eingeführt, und nach deutscher Meinung suspendierte dieser den alten.

Für den deutschen Außenminister war die völkerrechtliche Indifferenz eine kluge Haltung, wohl die einzig mögliche. Hätte er definitiv, als einzig denkbare Rechtsauffassung, darauf bestanden, der Angriff sei völkerrechtswidrig, so hätte dies die verfassungsmäßige Verpflichtung Deutschlands nach sich gezogen, den USA auf deutschem Territorium Einschränkungen aufzuerlegen. Dies hätte den absoluten Bruch mit den USA bedeutet, den es zu vermeiden galt. Mit ihrer Kritik zwangen »Friedensbewegung« und die selbsternannten Wahrer der grünen Lehre den Parteifreund Fischer geradezu, den Amerikanern mehr Legalität zuzugestehen, als er es – ungefragt – getan hätte. Nur so konnte er einen Widerspruch zwischen Völker- und Verfassungsrecht vermeiden. Mit ihrer undurchdachten Kritik waren es letztlich die Kritiker selbst, die den USA Legitimation verschafften.

Einen Krieg nicht mitzumachen, den man für falsch hält, ist die eine Sache, einem Verbündeten, der ihn für richtig hält, in den Arm zu fallen, ist etwas ganz anderes. Es mag historische Situationen geben, in denen das geboten ist. Aber in dieser Situation hätte es den politischen Selbstmord Deutschlands bedeutet. Der Krieg wäre dadurch nicht verhindert worden. Die Amerikaner hätten ihre Stützpunkte in andere Länder verlagert. Polen war schon lange interessiert daran. Aber Deutschland wäre als ein bedeutender Pfeiler der transatlantischen Brücke zusammengebrochen. Das transatlantische Bündnis wäre auf Dauer zerstört gewesen. Nun gibt es manche Abenteurer, die genau dies für wünschenswert hielten und ihren Antiamerikanismus hinter einem angeblichen Pazifismus verbargen. Plausible Antworten aber auf die Frage nach einer europäischen Sicherheitspolitik ohne Bündnis mit den Amerikanern vermochten sie nicht zu geben.

Ein zentrales Erlebnis hatte ich in dieser Hinsicht in der Kosovo-Krise: Auf meine Frage an einen engen Freund, wie denn ohne Intervention und eine deutsche Beteiligung der drohende Völkermord zu verhindern sei, hieß es: »Wenn eine Intervention sein muss, dann können es doch die Amis machen.« Selbst mitten in Europa also sollten die USA, die andererseits des Dominanzstrebens bezichtigt werden, für die Europäer die Kastanien aus dem Feuer holen! – Nach und nach kamen mir die Freunde abhanden.

Ich fühlte mich mit meinen Einschätzungen der Irak-Krise recht sicher, wusste auch – anders als im Kosovo-Konflikt – die grüne Partei hinter mir. Eines Tages rief ein erschreckter Jürgen Trittin an: »Bist du sicher, dass Joschka Kurs hält und uns nicht wie im Kosovo in einen Krieg zieht?« Ich konnte den Umweltminister beruhigen. An Joschkas Willen, im Irak den Kriegsdienst zu verweigern, bestand für mich kein Zweifel. Aber zu Trittin kamen mir plötzlich Fragen. Wenn er meinte, dass Joschka uns im Falle des Kosovo in einen Krieg gezogen hatte – ungerechtfertigt wohl, denn sonst hätte Trittins Besorgnis keinen Sinn gemacht –, warum hatte er dann damals nicht widersprochen? Hatte er den Kosovo-Einsatz mitgetragen, obwohl er ihn für falsch, zumindest vermeidbar hielt? War dem Umweltminister die Debatte zu heikel gewesen, die ihn entweder das Regierungsamt oder seine linke Basis hätte kosten können? Damals war es mein Job, die Parteilinke, als deren Sprecher ich galt, auf den Regierungsrealismus hin zu orientieren. Andere hielten sich fein raus oder versuchten, die Parteilinke in Opposition zur eigenen Regierung zu führen, um sich selbst als linke Leitfiguren zu installieren, und feixten, weil ich meine innerparteiliche Basis aufs Spiel setzte.

Letztlich ist für uns Europäer die sicherheitspolitische Zusammenarbeit mit den USA auch nach dem Ende des Ost-West-Konflikts unverzichtbar. Selbst wenn die USA manchmal Teil des Problems zu sein scheinen – gerade dann ist ein Dialog nötig. Wenn der Atlantik breiter würde, hätten wir nicht weniger, sondern mehr Probleme. Zudem haben wir Europäer noch nicht bewiesen, dass wir zu einer gemeinsamen Außenpolitik willens und in der Lage sind. Auch angesichts der neuen Bedrohungen, für welche die Amerikaner nach unserer Meinung nicht immer die richtige Antwort bereithalten, wäre eine Aufkündigung des Miteinanders fatal. Aus einem Nebeneinander würde früher oder später ein Durcheinander und Gegeneinander. Aber das deutsche Selbstbewusstsein in der Irak-Frage hat auch signalisiert, dass der größere Partner die anderen konsultieren muss und sie nicht umstandslos für seine unilateralen Vorentscheidungen rekrutieren kann. Auch der »Toolbox«-Ansatz, nach dem die USA sich die Werkzeuge aus der Kiste kramen, die sie gerade für ihre Zwecke brauchen, kann nicht Grundlage der Zusammenarbeit sein. Selbst wenn sie ihn als »effektiven Multilateralismus« bezeichnen. Effektiv ist er höchstens in Hinblick auf amerikanische Machtoptionen, nicht auf die vertiefte Zusammenarbeit mit der Völkergemeinschaft. Letztlich beweist auch das Irak-Desaster, dass die transatlantischen Beziehungen neu fundiert werden müssen. Die im Ost-West-Konflikt gewachsene Verteidigungsidentität trägt nicht mehr. Eine neue transatlantische Agenda muss eine grundlegend neue Verständigung suchen. Die Beschwörung der westlichen Wertegemeinschaft täuscht nicht nur darüber hinweg, dass gerade in der Weltanschauung vieles überhaupt nicht mehr zusammenpasst. Sie nimmt uns in den Augen der nicht westlichen Welt auch mit in Haftung für die Fehler der Führungsmacht. Bei allem Streit in der Sache haben die Amerikaner unsere Position letztlich verstanden. Auch wenn Bush und Schröder persönlich keine Freunde mehr wurden, auf der Ebene der Außenminister, auf der Ebene der Parlamentarier ging der kollegiale Kontakt weiter. Unseren Verbündeten war ein klares Wort letztlich lieber als die Schleimerei, die manch einer gern mit Diplomatie verwechselt. Und nicht zuletzt: Alle Kritik, die wir in Deutschland an der Irak-Politik der Bush-Administration formulierten, existierte genauso in den Vereinigten Staaten selbst. Wenn auch lange Zeit als Minderheitsmeinung. Öfter habe ich von US-Abgeordneten – wie auch von hiesigen CSU-Kollegen! – gehört:»Haltet bloß durch! Lasst euch nicht klein kriegen!«

Teheran, Oktober 2003. Mit dem Auswärtigen Ausschuss unter der Leitung des früheren CDU-Verteidigungsministers Volker Rühe bin ich im Iran. Wie sehen sie hier die Lage in ihrem Nachbarland? Auf der einen Seite befürchten sie, dass Unruhen aus dem Irak herüberschwappen, dass sich politische Verschiebungen in der schiitischen Welt ergeben könnten. Aber objektiv hat der Irak-Krieg den Iran gestärkt. Die Kraft im Mittleren Osten, welche die regionalen Herrschaftsambitionen des Iran ausbalancierte, ist verschwunden. Wir halten heute konzeptionell nicht viel von einer Außenpolitik, die auf der Balance von Drohung und Schrecken beruht. Aber 20 Jahre lang war das in der Region eine Realität. Dieses »Gleichgewicht« wurde zerstört, ohne dass eine durchdachte integrative Sicherheitsstrategie an ihre Stelle trat. Könnte der Iran in der Atomfrage heute so hoch pokern ohne die amerikanische Niederlage im Irak? Wohl kaum. Die Antwort darauf kann nicht eine erneute Interventionsdrohung sein – die in der Praxis ihre Wirkung ebenso verfehlen würde wie geschehen –, sondern nur eine regionale Sicherheitskonferenz, welche die Sicherheitsinteressen aller Staaten der Region ernst nimmt: die Israels wie die des Iran. Integrativ statt konfrontativ. Der Weg dahin ist weit – aber letztlich ohne vernünftige Alternative.

10.
Doppelte Standards und das zweite Gesicht

(Zu Israel, Palästina und der arabischen Welt)

»Sie sind Präsident, kein Politiker. Davon verstehen Sie nichts. Halten Sie sich da raus!« Barsch herrschte Benjamin Netanjahu, Israels Regierungschef, Roman Herzog, den deutschen Bundespräsidenten, an. Herzog blieb gleichmütig, ließ die Tirade scheinbar ungerührt an sich abprallen. Als verstünde er kein Englisch. Der Dolmetscher übersetzte etwas weich gezeichnet. Was hatte Herzog verbrochen, dass er sich eine solche Suada einhandelte? Das Existenzrecht Israels infrage gestellt? Die besondere deutsche Verantwortung für diesen Staat? Die Hauptstadt Jerusalem? Nichts von alledem. Er hatte schlicht gefragt, wie der Israeli die Lebenssituation der Palästinenser im Westjordanland einschätze. Das reichte, um sein Gegenüber explodieren zu lassen. Was dort drüben geschah, war nicht für die Augen der Weltöffentlichkeit geeignet, nicht für prominente Beobachter, erst recht nicht für deutsche. Kein Thema!

Als Vertreter der Bundesregierung begleitete ich im November 1998 den Bundespräsidenten in den Nahen Osten. Auch Ignaz Bubis, Michel Friedmann, Hans Küng und Friede Springer gehörten der Delegation an. Zu Beginn der Reise hatten wir – wie bei jedem offiziellen Besuch in Israel Pflicht und Wunsch – in Yad Vashem der Opfer des Holocaust gedacht. Ein schlichter und ergreifender Akt. Wir hatten Jitzhak Rabins Grab besucht, seine Witwe getroffen, um zu zeigen, dass unsere Sympathie den Friedensfreunden im Nahen Osten gehörte.

Und nun – Netanjahu! Es war etwas verstörend, was dieser Herr uns auftischte. Anhand der Wandkarte wurden uns die israelischen Gebietsansprüche und Sicherheitsinteressen erklärt. Für die Palästinenser blieb da nicht viel Raum. Ein Flickenteppich zerrissener Gebiete markierte ihr Gelände, dazwischen israelische Siedlungen und militärisch kontrollierte Straßen. Ein Volk oben auf Hügeln, ein

Volk unten in Tälern. Die Deutschen, nachdrücklich an ihre historische Verantwortung erinnert, sollten das Szenario kommentarlos hinnehmen.

Von Israel fuhren wir in die Palästinensergebiete, nach Jericho. Mit dem eigenen Bus, nicht mit israelischen Staatskarossen. Die Israelis demonstrierten ihre Macht, hielten den angemeldeten Konvoi an der Grenze protokollwidrig, fast schikanös lange auf. Herzog wich den Problemen nicht aus. Er wollte ein eigenes Bild der Lage gewinnen. Geduldig hörten wir uns auf der Westbank die verzweifelten Klagen deutscher Frauen an, die mit Palästinensern verheiratet waren. Eindrucksvoll schilderten sie das Elend des Alltags, die ständige Angst, die Perspektivlosigkeit. Die Verzweiflung war echt und erschütternd. Bei allem Verständnis – im Gespräch mit Arafat ließen wir dem Palästinenserchef dennoch nichts durchgehen. Dieser hatte mal wieder die Gespräche mit Israel abgebrochen, wir machten Druck, bis er einzulenken versprach.

In der Reisegruppe entspann sich eine lebhafte Diskussion darüber, ob Israel seine Sicherheitsinteressen wirklich optimal vertrat. Wie lange konnte ein solcher Hardliner-Kurs gut gehen? War der israelischen Regierung die Meinung der Weltöffentlichkeit wirklich gleichgültig? Durfte oder musste man die israelische Politik als Apartheid bezeichnen? Verlangte die deutsche Verantwortung wirklich, alles kritiklos zu schlucken? Oder hieß ernsthafte Wahrnehmung von Verantwortung, deutlich zu widersprechen, wenn die Dinge vorhersehbar eine fatale Entwicklung nahmen? Ignaz Bubis, der Vorsitzende des Zentralrats der Juden in Deutschland, der Liberale, der Humanist, der Freund, war tief erschüttert. Er sagte mir Dinge über Israel, das Land, in dem er nicht lange darauf seine ewige Ruhe fand, die ein nicht jüdischer Deutscher öffentlich nie sagen dürfte.[47]

»Dass (Deutschland) nach den schrecklichen Verbrechen des Nationalsozialismus für den Bestand und das Schicksal des Staates Israel Mitverantwortung trägt, ist selbstverständlich, doch diese wird durch die zeitweilige Intransigenz Israels nicht gerade erleichtert. Auf der anderen Seite tut Deutschland gut daran, sich seine traditionelle Freundschaft zu den arabischen Völkern und erst recht deren traditionelle Deutschlandfreundlichkeit so weit wie möglich zu erhalten.« Roman Herzogs Memoiren mögen von manchem Rezensenten als etwas selbstgefällig kritisiert worden sein – einen solchen Satz hat man von Johannes Rau, Gerhard Schröder oder Joschka Fischer damals nicht gehört.[48] Kurz vor der Reise konnte ich bei einer kleinen, aber feinen Aktion verhindern helfen, dass von deutscher Seite ein Schatten auf den Besuch in Israel fiel. Die Lufthansa rief mich an. An Bord einer ihrer Maschinen nach Tel Aviv saß der rechtsgerichtete CDU-Politiker Heinrich Lummer samt einigen Kumpanen. Ein Geheimdienst hatte die Fluggesellschaft gewarnt, die Truppe wolle im Heiligen Land Rabatz machen. Der Einstieg war zwar nicht zu verhindern gewesen, aber die Herrschaften benahmen sich an Bord laut und ungebührlich. Nach Rücksprache mit mir landete die Maschine kurzerhand in Istanbul. Die schwarz-braunen Kreuzzügler wurden an die Luft gesetzt. Bei den türkischen Behörden konnte ich für die LH-Maschine einen schnellen Slot erreichen, sodass sie noch am selben Tag nach Tel Aviv kam.

Seit dem 11. September 2001 hat das Thema Nahost eine neue Dimension erhalten. Kampf dem transnationalen Terrorismus – das müsste vor allem heißen, die tiefe Verstimmung zwischen der arabischen und der westlichen Welt zu beseitigen. Wann immer man sich dem Thema nähert, drängt sich schnell ein zentraler Konflikt in den Vordergrund: der Nahost-Konflikt, genauer, der Konflikt zwischen Israel und den Palästinensern. Hier liegt das Kernproblem, der Fokus-Konflikt, andere Konflikte leiten sich davon ab, werden dadurch überformt, nähren sich daran, verbergen sich dahinter. Der Konflikt ist sicherlich nicht Ursache für den Terror, für den es keine Legitimation geben kann. Aber er ist Anlass, Vorwand, Motiv für Generationen arabischer Jugendlicher, sich vom Westen abzuwenden, den Frust über die Modernisierungskrise der eigenen Gesellschaft zu projizieren, sich zu radikalisieren. Hier findet sich der Nährboden für Terrorgruppen. Dagegen hilft letztlich kein Militär, kein Imponiergehabe. Hier ist der Dialog der Kulturen angesagt, ein Dialog, der keine abstrakte Veranstaltung für Akademiker bleiben darf, kein Sinnieren über Religionen. Hier muss mit gegenseitigem Respekt und Einfühlungsvermögen über Handfestes geredet werden, über gegenseitige Sicherheit, über Lebenschancen und Entwicklungsrichtungen, über die Beteiligung der Menschen an der politischen Gestaltung ihrer jeweiligen Gesellschaft.

Joschka Fischer und ich waren uns in dieser Analyse einig. Nach langen, manchmal erbitterten Auseinandersetzungen war sie Konsens in der grünen Partei geworden.[49] Einig waren wir uns auch darin, dass der Nahost-Konflikt nur auf der Basis der Zweistaatlichkeit zu lösen sei. Die Palästinenser brauchten ihren eigenen, lebensfähigen, unabhängigen Staat, Israel die Anerkennung des Existenzrechts und Sicherheitsgarantien. So lauteten auch die Kernpunkte der *Road Map* der internationalen Gemeinschaft.»Land gegen Frieden« – diese Formel, wie auch immer variiert, bietet letztlich den Schlüssel zur Lösung des Konflikts. Alles andere ist Zeitverschwendung.

Unter der Oberfläche einer pragmatischen Zusammenarbeit aber gab es eine nicht ganz unerhebliche Differenz zwischen Joschka und mir. Fischer rollte die gesamte Nahost-Frage aus der Sicht der israelischen Sicherheitspolitik auf. Er sprach sich für eine kooperative Sicherheitspolitik aus, die an Verständigung interessiert war, nicht an einem militärischen Sieg. Nur wenn man sich prinzipiell auf die Seite Israels stelle, habe man Einfluss auf dessen Politik und könnte die Friedenskräfte stärken, meinte Fischer. Das liege objektiv im Interesse auch der Palästinenser. Man kann über diesen Diskursansatz streiten. Ich blieb skeptisch. Letztlich war er erfolglos. Jeder andere Ansatz allerdings auch.

In der deutschen Öffentlichkeit kam Fischer damit gut an. Zufällig war er in der Nähe, als ein grauenhaftes Selbstmordattentat vor einer Diskothek in Tel Aviv zahlreiche Jugendliche zerriss. Er griff öffentlich ein, redete der israelischen Regierung einen Gegenschlag aus und ging mit Arafat ins Gericht. Das war gut. Dennoch stellten sich Fragen: Warum reagierte er nicht bei Übergriffen der israelischen Armee in den Palästinensergebieten? Und war Arafat eigentlich die richtige Adresse?

Fischer gab in Deutschland das Bild eines in Israel und Palästina gleichermaßen geachteten Vermittlers ab. Die Wirklichkeit hinter den Kulissen sah etwas anders aus. In Israel wurde er gefeiert bis zur Verleihung der Ehrendoktorwürde. Bei den Palästinensern jedoch galt er als verlorener Freund, ja, als Verräter, weil er nicht über genuine Palästinenserrechte redete, sondern ihnen Rechte von Israels Gnaden zubilligte. Abseits des Protokolls wurde mir das in aller Deutlichkeit mitgeteilt.

Die Palästinenser waren maßlos enttäuscht von ihm, besonders weil er sich in Jugendjahren engagiert auf die palästinensische Seite gestellt hatte. Von der CDU/CSU/FDP-Opposition wurde er just wegen dieser Vergangenheit im Bundestag massiv angegriffen. Als Frankfurter Straßenkämpfer habe er Polizisten verletzt, militant aufgeladen durch Palästinenserkongresse, an denen er teilgenommen hatte. Wichtige Medien steuerten ihren Teil dazu bei, den damals beliebtesten deutschen Politiker zu dämonisieren. Hier ging es urplötzlich ums Ganze. Fischer sollte demontiert, gestürzt werden. Und mit ihm Rot-Grün? Ihn rauszuhauen wurde mein Job. Zwei Bundestags-Fragestunden lang wurde ich als Regierungsvertreter mit Fragen zu Joschkas Vergangenheit bombardiert, dann hatte ich ihn nach heftigen Rededuellen aus der Schusslinie gezogen. Meine Parteifreunde in Nordrhein-Westfalen jedoch hatten die Gefechtslage mal wieder nicht verstanden und glaubten, ich wolle Joschka ausliefern. Aufhänger war meine Aussage in der ersten Fragestunde, Fischer habe nur eine Stunde an der beanstandeten Palästinenserkonferenz teilgenommen. An der »einen Stunde« hängten sich nun jene Medien auf, die Fischer hinrichten wollten. Einen minder schweren Fall wollten sie nicht hinnehmen. Also schlugen sie auf mich ein, ich wolle alles herunterspielen. Die Berichterstattung eines Hamburger Blatts dazu lobte ich als »unterhaltsam«, was dieses Nachrichtenmagazin als Beleidigung empfand, für die ich mich, wie im ganzseitigen Editorial gefordert, entschuldigen sollte. Meine »Freunde« in Nordrhein-Westfalen analy-sierten messerscharf, ich habe die »eine Stunde« erfunden, um, auf die absehbare Medienreaktion spekulierend, die Kampagne gegen den langjährigen Rivalen absichtlich in die Länge zu ziehen. Die Wahrheit ist: Fischer selbst hatte mir, als wir zehn Minuten Zeit hatten, die Fragestunde vorzubereiten, auf meine insistierende Frage hin gesagt, er sei nur »etwa eine Stunde« auf dem Kongress gewesen. Die Wahrheit war hier die beste Verteidigungslinie. In NRW wurde mir daraus ein Strick gedreht.

Einige liberale Medien bereiteten nach endlosen Tagen dann Fischers öffentlichen Freispruch vor – nicht wegen erwiesener Unschuld, sondern wegen überzeugender Änderung des Lebenswandels. Letztlich rettete Joschka die Liebe des Volkes, das sich in dem ehemaligen Rabauken, der sich selbst durch harte Exerzitien zivilisiert hatte, wiedererkannte. Der verlorene Sohn gewann in der operettenhaft anmutenden Schlacht um Schuld und Sühne mehr Sympathien als seine wadenbeißenden Verfolger.

Tief verletzt hatte er vor der Fragestunde vor mir gesessen. Er war am Boden zerstört. Nicht weil er sich schuldig fühlte, dazu hatte er keinen Grund. Sondern – so mein Eindruck – er hatte gedacht, nicht nur in den Schoß der bürgerlichen Gesellschaft zurückgekehrt zu sein, aus dem er 1968 ausgebrochen war. Mehr noch, er, der ehemalige Streetfighter, das Einwandererkind aus kleinbürgerlichen Verhältnissen, hatte gemeint, jetzt als Staatsmann geradezu den ideellen Gesamtbürger zu verkörpern. Und nun wollte diese Gesellschaft ihn wieder ausstoßen!

Wir sind darüber hinweggekommen. Die Gesellschaft war reifer als manch ein Medienstratege, der umsatzsteigernd unter dem Vorwand der Pressefreiheit eine verleumderische Stimmungskampagne befeuerte. Wichtiger als die Frage nach Fehltritten wurde für die ernsthaft Interessierten die nach dem Motiv von Fischers Veränderung. Warum ist er damals nicht völlig abgedriftet? Irgendetwas in seinem Lebenslauf musste einen grundsätzlichen Wandel seiner Einstellung herbeigeführt haben. Mir sagte er, es sei Entebbe gewesen. Als 1976 palästinensische Flugzeugentführer Geiseln in jüdische und nicht jüdische selektierten. Das habe ihn an Auschwitz erinnert, an die Rampe, und klargemacht, dass man diesen Weg nicht gehen dürfe.

Joschka Fischer, in Frankfurt aufgewachsen, hatte die Auschwitzprozesse verfolgt, hatte den Sozialphilosophen Theodor W. Adorno gehört und wurde von der jüdischen Gemeinde politisch nachsozialisiert. Auschwitz wurde zum Ausgangspunkt seines gesamten politischen Denkens. Es gab seinem politischen Handeln Ernst und Tiefe, verengte es aber zugleich, weil jenseits der Dimension des Holocaust die Dinge für ihn nicht immer wesentlich genug waren. Der Holocaust, der industriell betriebene Massenmord der Nazis an den europäischen Juden, war ein singuläres Verbrechen. Nicht zu relativieren durch den Vergleich mit anderen Völkermorden. Aber bedeutet das die Erlaubnis, sich Verbrechen gegenüber, die diese Dimension nicht erreichen, indifferent zeigen zu dürfen? Waren ohne die Legitimationsfigur Holocaust die Dinge nicht schlimm genug? Musste man die Militäraktion gegen den drohenden Völkermord im Kosovo unbedingt mit Auschwitz begründen, um sie überhaupt legitimieren zu können? Hat nicht mancher seinen Meinungswandel, bezogen auf militärische Gewalt, seine Wandlung vom Pazifisten zum »Bellizisten«, damit begründet, dass der Massenmord an den Muslimen in Srebrenica ihn an Auschwitz erinnere? Fischers Rhetorik war erfolgreich, aber auch fatal. Denn sie exkulpiert alle, die ihre Augen verschließen, wenn es nicht Auschwitz ist, das droht. Und sie verengt das Denken, wenn denn eingegriffen werden muss, auf militärische Optionen. Wie aber steht es um das Recht und die Pflicht, einzugreifen bei Ereignissen, die kein Völkermord sind, sondern schlicht schreiendes Unrecht – wie etwa im Falle der Palästinenser?

Für alle bedrängten Juden dieser Welt einen sicheren Hafen zu schaffen – spätestens seit dem Holocaust versteht sich dieses Ziel von selbst und bedeutet für Deutschland eine immerwährende Verpflichtung. Einen eigenen Staat Israel zu gründen, der alle die aufnehmen will, die aus der jüdischen Diaspora in die biblische Heimatregion zurückkehren wollen – auch dieses politische Ziel, lange vor der Shoa formuliert, hat sein Recht. Aber es bedingt auch völkerrechtliche Pflichten. Denn was bedeutet es für die palästinensische Seite, für die Menschen, denen dieselbe Region seit vielen Jahrhunderten ebenfalls Heimat ist?

Die Formel der deutschen Außenpolitik nach der Staatsgründung Israels lautete: Deutschland hat eine historisch begründete besondere Verantwortung für den Staat Israel. Das war und bleibt richtig. Es blendet aber die andere Seite aus, die palästinensische. Nicht allein Bundespräsident Herzog empfand hier ein Defizit. Zahlreiche Außenpolitiker aller Parteien denken ähnlich, wollen aber öffentlich nicht darüber sprechen. Ich bemühte mich in meiner Zeit, die Verantwortungsformel zu erweitern: Deutschland hat eine besondere Verantwortung für den Staat Israel – und die Folgen seiner Gründung. In mehrere Resolutionen des Bundestags floss diese Formel ein. Sie hieß nicht weniger, als dass wir uns auch um das Schicksal der Palästinenser zu kümmern hätten.

Der eigene Palästinenserstaat war allgemeiner Konsens bei den Grünen. Aber Fischer leitete dieses Ziel – und das war unsere subtile, aber gravierende Differenz – nicht aus eigenem palästinensischem Recht ab, sondern aus den Sicherheitsinteressen Israels. Israel könne langfristig nur überleben, wenn ein friedliches Palästina an seiner Seite existiere. Das hieß Zweistaatlichkeit, das hieß Palästinenserstaat. Das schien den Konsens wiederzugeben, doch perspektivisch gesehen war es einseitig. Denn die Palästinenser wollten ihren eigenen Staat nicht als Zugeständnis Israels, als rationales Kalkül dortiger Sicherheitspolitik, sondern als Ergebnis eines eigenen völkerrechtlichen Anspruchs. Sie wollten nicht abhängig sein von den innenpolitischen Stimmungsschwankungen in Israel, vom dortigen Wechsel der Strategien. Auch wenn der Endstatus gleich aussah. Weg und Begründung waren unterschiedlich. Ein Staat aus eigenem Recht oder ein Staat als Geschenk des Nachbarn? Das ist nicht weniger als der Unterschied zwischen Emanzipation und Kolonialismus. Wer den arabischen Stolz kennt, auch das tiefe Minderwertigkeitsgefühl der Palästinenser wegen der vergeudeten Jahre, der weiß, dass dieser Unterschied entscheidend ist.

Im Februar 2004 war ich als Leiter einer grünen Delegation[50] wieder in Israel. Ariel Sharon ließ gerade die Mauer bauen. Auf dem Weg von Tel Aviv nach Jerusalem hörten wir im Autoradio von einem entsetzlichen Selbstmordattentat auf einen Bus. Zahlreiche Fahrgäste, unter ihnen Schulkinder, waren ermordet worden. Wir fuhren sofort zum Tatort, den wir zwei Stunden später erreichten. Die Spuren waren schon fast völlig beseitigt. Wir legten einen Kranz neben die Blumengebinde. Wer das getan hatte, durfte nicht mit der geringsten Sympathie rechnen, und sei sein politisches Anliegen noch so berechtigt. Mir fiel der Philosoph Ernst Bloch ein:»Im Weg muss das Ziel schon durchscheinen«, hatte er von den Reformern und Revolutionären gefordert, die von der»Dunkelheit des Augenblicks« in die»offene Adäquatheit« fortschreiten wollten. Das hieß im Umkehrschluss: Was im Weg durchscheint, ist das Ziel. Wer Terror verbreitet, dem kann man nicht abnehmen, dass er eine humane Zukunft anstrebt. Ein terroristischer Weg weist in eine Gesellschaft, die auf Terror gründet. Die Palästinenser verspielten die Sympathie, die ihr Elend ihnen eingebracht hat.

Dann fuhren wir weiter zur Mauer. Ein martialischer Anblick. Die Assoziation an Berlin war unvermeidlich. Die Israelis hatten den ausgebrannten Bus bewusst vor der Mauer drapiert – als»sinnstiftendes« Zeichen. Diese Mauer sollte Selbstmordattentäter abhalten. Vielleicht erfüllt sie diesen Zweck. Zu wünschen wäre es. Aber vielleicht schürt sie auch nur mehr Hass und mehr Unverständnis. Denn sie zerschneidet palästinensische Siedlungen, schneidet Häusern den Garten und Kindern den Schulweg ab, umzingelt Siedlungen wie

Bethlehem fast rundum. Sie folgt nicht der Grenze von 1967, der grünen Line, die in den internationalen Diskussionen als Grenzlinie eines eigenen Palästinenserstaats figuriert. Sie verläuft auf palästinensischem Gebiet, gemeindet illegale jüdische Siedlungen in den israelischen Staat ein. Diese Mauer mag schützen, aber sie ist ein Monument aggressiver Vorwärtsverteidigung, die der anderen Seite die Luft zum Atmen nimmt. Kurzfristig mag sie für Israel ein Sicherheitsgewinn sein, aber prinzipiell bildet sie ein weiteres Hindernis im Friedensprozess und einen Stein des Anstoßes.

Wir ließen uns die Strategie der Regierungsseite erklären, sprachen mit der israelischen Opposition. Und wir reisten nach Palästina, trafen Arafat in seinem Bunker in Ramallah – einer der letzten internationalen Kontakte vor seinem Tod. Wir waren keine Anhänger Arafats, wussten, zu welchen Winkelzügen er fähig war. »In Englisch, nach Westen, redet er als Taube, in Arabisch Richtung Osten als Falke«, warfen seine Gegner ihm vor. Aber man brauchte nur nach Bethlehem zu fahren oder in den Gaza-Streifen, um die verzweifelte Lage der Palästinenser zu erkennen. Und wenn Arafat mit seinem doppelten Gesicht sich nicht durchsetzte? Konnte er überhaupt eindeutig einen Verständigungsfrieden propagieren, wenn Israel es nicht dankte? Musste er nicht durch Rhetorik versuchen, ein Überlaufen der frustrierten Massen zur radikalen Hamas zu verhindern? Heute sind seine früheren Kritiker klüger.

Gaza wäre, so dachten wir bei unserem Besuch, selbst wenn Israel die Siedlungen räumen würde, für sich genommen nicht lebensfähig. Auch die begleitenden Direktoren des UNO-Hilfsprogramms waren mehr als skeptisch. Sie waren froh, dass deutsche Politiker endlich einmal ins Zentrum der Probleme schauten, sich ihre unverblümten Analysen anhörten. Und sie hatten große Sorge: »Gaza wird zum Ghetto. Es ist von israelischem Gebiet umgeben, aber abgeschnitten von den dortigen Arbeitsplätzen, kann sich nicht selbst versorgen. Es wird am Tropf der internationalen Gemeinschaft hängen, ein Sozialhilfefall. Wir zahlen die Zeche, und hier entsteht eine neue Brutstätte für Militanz.« Die Sorge konnte man teilen. Wir versuchten, Hamas-Sympathisanten den Terror auszureden. Aber auch Gemäßigte beklagten, ohne eine Räumung der Siedlungen auch in der Westbank und ohne Verbindung des Gaza-Streifens mit dem Westjordanland würde es keine Lösung geben.

Dies ist der springende Punkt. Welches strategische Ziel verfolgte Scharon? War die damals angekündigte Räumung des Gaza-Streifens der Auftakt zu einer ernsthaften Zweistaatenpolitik? Würde die weitgehende Räumung der Westbank folgen? Oder ging es darum, Druck abzulassen, den Gaza-Streifen aus Gründen der Frontverkürzung zu räumen, um die Westbank umso fester halten zu können? Und die illegalen Siedlungen rund um Jerusalem? Um von einem palästinensischen Flecken durch israelisch kontrolliertes Gebiet zum anderen, um von Stadt zu Stadt zu kommen, benötigten die Palästinenser Passierscheine. Das galt selbst für ihre Parlamentarier, die zu offiziellen Terminen nach Ramallah wollten! Wie sollten sie so eine Demokratie aufbauen? Autonomie von Israels Gnaden, das konnte nicht die Lösung sein. Separierte Entwicklung von zwei Gesellschaften auf demselben Territorium – kannten wir das nicht aus einer anderen Weltgegend?

Im israelischen Friedenslager zirkulierte ein Papier, der sogenannte »Scharon-Plan«. Er war über zehn Jahre alt. Zu sehen war die Westbank mit roten Punkten und einem dicken schwarzen Strich. »Das sind die Siedlungen und die Mauer. Alles von langer Hand geplant, um die Westbank einzugemeinden«, lautete die Analyse der »Peace now«-Aktivisten. »Er wird Gaza räumen und in einem Zustand hinterlassen, der ihm als Beweis für die Unfähigkeit der Palästinenser zur Selbstverwaltung dient. Darauf gestützt, wird er die Westbank unter Kontrolle halten.«

Böse Spekulation? Scharons Strategie der einseitigen Maßnahmen war ein Indiz dafür, dass diese Befürchtung berechtigt war. Hätte er den Rückzug aus dem Gaza-Streifen nicht einseitig verkündet, sondern mit den gemäßigten Palästinensern, mit der Fatah, verhandelt, wie wir Europäer ihm dringend nahelegten, so hätte er diese zugleich gestärkt. Sie hätten den israelischen Abzug als Ergebnis ihrer verständigungsorientierten Politik ausgeben können. In den Augen der palästinensischen Bevölkerung hätten Verhandlungen der Fatah mit der israelischen Regierung Fortschritte gebracht. So aber konnte die Hamas profitieren. Sie brach in Triumphgeheul aus und behauptete, ihre militante Politik habe die Israelis vertrieben und den Sieg gebracht. Wie schon vor einigen Jahren, als Israel sich aus dem Südlibanon zurückzog, was von palästinensischer Seite nicht gedankt wurde.

Ob dieser Effekt in Scharons Absicht lag? Jedenfalls konnte er anschließend verkünden, über die Westbank gebe es nichts zu verhandeln, weil auf der anderen Seite ernsthafte Gesprächspartner fehlten.

Für Uri Avnery – inzwischen greiser Held des Exodus und der Gründungskriege, der damalige »Terrorist« und heutige Friedenskämpfer, unser Freund und Berater – war bei unserem Besuch die Sache klar: Scharon plane parallel zur Freigabe Gazas die Annexion der Westbank.

Mit der Hamas zu reden ist eine Zumutung. Viele dort propagieren einen Sieg über Israel und glauben auch daran. Nicht unbedingt sofort, nicht unbedingt militärisch, nur hin und wieder hört man, die Juden müssten ins Meer zurückgetrieben werden. Die meisten setzen auf den demografischen Faktor. Raketen auf Israel dienen dazu, Zeit zu schinden, einen Frieden zu verhindern, damit der demografische Faktor Wirkung entfalten kann. Die Geburtenrate der Palästinenser ist enorm hoch, in ein, zwei Jahrzehnten wird die Gesamtzahl der Nicht-Juden im Gebiet von Israel plus Westbank die der jüdischen Bewohner übertreffen. Was dann?

Sollte Israel keine zwei unabhängigen Staaten zulassen, mit einer jüdischen Bevölkerungsmehrheit im heutigen Kernland, sondern die Kontrolle über die Westbank erhalten wollen, dann gäbe es folgendes Szenario: Entweder wäre Israel demokratisch oder es wäre jüdisch. Entweder ließe man eine palästinensische Mehrheitsbildung zu und verlöre damit die jüdische Prägung des Staates oder man setzte das Judentum durch auf Kosten der Demokratie. Theodor Herzls Vision jedenfalls von einem jüdisch-demokratischen Israel, von Erez Israel, wäre verspielt. Und das Westjordanland würde als halbautonomes Gebiet, mit eigener Verwaltung, aber ohne gesamtstaatliche demokratische Rechte mitgeschleppt? Bantustan, Homeland – vergleichbare Pläne hatten schon im Südafrika der Apartheid keinen Bestand.

Auch auf israelischer Seite gibt es Fantasten eines Siegfriedens. Bei unserer Reise trafen wir eine Sprecherin der Partei russischer Einwanderer, eine freundliche, gemütlich wirkende Frau. Das Gespräch über die Lebenslage in Israel, die Arbeitslosigkeit, den geplagten Mittelstand, den inneren Rassismus plätscherte dahin, bis sie mit ihrem Vorschlag zur Palästinenserfrage aufwartete: Putin, Tschetschenien, Flächenbombardierung … es war manchmal schwer für uns, die Contenance zu wahren.

Eine isolierte Stimme? Was soll man von folgender Szene halten? Botschafter Avi Primor, der Friedensstratege, der Glücksfall für die israelisch-deutschen Beziehungen, und sein Team waren vom konservativen Likud abgelöst worden. Ein neuer ranghoher israelischer Diplomat machte seinen Antrittsbesuch bei mir im Auswärtigen Amt. Ohne Umschweife kam er zur Sache. Sinngemäß:»Das ganze Hin und Her der Verhandlungen bringt doch nichts. So geht es seit Jahrzehnten. Warum nicht eine radikale und endgültige Lösung? Warum sollen die Palästinenser überhaupt auf der Westbank bleiben; eine energische Aktion, und sie sind draußen. Das dauert ein paar Wochen, das muss die Welt aushalten, aber dann ist Ruhe, und alle gewöhnen sich daran. Tun sie doch immer. Was würde Deutschland davon halten?« Ich lehnte entschieden ab, schaffte es noch, das Gespräch zu einem höflichen Ende zu bringen. Diplomatisch bestimmt unkorrekt, habe ich mit diesem Herrn, der ein ganzes Volk deportieren wollte, nie mehr ein Wort gesprochen.

Es ist schwierig für uns Deutsche, angesichts des Holocausts hier die richtigen Worte zu finden. Die israelischen Falken haben die Erfahrung gemacht, dass sie uns mit diesem Argument immer wieder zum Schweigen bringen, zur Loyalität zwingen können. Die Araber dagegen verlangen von uns, diesen»Komplex«, wie sie es nennen, zu überwinden. Die Wahrheit muss irgendwo dazwischen liegen. Verantwortung für den Staat Israel und die Folgen seiner Gründung – wir haben die Verpflichtung, auch den Palästinensern zu ihrem Recht zu verhelfen, wie den Israelis zu ihrem gesicherten Frieden.

Nicht alle in der arabischen Welt meinen es gut, wenn sie uns Ratschläge geben. Gerade wenn man sich etwas näher einlässt, wenn es familiärer wird, die Gespräche offen werden, hört man so manche bizarre Äußerung:»Ihr Deutschen und wir Araber wissen, wie man mit Juden umzugehen hat.« Widerwärtig. Bei solch empörenden Äußerungen ist unzweideutige Distanzierung angesagt. Keine Kumpanei mit Antisemiten! Wie weit geht diese Haltung in der arabischen Welt? Leider ist sie zu häufig anzutreffen.

Die offiziellen Äußerungen sind milder geworden. Die Arabische Liga hat angedeutet, Israel anzuerkennen und damit auch seine Sicherheit zu akzeptieren, wenn Israel umgekehrt den palästinensischen Anspruch anerkennt. Es gibt also zumindest die Bereitschaft zur Duldung. Wenn dem Bekenntnis aber nicht entsprechende Taten folgen, können die unterschwelligen, teils gruseligen Stimmungen leicht wieder überhandnehmen. Unabdingbar aber sei, so ist allenthalben zu hören, ein Stopp der israelischen Siedlungspolitik. Mai 2002, Jemen. Acht Monate nach den Terrorangriffen auf die USA. Mit Trommelwirbel und Flötentönen werde ich von einer einheimischen Kapelle prozessionsmäßig durch die Straßen der Hauptstadt Sanaa geleitet. Die mittelalterlichen Wolkenkratzer aus Lehm wurden zum Weltkulturerbe erklärt. Hoher Besuch aus Deutschland ist hier gern gesehen. Der Präsident versichert mir im Gespräch:»Wir sind das Kernland Arabiens, Ausgangspunkt der arabischen Identität. Mit al-Qaida haben wir nichts zu tun.« Es ergibt sich die Gelegenheit, verdeckte Gespräche mit Frauenrechtlerinnen zu führen, unter deren schwarzen Ganzkörperschleiern Gucci-Jeans und Prada-Schuhe hervorlugen.»Die Männer missbrauchen den Koran als Vorwand für unsere Unterdrückung. Wir arbeiten an einer islamischen Aufklärung.« Es folgt der Besuch in den Gemächern eines angesehenen Scheichs, der mir nach opulenter Beköstigung der ganzen Delegation eine Geheimbotschaft an den Bundeskanzler zusteckt. Vorsichtshalber öffne ich den Brief, bevor er den Kanzler erreicht. Schröder möge bitte eine Revolution im Jemen unterstützen und ihn, den Scheich, einen direkten Nachfahren Mohammeds, als rechtmäßigen Herrscher Arabiens an die Macht bringen. Der Kanzler wird das Schreiben nie zu Gesicht bekommen, entscheide ich.

Das Grenzgebiet zu Saudi-Arabien, formell jemenitisches Staatsgebiet, ist faktisch unregierbar. Aus dieser Ecke stammen Bin Laden und viele seiner Terrorhelfer. Hier gräbt das Deutsche Archäologische Institut, das aus Mitteln des Auswärtigen Amtes finanziert wird, die alte Königsstadt Saba aus. Das muss inspiziert werden. Also fahren wir in die Wüste. Assoziationen an Georg Friedrich Händels »Salomon« und an Märchen aus 1001 Nacht mischen sich mit einem höchst mulmigen Gefühl, als wir die Stadt verlassen. Meine kleine Delegation in einem normalen Pkw, hinter uns die Sicherheit, ein Pick-up mit aufmontiertem Maschinengewehr. In halsbrecherischer Fahrt geht es durch die Schluchten, das MG im Nacken. Alles geht gut. Wir sehen die Ruinen von Saba. Sicherung von Kulturdenkmälern ist für uns Teil des Kulturdialogs, der Völkerverständigung. Angst vor einer Entführung haben wir nicht, eher vor unseren Beschützern. Hinter uns gerät der Pick-up auffällig ins Schlingern, als wir zurückfahren. Heftig fuchtelt seine Besatzung mit dem MG herum, macht Zielübungen in alle Richtungen. Haben sie Qat genommen? Regelmäßig zur Mittagszeit, so berichtet unser Botschafter, beginne halb Jemen diese Pflanze zu kauen, die in rauschhafte Stimmung versetze. So lange, bis keiner mehr arbeiten und Gut und Böse richtig voneinander unterscheiden könne – sicherlich mit ein Grund für die miserable Produktivität des Landes und seine Unberechenbarkeit in politischer Hinsicht.

Zum Abschied in Sanaa spreche ich außerhalb des Protokolls meinen direkten Counterpart an, einen smarten, in westlichem Stil gekleideten Mann: »Stimmt es, dass die Hamas im Jemen besonders viel Geld sammelt?«»Wir sind das Kernland Arabiens. Alle kommen gern. Sie ja auch. Und alle guten Muslime geben Almosen, wie der Koran es verlangt.«»Wenn die Hamas auf dieses Geld angewiesen ist, können Sie dann nicht darauf drängen, dass sie die Selbstmordattentate einstellt?«»Wir haben keinen Einfluss darauf.« »Können Sie nicht wenigstens darauf drängen, dass sich die Hamas auf militärische Ziele beschränkt?!«»Würde Europa Hamas dann wertschätzen?«»Das nicht, aber die Palästinenser würden nicht alle Sympathien verspielen.«»Warum fordert ihr nicht von Israel, die besetzten Gebiete zu räumen?«»Wir Deutsch ...«»Wir mögen euch Deutsche, wir verstehen uns gut. Aber ihr müsst wieder selbstbewusster werden.«»Wir haben eine besondere Verantwortung ...« »Wir auch ...«

Wie verhasst die USA in der arabischen Welt sind, erlebte ich bei einer Diwania in Kuwait. Ich hatte das Privileg, als ausländischer Gast an dieser traditionellen Männerversammlung teilnehmen zu können. Dort saßen sie alle im viereckigen, weiß getünchten Raum auf Steinbänken, an die Wand gelehnt, in weißem Burnus und weißem Turban, Männer, die tagsüber im Nadelstreifen des Bankiers, im feinen Zwirn des Diplomaten, im Kaftan des Hausmeisters oder in der traditionellen Kleidung der Bauern zu sehen sind. Hier hatte jeder das Recht, ohne Ansehen des Berufsstands und der Person, offen seine Meinung zu sagen. Das hier war Arabien live. Ungeschönt, unverstellt. Mir klingelten die Ohren. Selbst hier in Kuwait, das die USA von der irakischen Invasion befreit hatten – nur Wut, Wut, Wut! Doch hinter der Wut auf die USA wurde auch der Selbsthass sichtbar. Und die Hoffnung auf Europa.

Der Hauptvorwurf der Araber an die westliche Welt lautet:»Ihr habt doppelte Standards. Ihr setzt die Regeln, die ihr aufstellt, nicht gleichermaßen gegenüber allen durch.« Zielscheibe der Kritik sind vor allem die USA, aber auch wir Europäer kommen nicht ungeschoren davon, weil wir den USA nicht genügend eigenes Profil entgegensetzten. Atomare Rüstung in der arabischen Welt werde bekämpft – das Atomwaffenarsenal Israels toleriert. Antisemitismus werde angeprangert, die Vertreibung der Palästinenser aber hingenommen. Ein Staat Israel werde anerkannt, das Staatenbildungsrecht der Palästinenser unterlaufen. Ganz von der Hand zu weisen ist diese Kritik nicht. Doch auch die Araber haben ihre doppelten Standards: Immer wieder betonen sie gegenüber ihren Kritikern, der Islam sei eine Friedensreligion; doch nach den Freitagsgebeten sammeln sie Geld für die Hamas.

Dass sich der Dialog lohnen kann, zeigte mir frühzeitig das Beispiel Algerien. Zehn Jahre lang war es aus dem Blick Europas geraten. Die FIS, eine islamistische Partei, drohte 1991 die demokratische Nationalwahl zu gewinnen. Militärs putschten gegen die sich abzeichnende Mehrheit. Deren Anhänger radikalisierten sich weiter, zogen als Terrorbanden, unterstützt von »afghanischen Arabern«, mordend durchs Land und massakrierten Zehntausende Menschen. Die »Sicherheitskräfte« gingen nicht weniger brutal vor; auch viele Unschuldige fielen extralegalen Hinrichtungen zum Opfer. Das Land geriet in einen schmutzigen Bürgerkrieg. Europa in der Klemme: Sollte es die Wahl und damit die Islamisten anerkennen oder die Wahl und damit die Demokratie negieren? Europa hatte sich einfach abgewendet. Ende der 90er-Jahre übergab das Militär die Macht wieder der FLN, der Nationalen Befreiungsfront, die Jahre zuvor die Mehrheit verloren hatte.

Nun, im Juni 2000, war ich der erste ranghöhere europäische Politiker, der wieder nach Algier reiste. Demonstrativ dehnte Präsident Abd Al-Aziz Bouteflika das Gespräch auf drei Stunden aus, beklagte sich über die europäische Passivität. Er hatte sich mit dem Militär verbündet und – so seine Sicht – dem fundamentalistischen Terror ein Ende gemacht. In Algier konnte man sich wieder halbwegs sicher bewegen, auch wenn die Deutsche Botschaft noch einer Festung glich. Beim Niederkämpfen der Dschihadisten war es auch zu Menschenrechtsverletzungen gekommen. Zweifellos. Als Bouteflika auf meine

Anregung hin einige Monate später von Schröder in Berlin offiziell empfangen wurde, sparte auch der Kanzler das Thema Menschenrechte nicht aus. Aber wie wohlfeil ist manchmal europäische Kritik. Bei uns ziehen keine marodierenden Banden durch die Häuser, um nächtens den Menschen die Kehle durchzuschneiden. Der algerische Präsident jedenfalls fühlte sich zu Unrecht von Menschenrechtsorganisationen angegriffen:»Lautstark verurteilen sie, wenn die Militärs in einer extrem schwierigen Lage zu hart zuschlagen. Die zehntausendfachen brutalen Morde durch die Fundamentalisten fallen unter den Tisch. Wie hätten wir derer denn Herr werden sollen? Das hättet ihr mit eurer Polizei und eurem Rechtsstaat nie geschafft!« Zumindest was die Einseitigkeit angeht, hatte der Präsident nicht ganz unrecht. Denn Menschenrechte verletzen kann im völkerrechtlichen Sinne nur ein Staat. Eine kriminelle Bande ist kein Staat, ihre Gewalttaten fallen nicht unter den Begriff. Also haben Menschenrechtler sie oft nicht in ihren Anklageschriften.

Auch mit Libyen, das bei der Befreiung der Jolo-Geiseln »gute Dienste« geleistet hatte,[51] suchten wir einen Neuansatz. Mein Gegenüber dort war Vize-Außenminister Mujber, der Gaddafi besonders nahe stand, als sein außenpolitischer Berater galt. Er war ein alter Kampfgefährte aus der Zeit der antikolonialen Bewegung. Danach aber hatte er sich offensichtlich eingeigelt; sein Weltbild strotzte vor irrealen Vorstellungen. Vier Stunden lang diskutierten wir! Es ging nicht um den Austausch von Standardfloskeln. Nein, in einem gemeinsamen Diskurs suchten wir die gesamte Kolonialzeit, die Geschichte der Befreiung und alle möglichen Entwicklungs- und Revolutionstheorien aufzuarbeiten. Mujber wollte sein Weltbild abgleichen und suchte in mir einen Sparringspartner, der auf der Ebene der politischen Philosophie mithalten konnte. Er spürte, dass meine Sympathien den Befreiungsbewegungen gehörten. Aber ich ließ auch keinen Zweifel daran, dass ich das aktuelle Ergebnis der libyschen Selbstbefreiung für suboptimal hielt. Die Libyer mussten raus aus ihrer Isolation, weil sie sonst die Chance auf Weiterentwicklung verspielten.

Mein Gegenüber wurde hellhörig. Libyen zeigte nach vielen Seiten Goodwill und brauchte endlich eine Rückmeldung, einen Dialog. In der Führung konkurrierten zwei außenpolitische Linien: Die eine schaute nach Afrika, die andere nach Europa. Gaddafi hatte maßgeblichen Anteil an der Gründung der Afrikanischen Union, wollte dort

Leitfigur werden. Andere, modern eingestellte Technokraten, richteten den Blick eher nach Europa. Ich stellte die Frage, warum Libyen nicht beides tun könne, nämlich Scharnier werden zwischen Europa und dem afrikanischen Kontinent. Nicht alleine, sondern gemeinsam mit den anderen Staaten der Arabisch-Maghrebinischen Union[52], die dafür wiederbelebt werden könne.

Der Libyer hörte sehr aufmerksam zu. Zum Schluss war er nicht mehr davon überzeugt, dass die ESVP, die Europäische Sicherheits- und Verteidigungspolitik, vorhatte, Afrika erneut zu überfallen und kolonial zu unterjochen. Er war auch nicht mehr überzeugt, dass Europa die Kleinwaffen, mit denen sich in Afrika die Leute scharenweise abmurksten, durch die UNO einsammeln lassen wollte, um den Kontinent verteidigungsunfähig gegen den europäischen Imperialismus zu machen. Er begann mit der europäisch-afrikanischen Brückenrolle zu liebäugeln. Wollte mit Gaddafi darüber reden. Ich lud ihn nach Deutschland ein. Etwas ungelenk sein Auftritt in Berlin, sein erster Besuch in Westeuropa überhaupt. Außer mir empfing ihn niemand. Wir empfanden uns als Pioniere in einem Dialog, der fällig, aber noch nicht »angesagt« war.

Das libysche Engagement bei der Befreiung der Jolo-Geiseln hat sich ausgezahlt. Nicht nur für die befreiten Menschen, nicht als vordergründiger Prestigegewinn für Libyen. Sondern als wichtiger Schritt der Reintegration des Landes in die internationale Staatengemeinschaft. Die Altlasten wurden recht schnell endgültig geklärt. Das UNO-Embargo gegen Libyen wurde fallen gelassen. Sogar die USA haben ihre Beziehungen normalisiert. Gaddafi unterstützte sie im Kampf gegen den Terrorismus. Leider hat der libysche Diplomat Azzarouk, der die entscheidenden Verhandlungen zur Geiselbefreiung führte, trotz meiner Anregung kein Bundesverdienstkreuz erhalten.

Dieser hoffnungsvolle Neubeginn mit Libyen, den damals alle westlichen Staaten anstrebten, ist gerade einmal zehn Jahre her, als der »Arabische Frühling« ausbricht und die Emanzipationsbewegung auch Libyen ergreift. Gadafis Reaktion war vor dem Hintergrund arabischen Stammesdenkens nachvollziehbar, gemessen an westlichen Werten und Demokratieidealen jedoch inakzeptabel. Wenn man aber persönlich an dem nicht ganz erfolglosen Versuch beteiligt war, das verirrte Libyen in die Völkergemeinschaft zu reintegrieren, dann bedrückt es doch, wie schnell und scheinbar leichtfertig westliche Mächte dabei mitgewirkt haben, nicht nur seiner Herrschaft, sondern auch seinem Leben ein Ende zu setzen.

Warum hofierte der Westen Gaddafi so lange, den er je nach Gefechtslage als Terroristen, abgedrehten Folkloreprinzen oder verdienstvollen Begründer der Afrikanischen Union darstellte? Ausschlaggebend waren nicht westliche Werte, sondern Wirtschafts- und Sicherheitsinteressen. Erst war es das Öl, dann der Kampf gegen den Terror. Dann die Zusammenarbeit bei der Abwehr von afrikanischen Flüchtlingen, die über das Mittelmeer nach Europa wollten. Zusammengefasst: Stabilität. Nicht nur in Libyen, in der gesamten arabischen Welt waren Despoten an der Macht, die Helden der Dekolonisierungskämpfe oder ihre politischen Erben. Despotien bedeuten Ordnung. Die Machthaber hatten versucht, moderne Nationalstaaten zu bilden und die Vision einer panarabischen Nation am Leben zu halten. Als säkulares Projekt, nicht als religiös-islamistisches! Im Ost-West-Konflikt mal auf dieser, mal auf jener Seite. Im »Barcelona-Prozess«[53], ihrem Dialog mit den Mittelmeeranrainern, hatte die Europäische Union seit Langem auf Wandel durch Annäherung gesetzt. Das Mittelmeer sollte »mare nostrum«, euro-arabisches Binnenmeer sein, wie in der Antike. Besonders die südeuropäischen EU-Partner legten Wert darauf als Ausgleich für den wirtschaftlichen Gewinn, den die Nordstaaten durch die Osterweiterung der EU einfuhren.

Ich erinnere mich, wie ich auf einem der Barcelona-Treffen mit Uri Avnery, der für Israel den Dialog suchte, zusammenstand. Wir waren uns einig: Mit ihren Despotien hielten die arabischen Potentaten Völker zusammen, die von den Kolonialmächten, ohne gefragt zu werden, in einen gemeinsamen Staat zusammengepfercht worden waren. Nicht alles, was zusammenkam, gehörte zusammen. Die Despoten hielten die Fiktion aufrecht, die ehemaligen Kolonien könnten nach Gewinn der Souveränität als Nationen in denselben Grenzen weiterleben. Die Fiktion trug zur Sicherheit bei, auch für Israel, wenn auch zu einer trügerischen. Was würde geschehen, wenn Zentrifugalkräfte die Staaten auseinanderrissen? Die Umwälzungen in der arabischen Welt machen deutlich, dass Machtverschiebungen zugleich Destabilisierung und regionale Unsicherheit bedeuten können.

Schnell hat der Westen dann die demokratischen Modernisierer unterstützt, als diese nach Revolution riefen. Diese Umwälzung konnte, so das Kalkül, in kurzer Zeit eine neue, pro-westliche Stabilität bringen. Und nun ist er verdutzt, weil dem Sturz der Despoten nicht automatisch eine Demokratie nach westlichem Muster folgt. Warum auch? Der Sturz gelingt nur mit einer breiten politisch-gesellschaftlichen Koalition – einer positiven, weil die Bündnispartner eine gemeinsame Vision haben, oder einer negativen, die sich nur darin einig ist, dass das Alte weg muss. Der Westen hat auf die erste Variante spekuliert und die zweite bekommen. Wer die Diadochenkämpfe nach dem Sturz der Herrscher gewinnt, ist offen. Es können andere Gruppen aus dem abgewirtschafteten Establishment sein, die endlich in die Paläste wollen. Es können Stämme sein, die bisher unterdrückt wurden und nun ihre Unterdrücker unterdrücken wollen. Es können natürlich auch die aufgeklärten Modernisierer sein, mit denen der Westen sympathisiert. Aber auch deren Gegenteil: islamistisch-archaische Eiferer, die von der Despotie ebenso unterdrückt waren wie die Progressiven. Oder es folgen Anarchie, Staatszerfall, regionale Neuordnungskriege. Es ist keinesfalls ausgemacht, dass die reale Alternative zur Despotie die Demokratie sein wird.

Dem Westen blieb der Jubel über den »Frühling« jedenfalls schnell im Halse stecken. Nicht nur, weil er sich vor die Frage gestellt sah, ob er militärisch eingreifen sollte. Während er im Falle Libyens seinen alten Feind-Freund Gaddafi schnell über die Klinge springen ließ, fällt es ihm im Falle Syriens schwer, überhaupt Gut und Böse richtig auseinanderzuhalten. Im Kampf gegen Assad Bündnisse mit Islamisten eingehen, die sich nach einem Sturz vielleicht noch schlimmer gebärden? Und dabei Russland brüskieren? Oder zusehen, wie die Opposition massakriert wird?

Bei Revolutionen geraten zwei westliche Politikziele in Widerspruch: Demokratisierung versus Stabilität. Deshalb favorisiert der Westen eigentlich eher evolutionäre Reformen statt Revolutionen. Dazu aber passt nicht der Jubel über eine durch den Schmutz gezogene Despotenleiche. Zumal die Anhänger des Gestürzten sich nicht geschlagen gaben. Sie radikalisierten sich, vermischten sich mit Dschihadisten und verlagerten den Krieg nach Mali. Was sollen arabische Despoten in Zukunft von westlichen Dialogangeboten halten, nun, da sie erlebt haben, dass das freundlich scheinende Gespräch jederzeit in eine tödliche Attacke umschlagen kann.

Kulturdialog heißt nicht, Arabern nach dem Munde zu reden. Aber mit Belehrungen kann man ihnen nicht kommen. Auf zahlreichen Reisen in die arabische Welt, bei ausgedehnten Dinnern an überladenen Tafeln, beim Empfang in Privatgemächern von Scheichen, in der Männerrunde der Diwania, ja, sogar bei halbkonspirativen Frauenversammlungen konnte ich dies erfahren. Man muss die Globalisierung gar nicht zum Maßstab für Entwicklung nehmen. Man muss auch nicht unseren europäischen Modernisierungsbegriff zugrundelegen. Die Araber wissen selber, dass sie in einer vergangenen Epoche leben. Die einen finden es gut und richten sich aggressiv gegen uns modernistische Ruhestörer, andere verharren fatalistisch in der Bewegungslosigkeit. Unglücklich sind sie alle, dass ihre Region, die in den Jahrhunderten, da Europa im finsteren Mittelalter versank, der Welt so viel Neues in Mathematik, Medizin und Architektur beschert und zudem die europäischen Schriften des klassischen Altertums gerettet hat, heute so wenig Respekt genießt. Nur wenige wollen energisch zu neuen Ufern.

Ob dies auf den Einfluss des Islam zurückzuführen ist? Darüber mögen die Gelehrten streiten. Denn es gibt ja auch Gegenbeispiele: das iranische Atomprogramm, den Massentourismus in Tunesien, die Boomtowns Dubai und Doha. Die Emirate haben das Glück, dass ihnen bald das Öl ausgeht. Sie wissen, dass sie die Erlöse investieren müssen in Modernisierung, Diversifizierung und langfristige Wirtschaftsstrategien. Also kann nicht der Islam das Entwicklungshindernis sein. Eher ist es das Öl, das genügend Einnahmen bringt, sodass gesellschaftliche Reformen überflüssig erscheinen. Die alten feudalistischen Machtstrukturen werden verfestigt. Der traditionelle Zeitbegriff des Nomadendaseins in der Wüste muss sich nicht an die modernen Taktgeber in den Prozessoren der Computer anpassen. Die Gesellschaften verharren bewegungslos.

Ende der 1980er Jahre gab es Visionäre für den Nahen Osten. Shimon Peres und Jassir Arafat hatten beide dieselbe Idee. Israel, Palästina und Jordanien sollten, wie die Beneluxländer, eng zusammenarbeiten, den Kern einer integrierten Wirtschaftsregion Nahost bilden. Das war ein faszinierendes Entwicklungsmodell. Wenn man hierhin doch wieder zurückkommen könnte!

Es gibt Kräfte in beiden Lagern, die dies wollen. Die sogar den Lagerbegriff aufgelöst haben. In Genf haben sie am 1. Dezember 2003 eine gemeinsame Initiative begründet, friedenswillige Israelis und friedenswillige Palästinenser. Sie sind alle Streitfragen durchgegangen und haben für jedes einzelne Problem eine Lösung erarbeitet. Friede wäre möglich. Ein Verhandlungsfriede auf der Basis eines gerechten Interessenausgleichs. Aber warum hat die »Genfer Initiative«, getragen vom ehemaligen israelischen Justizminister Jossi Beilin und dem palästinensischen Informationsminister Jassir Abed Rabbo, so wenig Unterstützung bekommen?[54] Auch Fischer reagierte nur halbherzig, als ich sie im Namen der Koalitionsfraktionen in den Bundestag einbrachte, wo sie mehrheitlich begrüßt wurde. Sie war kein Gegenmodell zur *Road Map* der internationalen Gemeinschaft, sondern eine konkrete Ausgestaltung.

Zu viele Hardliner stehen dagegen, die ihr innenpolitisches Gewicht in gleichermaßen korrupten Gesellschaften aus der Feindschaft mit dem Nachbarn ableiten. Vielen ist die Gefahr zu groß, dass die Verständigung mit der anderen Seite so gravierende Brüche auf der eigenen provoziert, dass es zum Bürgerkrieg kommt. Im einen wie im anderen Land. Lieber Krieg zwischen den Staaten und Frieden im Inneren als zwischenstaatlicher Friede und Bürgerkrieg im eigenen Land. Für die Welt aber und für den Kampf gegen den internationalen Terrorismus ist dies keine Lösung.

»Der Nahost-Konflikt ist nicht lösbar«, hat Henry Kissinger einmal sinngemäß gesagt, »er kann nur mit größtem Aufwand ständig in der Balance gehalten werden.« Die internationale Gemeinschaft ist jedoch eher bereit, ihren Teil zu einem nachhaltigen Frieden beizusteuern als zur Aufrechterhaltung des Status quo. Ein Verhandlungsfriede wird nicht zu sichern sein ohne die Stationierung von internationalen Beobachtern, von Blauhelmen. Dies wäre ein denkbarer Auftrag auch für die Nato, im Namen der UNO. Eine Überlegung, die auch bei der deutschen Entscheidung gegen den Irak-Krieg wesentlichen Einfluss hatte: Wenn die Nato wirklich dazu beitragen will, einst einen Frieden im Nahen Osten zu sichern, dann darf sie sich nicht durch einen Willkürkrieg gegen den Irak in den Augen der arabischen Welt unmöglich machen. Durch Friedenssicherung im Nahen Osten könnte die Nato einen effektiveren Beitrag zum Kampf gegen den Terrorismus leisten. Aber ob ein Frieden zustande kommt, liegt in erster Linie in der Hand der Führungsmacht USA.

Nachtrag Dezember 2012: Gerade hat der deutsch-jüdische Wissenschaftler Micha Brumlik das Konzept der Zweistaatlichkeit für endgültig gescheitert erklärt[55], gescheitert an der israelischen Siedlungs-politik, die de facto die Errichtung eines palästinensischen Staates unmöglich mache. Man müsse für die Zukunft von einem einzigen Gebiet ausgehen. Wenn er recht hat, dann gibt es in Zukunft, wie an anderer Stelle bereits ausgeführt, nur noch diese Alternativen: Entwe-der ist der neue Gesamtstaat demokratisch – dann aber wird er wegen des palästinensischen Bevölkerungswachstums bald seine jüdische Prägung verlieren. Oder er ist jüdisch bestimmt, dann wird es Apart-heid statt Demokratie geben.

11.
Tegucigalpa, Jolo und ein bayerisches Dorf

(Über Katastrophen, Geiselnahmen und Militärsender)

»Ich möchte, dass du morgen nach Honduras fliegst«, ranzte ein, wie meist, schlecht gelaunter Außenminister Joschka Fischer am Telefon. Hurrikan Mitch hatte im November 1998 das Land und große Teile der zentralamerikanischen Landbrücke verwüstet. Die Fernsehbilder lieferten eine »1-a-Katastrophe«, die Spendenbereitschaft der Bevölkerung war, wie immer, spontan sehr hoch. Eigentlich wollte ich nicht fliegen, denn von derlei Katastrophentourismus halte ich wenig. Im schlimmsten Falle steht man der eigenen Botschaft im Wege. Statt ihre Kräfte auf die Katastrophenhilfe zu konzentrieren, muss sie sich um den Besuch aus Deutschland kümmern, muss Hubschrauber organisieren, die woanders nun dringender gebraucht würden. Doch Fischer befürchtete, dass die Medien fragen könnten: »Warum ist der Außenminister nicht vor Ort?« Keinen Patzer zu Beginn unserer Amtszeit!

»Vor Ort sein«, »sich ein eigenes Bild der Lage machen« gilt als bildmächtiger Beweis für Engagement. Der Politiker mitten im Leben. Die Leute sind's zufrieden. So ganz falsch ist es auch nicht, die Auswirkungen eines Erdbebens, eines Hurrikans, einer Flut einmal aus der Nähe zu sehen. Auch sollte die jeweilige politische Spitze den Opfern Beistand demonstrieren und die Helfer motivieren. Aber zu oft ist der Besuch ausländischer Delegationen am Ort des Schreckens nichts als eine politisch veredelte Form von Gafferei. Innenpolitisch motiviert, um der eigenen Öffentlichkeit zu zeigen, dass man sich kümmert. Genau das tut man aber gerade nicht; denn auf dem Katastrophentrip in abgelegene Weltgegenden verplempert man enorm viel Zeit und Geld. Angesichts der gestiegenen Frequenz von Klimakatastrophen nähme zudem die Jetterei gar kein Ende mehr, wollte man immer »vor Ort« sein. Und wenn alle Länder immer sofort eine Delegation entsendeten – sie würden die Flugplätze verstopfen, die eigentlich für die Hilfstransporte benötigt werden. Vom Büro oder dem Lagezentrum im Außenministerium aus könnte man, bestens durch die Botschaft und die Hilfswerke »vor Ort« informiert, das Nötige effektiver in die Wege leiten. Etwa dem betroffenen Land Gelder zusagen und die Aktionen der humanitären Hilfe koordinieren. Und nebenbei den Rest der Arbeit erledigen. Denn die Welt ist groß, und die anderen Probleme hören nicht auf, weil ein weiteres dazugekommen ist.

Aber solange die Gesetze der medialen Eindruckskonkurrenz gelten, muss man wohl dem grotesken Drehbuch folgen. Heidemarie Wieczorek-Zeul, die Entwicklungsministerin, wollte unbedingt ins Katastrophengebiet, und Fischer befürchtete, dass die öffentliche Anerkennung dem falschen Ministerium zufallen würde. Daran nun wollte ich keineswegs schuld sein, packte ein paar Outdoor-Klamotten zusammen und flog mit nach Tegucigalpa, der Hauptstadt von Honduras. Es ist im richtigen Leben wie im Fernsehen: Kaum auf der Buschpiste gelandet, suchte die Ministerin schnurstracks die erste Kamera und lief dann zielstrebig den Parcours der Bildberichterstatter ab. Ein hochprofessioneller Auftritt. Kein Kinderkopf in der Schusslinie der Kameras kam ungestreichelt davon. Glück für die Wohltäterin, dass wir in Lateinamerika waren; in anderen Weltgegenden gilt es als schlimme Beleidigung, jemanden auf den Kopf zu fassen. Meine politische Aufgabe bestand darin, mich für das Auswärtige Amt auch ins Bild zu drängeln. Schwierig, denn protokollarisch ist die Ministerin die Hauptperson, der Staatsminister eine viertel Nummer kleiner. Am Rande der Landepiste wurden Hilfsgüter in einen Lkw gewuchtet. Die Hilfskräfte mussten ganz schön schuften. Die Ministerin hin, ich hinterher. Die verdutzten Arbeiter wurden weggedrängt, die Ministerin legte höchstselbst Hand an. Ich auch. Bewegende Bilder für die Daheimgebliebenen. Ein Reporter war mit seinem Equipment hinterhergestolpert: »Bitte das Ganze noch mal!« Dann hatte uns auch wirklich jede Agentur im Kasten. Wir hatten den Betrieb höchstens zehn Minuten aufgehalten. Der Preis für den Ruhm war nicht zu hoch.

Etwas teurer wurde der Bundeswehreinsatz in Mosambik im März 2000. Das Land wurde von einer großflächigen Überschwemmung heimgesucht. Menschen und Vieh ertranken, Landminen wurden weggeschwemmt und wieder abgelagert, Überlebende flüchteten sich auf Bäume und Dächer. Es war schlimm. Aber auch grotesk. Wer durch die tüchtige, gut ausgerüstete südafrikanische Armee nicht umgehend geborgen werden konnte, wurde wenigstens von Hubschraubern aus gefilmt und so in die Wohnzimmer der Welt übertragen. Super Bilder. »Was tut die Regierung?«, fragten aufgeschreckt alle Zeitungen in Deutschland. Im Auswärtigen Amt waren längst die üblichen Hilfsprogramme angelaufen, ein eingespielter Mechanismus, routiniert, effektiv, unsichtbar. Doch die Medien wurden drängender, fordernd, anklagend. Was könnten wir mehr tun, schnell, sofort? Eine große Illustrierte wusste es: Hubschrauber! Davon gibt es nicht genug da unten. Die Bundeswehr muss Hubschrauber schicken! Wie damals in Hamburg. Als Helmut Schmidt die Helikopter der Nato kaperte, um die Leute aus den Elbfluten zu bergen. Wir hatten bewiesen, dass wir das können. Eine deutsche Legende. Die Stimmung im Lande stieg. Wir können helfen! Wir pflücken die Leute aus den Bäumen. Warum ist Berlin so stur? Warum tun die da oben nichts?!

Berlin ließ sich von der Stimmungsmache weichkochen, tat was. Akt eins: die Afrikabeauftragte des Auswärtigen Amtes wurde flugs ins Zielgebiet kommandiert, stellte sich vor malerischer Kulisse den Kameras – die Botschafterin im Buschhemd, attraktiv, verwegen dreinblickend, wie einst Meryl Streep, als sie Robert Redford erspähte. Die Medien hatten ihre Bilder »jenseits von Afrika«. Die Aktion nützte zwar nichts, war aber letztlich harmlos.

Akt zwei wurde zur Groteske. Verteidigungsminister Rudolf Scharping gab wider besseres Wissen Order, die herbeigeklatschte Heli-Staffel ins südliche Afrika zu senden. Mehrere Besatzungen zum Wechseln, Logistik- und Wartungspersonal, jede Menge Ausrüstung mussten mit. Nach zwei Tagen waren die Maschinen bereit für den sündhaft teuren Überflug mit einem ukrainischen Supertransporter. Nach drei Tagen kam alles unten an. Es gab nicht mehr viel zu retten. Die Südafrikaner hatten alles weitgehend im Griff. Der Rücktransport der Helis sollte billiger werden. Auseinandergeschraubt, wurden sie mit hauseigenen Transall-Maschinen in tagelanger Arbeit heimgeschafft. Viel Geld verpulvert für einen symbolischen Akt. Wer sollte den Spaß bezahlen? Dieselbe Presse, die diese Eulenspiegelei auflagesteigernd hysterisch angezettelt hatte, geißelte nun die Regierung wegen mangelnder Effektivität. Um gleichzeitig zu behaupten, erst ihre Sensationsgeschichten und die Fernsehbilder, der »CNN-Effekt«, hätten Berlin aufgeweckt. Derselbe Betrag, südafrikanischen Profis und

NGOs unspektakulär gespendet, wie es das Auswärtige Amt von Beginn an angeboten hatte, hätte wirklich geholfen. Ein halbes Jahr zuvor hatte ich Deutschland bei der UNO-Landminenkonferenz vertreten – just in Mosambik. Die gefährlichen Bürgerkriegsrelikte waren dort nun von der Flut überallhin verteilt worden, hatten grauenhafte Opfer gefordert. Bei der Minenräumung hätte man dieses Geld wirklich gut gebrauchen können, mit dem die Hardthöhe die Sanierung deutscher Illustrierter bezahlte. Und kaum war die Flut vorbei, war Mosambik, eines der ärmsten Länder der Welt, wieder vergessen.

Ich mochte diese Art von symbolischer Politik nicht. Doch mir wurde bedeutet, so sei das nun einmal in der Mediengesellschaft. Die Bilder würden eine Botschaft nach Deutschland übertragen. Die Botschaft, welches Ministerium sich um die Opfer von Katastrophen kümmert, welcher Minister – und damit: welche Partei – das größte Herz hat. Humanitäre Show zu innenpolitischen Zwecken. Bereits Anfang der 1980er Jahre hatte ich mich in einem Entwurf zu einer Doktorarbeit auf die Analysen des amerikanischen Soziologen Murray Edelman gestützt, der »Politik als Zuschauersport« beschrieb. Neben der Realität gab es demnach eine »zweite Realität« in den Medien. Sie hatte oft nur lockere Berührungen mit der ersten; aber sie war wirkungsmächtig, weil sie die Köpfe der Menschen erreichte. Und wir Soziologen wissen auch, dass das Handeln der Menschen nicht von der Realität geprägt wird, sondern von ihrer Interpretation der Realität. Politik und Medien liefern sich einen dauernden Kampf um die Deutungshoheit. Nicht immer dient das dem Fortschritt.

Das zweite Problem betraf die staatlichen Institutionen und ihre Kompetenzen und Ressourcen. Hier lagen mehrere Strukturprobleme. Das Verteidigungsministerium konnte Action liefern, das Entwicklungsministerium hatte das Geld, das Auswärtige Amt hatte die politische Verantwortung. Die Botschaften »vor Ort« verfügen über einen Mini-Etat für erste Hilfe. Für die umfangreiche »Soforthilfe« ist das Auswärtige Amt zuständig. Der Arbeitsstab Humanitäre Hilfe koordiniert dort dann den Einsatz der großen Hilfswerke, versorgt sie mit ersten Finanzmitteln, bis die Spenden fließen. Erst beim längerfristigen Wiederaufbau kommt die Entwicklungszusammenarbeit ins Spiel. Dabei geht es um ein Vielfaches der Gelder des Auswärtigen Amtes, enorme Summen, die das Entwicklungsministerium mediengerecht zusagen kann. Ob sie wirklich abfließen, ist eine andere Frage. Oft bleiben sie in der Pipeline stecken. Denn die Hilfe ist marktförmig organisiert, und die Hilfsgelder werden nicht immer abgerufen. Dann das Gerangel der zahllosen Nichtregierungsorganisationen um Projektgelder. Lange haben die privaten Initiativen dafür gekämpft, neben der staatlichen Entwicklungshilfe anerkannt zu werden. Zu Recht. Oft hatten sie den besseren Zugang zu betroffenen Menschen, waren näher am Problem, schneller, flexibler; vor allem auch unabhängiger, als Dritte-Welt-Politik noch vom Kalten Krieg überformt war. Ihr Erfolg aber brachte ein neues Dilemma. Was, wenn es nicht genügend Katastrophen, Seuchen, Hungersnöte gab, um mit den zugeteilten Spenden- und Hilfsgeldern auch den eigenen Apparat zu bezahlen, den man mühsam aufgebaut hatte, und die Arbeitsplätze der eigenen Experten zu sichern? Eine zynische Frage. Entwicklungs- und Katastrophenhilfe sind längst zum umkämpften Markt von Projektanbietern geworden. »Hilfe zur Selbsthilfe« lautet eigentlich ihr Auftrag. Gemeint ist die Selbsthilfe der Entwicklungsländer. Praktisch aber wird daraus zu oft die Eigenhilfe der Organisation zum Selbsterhalt, ein Geschäftszweig, der wie jeder andere seine Marketingstrategien besitzt. Und was ist schlimmer für ein Katastrophenhilfswerk, als wenn die Katastrophen ausbleiben?

In Honduras – wenn schon einmal »vor Ort« – nutzte ich die Gelegenheit, um den Ablauf der Katastrophenhilfe zu inspizieren. Technisches Hilfswerk und Rotes Kreuz waren schon da, bauten Trinkwasseraufbereitungsanlagen auf, das wichtigste Element der Soforthilfe. Nach eigenen Beobachtungen und Gesprächen mit den Experten war ich mir sicher, dass diese Arbeit nahezu perfekt war. Politik kann hier nicht viel verbessern, sollte sich mit »klugen Ratschlägen« eher zurückhalten und vor allen Dingen nicht im Wege stehen. Ich hatte mir im Auswärtigen Amt vorgenommen, alle Abteilungen und Funktionsbereiche auf Reform- und Verbesserungsbedarf hin zu durchkämmen. In diesem Bereich hier war nur eins zu tun, nämlich dafür zu sorgen, dass im Bundeshaushalt genügend Geld eingestellt war und niemand Sand ins Getriebe streute.

Krisenprävention, das Leitthema der rot-grünen Außenpolitik, bezieht sich nicht nur auf die Frage von gewaltsam eskalierenden Konflikten. Es geht nicht nur um die Vermeidung von Krieg und Bürgerkrieg. Es geht auch um »menschliche Sicherheit« im weitesten Sinne. Krisen entstehen immer öfter und immer dramatischer durch Naturkatastrophen. Die unmittelbaren Schäden sind vordergründig das Hauptproblem. Aber oft bringen Katastrophen eine ganze Gesellschaft durcheinander, führen sie weit vom eingeschlagenen Entwicklungsweg ab. Infrastruktur wird zerstört, öffentliche und private Haushalte werden über Gebühr belastet, Politik und Verwaltung müssen sich dem Krisenmanagement zuwenden und ihre sonstige Arbeit liegen lassen, die volkswirtschaftlichen Schäden sind enorm. Die Verteilung von Hilfsgütern lindert nicht nur Schmerz, sondern provoziert oft heftige Verteilungskämpfe und heizt die Korruption an. Als 2004 der Tsunami über Pazifikküsten gerollt war, wurden die betroffenen Regionen mit reichlich Spendengeld versorgt. So auch Sri Lanka, in dem jahrzehntelang ein heftiger Bürgerkrieg zwischen zwei Volksgruppen tobte. Fast war er beigelegt, zumindest entschärft. Nun brach er wieder auf wegen der Verteilung der Katastrophenhilfe.

Zahl und Intensität von Katastrophen werden absehbar steigen. Seit Jahren ist dies nicht nur der Eindruck von Fernsehzuschauern. Die Medien sind darauf ausgerichtet, Katastrophen, die früher unter »ferner liefen« erwähnt wurden, nun breit abzuhandeln. Falls kein innenpolitisches Thema zu skandalisieren ist. Katastrophen bieten immer Action, immer bewegte Bilder, immer Grusel – perfekte Abendunterhaltung. In der Tat mobilisieren die Berichte die Spendenbereitschaft der Zuschauer. Doch gehen die Reportagen höchst selektiv vor. Das Internationale Komitee des Roten Kreuzes hat errechnet, dass Opfer von Katastrophen, über die ausführlich berichtet wurde, bis zu tausendmal mehr Hilfsgelder bekommen als die medial wenig beachteter Desaster, die real genau so verheerend sind. Das IKRK fordert daher einen einheitlichen, zentralen Hilfsfond, in den alle Spendengelder eingespeist werden und aus dem gerecht verteilt wird. Bislang jedoch gilt: Die attraktivste Katastrophe zieht das meiste Geld.

Die Statistiken zur Katastrophenentwicklung sind eindeutig. Die großen Rückversicherungen stellen sich darauf ein. Am Auftreten geologischer Ereignisse wie Erdbeben, Tsunamis und Vulkanausbrüchen trägt der Mensch keine Schuld. Sie sind Schicksal. An den immer schlimmeren Folgen, den immer größeren Zerstörungen, hat er zumindest eine Mitschuld. Die Schäden sind gravierender als früher, weil mehr Werte geschaffen wurden, die vernichtet werden können. Immer mehr Menschen, meist die ärmeren, siedeln in gefährdeten Gebieten. Ihre Slums stehen oft an instabilen Hängen, in Überflutungsgebieten, werden leicht weggespült, sind zu billig produziert und einsturzgefährdet. Mehr und mehr Katastrophen sind *made by man*, ausgelöst durch die veränderten Klimabedingungen. Der Klimawandel, den Ökologen vor über 20 Jahren prophezeiten, ist in vollem Gange.

Nachsorgende Katastrophenhilfe kann nicht die einzige Lösung sein, so notwendig es auch ist, sie zu perfektionieren. Es muss auch hier über Prävention nachgedacht werden. Als ich zwei Jahre nach Hurrikan Mitch erneut Zentralamerika besuchte, um mir »vor Ort ein eigenes Bild zu machen« von der Zerstörungskraft eines Erdbebens, unternahm ich dort einen Anlauf. Hier an der amerikanischen Landenge, einer der am stärksten von Naturkatastrophen bedrohten Regionen der Erde, wurstelte jeder der kleinen Staaten für sich alleine. Hilfe konnten sie in der Regel vom größeren Mexiko erwarten, von den USA, auch den Europäern. Aber untereinander standen die betroffenen Länder, die sich alle so ähnlich sind, kaum in Kontakt.

In den 1980er Jahren, in der Zeit der Militärdiktaturen und Befreiungsbewegungen, der Kriege und Bürgerkriege, hatte ich oft in der Region zu tun gehabt, um Friedenspläne, Demokratie und soziale Gerechtigkeit zu unterstützen. Nun, im Januar 2001, versuchte ich dort eine Diskussion über gemeinsame, länderübergreifende, regional integrierte Krisenprävention und über Krisenmanagement anzuzetteln. Die Wiederaufbauexperten der Gesellschaft für Technische Zusammenarbeit GTZ sahen das ähnlich. In Costa Rica hatten Politiker und Intellektuelle einen interessanten Plan für eine gemeinsame Entwicklung der gesamten Region ausgearbeitet. Ich fand ihn plausibel und der Unterstützung wert. Aber die Erfahrungen waren ernüchternd. Der Plan wurde nicht weiter beachtet, weil er von den »Ticos« stammte, die in der Region als westlich orientierte Musterschüler und Saubermänner beargwöhnt werden und den von Bürgerkriegen geschundenen Nachbarn immer unerbetene Ratschläge erteilt hatten. Selbst Naturkatastrophen vermochten diese Länder nicht dazu zu bewegen, ein regionales Bewusstsein zu entwickeln. Die Forderung nach regionaler Integration war eines der wichtigsten Ziele der deutschen Außenpolitik. Die Katastrophen boten einen Anlass, um diese geografische Region auch zu einer politischen werden zu lassen. Aber zu stark blieb in diesen Ländern die Fixierung auf die USA. Statt zu kooperieren, wetteiferte man um die Gunst des mächtigen Nachbarn.

Statt eine selbstbewusste Region zu werden, pflegte man einen Flickenteppich von Vorgärten der amerikanischen Ökonomie. Mein erster Katastropheneinsatz richtete den Blick auch auf die Vorkehrungen im Auswärtigen Amt in Bonn. Ein gründlicher Check war angesagt. Der Arbeitsstab Humanitäre Hilfe arbeitete zusammen mit den Botschaften schnell, unbürokratisch und gut eingespielt mit den Hilfsorganisationen. Doch hier ging es im Prinzip nur um die Zuweisung von Hilfsgeldern. Das war angesichts zunehmender Gefahren zu wenig. Wo war das zentrale Katastrophenzentrum? Wo ein fest installierter Krisenstab? Fehlanzeige. Es gab sie nicht oder nur auf dem Papier. Die Vorgänger im Amt hatten es nicht für nötig gehalten, solche Einrichtungen zu schaffen. Wenn es irgendwo brannte, wurden ad hoc einige Leute zusammengetrommelt, oft genug recht mühsam und zeitraubend, weil auf freiwilliger Basis, und als Krisenstab installiert. Zudem wurden diese Einsätze oft argwöhnisch beäugt von anderen Ministerien, die auch die Federführung wollten.

So schlug ich Mitte 1999 Außenminister Fischer vor, ein ständiges Krisenreaktionszentrum einzurichten, ausgestattet mit der besten Kommunikationstechnik, rund um die Uhr besetzt, um jederzeit sofort handlungsfähig zu sein. Beim Umzug von Bonn nach Berlin wurde der Plan realisiert, unten im Keller, in den Tresorräumen der alten Reichsbank, in denen auch die DDR ihr Gold gehortet hatte, abgeschottet, überflutungssicher, falls jemand Berlin unter Wasser setzten sollte. Auch meinem Vorschlag, einen ständigen Krisenstab einzurichten, den dessen Leiter, ohne lange auf Weisung von oben warten zu müssen, aktivieren konnte, stimmte der Minister zu. Es wurde ein Mechanismus festgelegt, wer wann wo schnellstens zusammenzukommen habe, sobald eine Katastrophenmeldung eintraf. Auch andere Ressorts waren unter Federführung des Auswärtigen Amtes beteiligt. So konnte effektiv koordiniert und wertvolle Zeit gewonnen werden.

Seine Nützlichkeit bewies der ständige Krisenstab bereits kurz nach seiner Einsetzung in einem Entführungsfall. Eine internationale Gruppe von Tauchtouristen, darunter eine Familie aus Göttingen, war im April 2000 am Strand von Malaysia gekidnappt und mit Booten auf die indonesische Insel Jolo verschleppt worden. Bis September dauerte es, bis die Bundesregierung die Leute frei hatte. Wie immer bei Entführungen musste erst ermittelt werden, wer denn die Entführer waren: Verbrecher? Terroristen? Religiöse Fanatiker? Politische Guerillas? Es gab Trittbrettfahrer, die sich der Tat rühmten und absahnen wollten. Dann mussten wir wissen, was die Entführer bezweckten: Wollten sie Geld? Jemanden freipressen? Öffentlichkeit, um eine Botschaft los zu werden? Die Gefangenen rituell umbringen? Wie handelten sie: rational geschäftsmäßig, fanatisch und irrational oder unberechenbar unter Drogeneinfluss? Hatten sie Rückhalt in der lokalen Bevölkerung? Wurden sie von dort versorgt? Gab es politische Hinterleute, waren gar Regierungskreise im Spiel? Wir brauchten Wochen und zahlreiche eigene und fremde Beobachter, ebenso Informanten rund um das Geschehen, um hier Klarheit zu haben. Unsere Maxime: Auf keinen Fall die Geiseln gefährden!

Und schon tobte die Diskussion in den Medien, wie man die Leute freibekommen könnte. Unbedingt Lösegeld zahlen! Auf keinen Fall Lösegeld zahlen! Gegenkidnapping und austauschen! Die Entwicklungshilfe einfrieren! Tourismusboykott! Die Bundeswehr schicken und die Gruppe raushauen! Es war abenteuerlich. Meine Aufgabe bestand nicht nur darin, eine erfolgreiche Lösungsstrategie mitzuentwickeln, sondern in fast täglichen Interviews die Lage zu erklären, die Öffentlichkeit zu informieren, falsche Hoffnungen zu dämpfen und dafür zu sorgen, dass sich nicht all die lebensgefährlichen Vorschläge, die propagiert wurden, in den Köpfen festsetzten. Und dabei nichts Wichtiges zu verraten. Denn der Gegner hörte mit.

Das Schlimmste: Die Kidnapper führten ihre menschliche Beute offen im Fernsehen vor. Einerseits schienen die Opfer dadurch ein bisschen weniger gefährdet. Andererseits kam es zu entwürdigenden Szenen. Alle Welt konnte teilhaben, wie sich Menschen monatelang, in ständiger Angst um ihr Leben, bewacht von ihren Peinigern, unter erbärmlichen Verhältnissen verhielten. Das Publikum verteilte Haltungsnoten. Abartigster Voyeurismus. Dann durften sogar Reporter eines deutschen Nachrichtenmagazins exklusiv auf eigene Rechnung ins Dschungelcamp. Sie würden dadurch die Entführten schützen, behaupteten sie. Wer weiß. Als sie das Lager verließen, hatten die Entführer jedenfalls viel Geld für neue Waffen und Sonnenbrillen. Das machte unseren Job im Auswärtigen Amt nicht gerade leichter. Die Entführer lebten gut von der mediengerechten Reality-Show.

Wenn schon Medien unter dem Vorwand der Aufklärung ihre eigene Politik betrieben, bis hin zur faktischen Kollaboration, war es uns dann wenigstens möglich, die Entführer von ihrem sozialen Umfeld zu trennen, einen Keil zwischen sie und die Dorfbevölkerung zu treiben, sie zu isolieren? Wir nahmen Kontakt zu Entwicklungsexperten, auch von Nichtregierungsorganisationen, auf, die sich dort auskannten. Entscheidend aber war für uns, eine klare Verhandlungslinie aufzubauen. Wer sollte autorisiert sein, mit wem zu sprechen? Es durften nicht mehrere Pfade miteinander konkurrieren. Und schon bot der notorische Geheimagent und Akteur in der Entführungsindustrie, den wir in Kolumbien gerade aus dem Geschäft gedrängt hatten, seine Dienste an, unterstützt von manch einem Zeitungsartikel, der uns diese Figur aufdrücken wollte. Wir fanden andere Mittler. Der Staat Libyen bemühte sich gerade, von der internationalen Staatengemeinschaft wieder akzeptiert zu werden. Er hatte einiges wiedergutzumachen, nachdem widerliche Terroranschläge auf das Konto seines Geheimdiensts gegangen waren: der Absturz der PanAm-Maschine über Lockerbie, der Crash eines UTA-Flugzeugs in Afrika, der Anschlag auf die Berliner Diskothek La Belle. Auch Amerikaner, Briten, Franzosen verhandelten, wie das Land wieder integriert werden könne. Die guten Dienste, die es nun im Entführungsfall anbot, standen in diesem Zusammenhang. Der politische Preis: Ein deutsches Regierungsmitglied musste den Sohn der befreiten Familie demonstrativ in Tripolis abholen. September 2000: Ich verließ kurzerhand die Berliner Regierungsbank, flog hin, versprach den Libyern, für ein langes Gespräch wiederzukommen, und brachte den jungen Mann nach Hause.

Die Strategie des Auswärtigen Amtes war letztlich erfolgreich. Die Entführer wurden identifiziert als die islamistische Gruppe Abu Sayyaf. Sie wollte bekannt werden, Macht demonstrieren und sehen, was sich sonst noch herausschlagen ließ. Wir ließen ihr eine deutliche Botschaft zukommen: Wir betrachteten sie nicht als Sozialrevolutionäre, in einem gerechten Kampf gegen die regionale Regierung, sondern als Kriminelle. Kooperation, die mit mehr Entwicklungshilfe für die Dorfbevölkerung verbunden sein könnte, würde die Region weiter bringen als Piraterie. Und was immer sie durch die Entführung zu gewinnen meinten, sie würden ihres Erfolgs nicht froh werden. Hier war Abschreckung angesagt. Das waren keine leeren Worte. Wenige Jahre nach der Tat lebte keiner der Entführer mehr. Die indonesische Armee hatte Ernst gemacht.

Ob wir Lösegeld gezahlt hätten, wurde gefragt. »Wir zahlen kein Lösegeld, und wenn wir es täten, würden wir es nicht sagen«, antwortete ich im Radio. Der Staat befindet sich im unlösbaren Dilemma: Zahlt er, dann animiert er zu weiteren Entführungen; zahlt er nicht, riskiert er das Leben seiner Bürger. Meine weiteren Antworten auf diese Frage fielen weniger diplomatisch aus. Denn viele Medien wollten die Regierung auf eine der beiden Alternativen festlegen, um ihr dann die Konsequenzen vorhalten zu können. Diesen Journalisten warf ich vor, dass sie zur Steigerung ihrer Auflage das Leben von Bürgern oder die Staatsräson opferten. Und riet dringend, diese Frage in Zukunft einfach nicht mehr zu stellen. »Einfach mal Schnauze halten.« Manche begriffen.

Andere nicht. Als ich in Libyen die deutsche Geisel abholte, wurden auch französische und finnische Geiseln übergeben. Diese hatten wir von Beginn an in unsere Strategie mit aufgenommen. Während Frankreich meinen Einsatz ausdrücklich anerkannte, warfen mir deutsche Gazetten später, als es darum ging, Rot-Grün aus der Regierung zu drängen, die Libyen-Politik vor: »taz« und »Stern« erlaubten sich den Kalauer, meine Libyen-Reisen verletzten die grüne Menschenrechtspolitik. Das schrieben sie sogar zu einem Zeitpunkt, als ich dort, wegen meiner offenen Gesprächsführung oder meiner Weigerung, den libyschen Botschafter in Berlin zu schmieren, kein Einreisevisum mehr bekam.

Der Fall der »Jolo-Geiseln« zeigte dramatisch, dass »menschliche Sicherheit« in Zeiten der Globalisierung eine ernst zu nehmende außenpolitische Aufgabe wurde. Es ging nicht nur um große Naturkatastrophen, es ging auch um Unfälle im Ausland, um Geiselnahmen, um die Risiken von Touristen, oft Einzelschicksale. Im Prinzip ist auf Reisen jeder für sich selbst verantwortlich; Gefährdungen sind Teil des allgemeinen Lebensrisikos. Doch im Sinne von Sozialstaatlichkeit muss der Staat Vorkehrungen treffen, Hilfen anbieten.

Menschen wollen z. B. schnell wissen, ob von Unfällen oder Katastrophen eigene Angehörige betroffen sind. An wen sollen sie sich wenden? Wer hat verlässliche Informationen? So ließ ich eine ständige Hotline einrichten, eine feste Telefonnummer, über die Betroffene schnellstens direkt mit dem Auswärtigen Amt Kontakt aufnehmen können. Zudem wurden die Informationen des Auswärtigen Amtes über Gefahren im Reiseland systematisch ausgebaut und veröffentlicht. Es gibt nun »Reisehinweise«, die mahnen, in bestimmten Weltgegenden erhöhte Vorsicht walten zu lassen. Die Steigerungsform ist die »Reisewarnung«. Sie rät von Touren in die entsprechenden Gebiete dringend ab. Dieses Instrument war präzise und vorsichtig anzuwenden. Denn wenn sich ein Tourist auf eine »Warnung« berufen kann, ist nach der Rechtsprechung ein Reiseveranstalter verpflichtet, die Reise umzubuchen oder den Reisepreis zu erstatten. Wichtiger noch: Wenn Reisewarnungen zu Unrecht ausgesprochen werden, belasten sie die Volkswirtschaften der betroffenen Länder, die auf Reisende, insbesondere den Tourismus, oft dringend angewiesen sind. Die Fürsorgepflicht gegenüber den eigenen Bürgern und die Verpflichtung, das friedliche Zusammenleben der Völker zu fördern, müssen immer wieder neu ausbalanciert werden.

Auf der »Internationalen Tourismusmesse Berlin 2001« stellte ich diese Neuerungen der Öffentlichkeit und der Reisebranche vor. In fast jedem Reisekatalog finden sich seitdem der Hinweis auf die Hotline und die Reisehinweise des Auswärtigen Amtes. Zudem lud ich die wichtigsten Unternehmen und Verbände der Tourismusbranche ein, ihre eigenen Krisenstäbe mit dem neu eingerichteten Krisenstab des Auswärtigen Amtes zu vernetzen. Bis dahin hatten alle nebeneinanderher gewurstelt. Trauriger Anlass für diese Neuerung war der Absturz einer Concorde im Juli 2000 in Paris. Viele Angehörige deutscher Passagiere riefen damals im Auswärtigen Amt an. Als besonders heikel erwiesen sich Datenschutzfragen. Konnten Reiseunternehmen die Namen von Kunden einfach an das Auswärtige Amt weitergeben? Andererseits: Wenn etwas passiert war, wandten sich die Menschen zuerst an den Krisenstab. Und wenn der Staat einmal evakuieren müsste, etwa mithilfe der Bundesmarine, woher sollte er wissen, wo sich wer als Tourist aufhält? Am runden Tisch wurden schnelle und unbürokratische gegenseitige Information und Hilfe zugesagt.

Wenn bei den Katastrophen und Unfällen in den folgenden Jahren, bei allem Elend, bei aller Verzweiflung, bei aller Trauer dennoch gesagt werden konnte, dass die deutsche Hilfe funktionierte, so ist dies gewiss auch auf diese Neuerungen im Auswärtigen Amt zurückzuführen. Die Tsunami-Katastrophe Weihnachten 2004 hat dies deutlich gezeigt. Die Hotline bot vielen Verzweifelten die einzige Möglichkeit, verlässliche Nachrichten von vermissten Angehörigen zu erhalten. Dasselbe galt für die Terroranschläge in den USA, in Madrid, London, Istanbul, Bali, Tunesien ... Hier liefen die Drähte zusammen. Von hier wurde die erste Hilfe koordiniert. Auch einige Geiselnahmen, die anfangs hoffnungslos schienen, konnten zu einem guten Ende gebracht werden.

Für Krisen in Deutschland selber ist das Auswärtige Amt normalerweise nicht zuständig. Aber da gab es einen amerikanischen Militärsender, in Holzkirchen, Gemeinde Valley, in Oberbayern. Im Kalten Krieg hatte er unter hohem Energieeinsatz in den Ostblock hinein gesendet. Jetzt strahlte er Richtung Balkan. Das alles mochte einmal sinnvoll gewesen sein, doch die Bevölkerung im Strahlungsbereich des Senders litt erheblich, z. B. unter Neurodermitis, Schlaflosigkeit, Übernervosität, und manche sagten, dass auch die Häufigkeit von Krebs, vor allem Leukämie, durch den Sendebetrieb erklärt werden könne. Eine Bürgerinitiative versuchte seit Jahren, bei der Bundesregierung vorzusprechen. Vergeblich. Routiniert wurde sie abgewimmelt. Ich hatte von den Problemen bereits durch grüne Freunde aus der Region gehört. Als die Bürgerinitiative bei mir einen Termin anfragte, sagte ich sofort zu. Da saßen sie mir nun im Auswärtigen Amt gegenüber, brave Menschen aus Bayern, eher konservativ, keine Querulanten, keine Eiferer, und klagten ihr Leid. Ich fand sie glaubwürdig.

Die Ministerien hatten sich bisher die Verantwortung gegenseitig zugeschoben. Für die Liegenschaft des Senders war das Finanzministerium zuständig, für den Betrieb das Postministerium, für die Leiden der Anwohner das Gesundheitsministerium, dem Auswärtigen Amt oblag die Überwachung des Stationierungsvertrags zwischen den USA und der Bundesrepublik Deutschland. In der Vergangenheit hatte das Auswärtige Amt gemauert. Auch der zuständige Fachbeamte, der an dem Gespräch teilnahm, wehrte gewohnheitsmäßig ab: Aufgrund eines generellen Abkommens zwischen den beiden Ländern nach dem Zweiten Weltkrieg über die Stationierung amerikanischer Einrichtungen stünde diese Frage grundsätzlich nicht zur Debatte. Das war die Lesart der Vorgängerregierung, auf die der Beamte offensichtlich geeicht war. Mancher schlug wissenschaftliche Untersuchungen über den Kausalzusammenhang zwischen Sendefrequenz, Abstrahlungsstärke und Krankheitsempfinden der Bevölkerung vor. Das hätte absehbar Jahre gedauert und zu nichts geführt außer zu teurem Gutachterstreit! Also sicherte ich der Bürgerinitiative Unterstützung zu: »Es ist mein Ziel, diesen Sender so schnell wie möglich völlig abzuschalten.«

Damit waren die Weichen gestellt, der Politikwechsel eingeleitet. Die Grundsatzentscheidung war klar, gesucht wurde ein gangbarer Weg. Die Beamten bat ich zu überprüfen, wie wir aus dem zitierten Vertrag mit den USA herauskämen. Und siehe da, das internationale Recht wies durchaus Wege auf, den Vertrag mit den USA aufzulösen. Auch die Anwälte der Betroffenen hatten in den USA entsprechende Klagen eingereicht.

Außenminister Fischer zeigte zunächst kein großes Interesse an der Sache, obwohl ich ihn mehrfach darauf ansprach. Immer wieder hakte die Bürgerinitiative nach. Aber zu dieser Zeit spitzte sich der Konflikt mit den USA wegen der Irak-Frage zu, und der Außenminister legte keinen Wert darauf, sich weitere Scherereien einzuhandeln. Brummelte dann aber: »Außer der Bundestag zwingt mich dazu.« Ob es nur dahergesagt war oder ein Hinweis – nun hieß es, mit dem Parlament über Bande spielen. Die Bürgerinitiative hatte auch den Petitionsausschuss angeschrieben. Seine Empfehlungen, die vom Parlament in der Regel angenommen werden, haben großes Gewicht gegenüber der Regierung. So nahm nun die rot-grüne Ausschussmehrheit, unterstützt von der PDS-Vorsitzenden, mit verhaltener Zustimmung der oberbayerischen CSU-Leute, mit den befassten Ministerien Verbindung auf. Mein Vorschlag: Der Ausschuss könne eine Anhörung zum Sender Holzkirchen anberaumen und mich neben den technischen Experten aus dem Forschungsministerium als Sachverständigen des Auswärtigen Amtes für die internationalen Rechts- und Vertragsfragen einladen. So geschah es. Meine Einlassung, der Vertrag mit den USA sei prinzipiell kündbar, gab den Ausschlag. Einstimmig forderte der Petitionsausschuss, unterstützt vom gesamten Bundestag, die Bundesregierung auf, mit den Amerikanern über die Demontage des Senders zu verhandeln.

Dieses Manöver verfehlte seine Wirkung nicht. Auf einen Vermerk des Auswärtigen Amtes über die Sitzung des Petitionsausschusses kritzelte der Außenminister: »Im Sinne des Petitionsausschusses weiterverfolgen.« Als die Bürgerinitiative wenige Wochen später wieder in meinem Büro saß, konnte ich Erfreuliches berichten: »Es gibt eine Ministerweisung.« Das Auswärtige Amt würde nun daran arbeiten, den Sender stillzulegen.

Es folgten schwierige Gespräche. Doch im Prinzip konnten die Amerikaner das Problem nachvollziehen. Die Nachkriegsverträge konnten nach der wiedererlangten Souveränität Deutschlands, nach dem 2-plus-4-Vertrag, nicht mehr umstandslos eingefordert werden. Der Sendebetrieb Richtung Balkan war nicht auf Holzkirchen angewiesen. Zum Jahresende 2002 wurde die erste Frequenz abgeschaltet. Gut ein Jahr später stellte der Sender den Betrieb völlig ein. Nach wenigen Monaten wurde er abmontiert. Freudenfeste in Valley. Die Siegesfeier wurde extra wiederholt, damit ich daran teilnehmen konnte. Heute hängt neben meinem Schreibtisch ein kupferner Lorbeerkranz, geschmiedet aus den Überresten des Senders. Der Standort war wieder zur Wiese geworden. Wer heute über die Autobahn von München nach Salzburg fährt, sieht – nichts. Keine Masten mehr. Dort, wo sie standen, weiden wieder Kühe, inmitten glücklicher bayerischer Dörfer.

12.
Schwerter zu Pflugscharen
(Krisenprävention und eine neue Sicherheitspolitik)

»Wir fordern den Rücktritt von Staatsminister Volmer.« Erst wenige Wochen im Amt, hatte ich Anfang Dezember 1998 schon die erste heftige Attacke der konservativen Opposition abzuwehren. Was war geschehen? In einem Hintergrundgespräch mit Journalisten hatte ich gefordert, das »stehende Heer« abzuschaffen. Gemeint waren die deutschen Panzerarmeen und die Flotte in der Ostsee. Denn der vorgestellte Gegner, der Warschauer Pakt, existierte nicht mehr. Deutschland war wiedervereinigt und von Freunden umzingelt. Ein Landkrieg mit Panzern in Zentraleuropa war nicht mehr denkbar, das »Fulda Gap«, einst Aufmarschgebiet für beide Seiten, entwickelte sich zur Sommerfrische für Ost- und Westdeutsche; die Ostsee, in die so viel Blut und Tränen geflossen waren, wurde zum friedlichen europäischen Binnenmeer, Kampfzonen wurden zu Badestränden.

Es ging aber nicht nur um die Verschwendung von Ressourcen und die Tradierung historisch überholter militärischer Milieus. Es ging um einen neuen, einen »erweiterten Sicherheitsbegriff«. Seit dem Ende des Kalten Krieges hatten sich weltweit neue und andere Formen von Konflikten und Krisen entwickelt, für welche das auf die bipolare Blockkonfrontation geeichte Militär nicht geschaffen war. Doch das Beharrungsvermögen von Bürokratien gilt auch für Streitkräfte. Und für Kommunen, die alle ihre Kasernen, Kreiswehrersatzämter und Kasinos behalten wollten. In die Sicherheitsdebatte musste neuer Schwung gebracht werden. Es mussten auch in der Politik Themen und Thesen verstärkt werden, die seit Jahren in Wissenschaft und Ethik Platz griffen.

Kriege zwischen Staaten wurden seltener. Hingegen nahmen »asymmetrische Konflikte« zu, wie Bürger- und Sezessionskriege, Staatszerfall, privatisierte Gewalt, organisierte internationale Kriminalität, ökologische und soziale Katastrophen, bedingt durch Klimawandel, Überschwemmungen hier und Versteppung dort. Hinzu kam bald der transnationale Terrorismus. Die UNO hatte bereits 1992 eine entsprechende Denkschrift zu den »neuen Bedrohungen« herausgegeben.[56] Viele Phänomene waren nicht wirklich neu, es hatte sie schon im Dreißigjährigen Krieg gegeben und in den Stellvertreterkriegen am Rande des Ost-West-Konflikts. Aber gemessen am klar strukturierten Konflikt zwischen Nato und Warschauer Pakt, die 40 Jahre lang die Welt mit atomarer Abschreckung in trügerischer Sicherheit wiegten, hatten sich die geopolitische Lage und das regionale Konfliktpotenzial erheblich verändert.

Es war offensichtlich, dass den neuen Bedrohungen nicht mit Militär, zumindest nicht mit Militär allein, begegnet werden konnte. Bereits im Koalitionsvertrag hatten Günter Verheugen und ich, die Unterhändler von Rot und Grün, deshalb abgemacht, auf der Basis des erweiterten Sicherheitsbegriffs und der analysierten neuen Bedrohungen moderne Strategien und Instrumente nicht militärischer Sicherheit zu stärken. Konflikte und ihre konstruktive Bearbeitung – so die Auffassung der Friedens- und Konfliktforschung – sind normal für eine Gesellschaft und ihre Weiterentwicklung. Der destruktive Umgang mit ihnen, die Eskalation vom Konflikt zur Krise, der unversöhnlichen, gewaltsamen, blutigen Austragung mit Massenelend und nachhaltiger Zerstörung musste vorbeugend verhindert werden – möglichst mit zivilen Mitteln. Zivile Prävention kam letztlich billiger als militärische Intervention. Und schonte vor allem Menschenleben. So forderte ich in dem erwähnten Pressegespräch den Aufbau neuer ziviler Kräfte zur Krisenprävention und die Umorganisierung der Bundeswehr unter die aus der neuen Strategie ableitbaren Maximen.

Sofort brach ein Sturm der Entrüstung los bei konservativen Sicherheitspolitikern und Lobbyisten der Rüstungswirtschaft in der CDU/CSU. In einer Aktuellen Stunde im Bundestag hatte ich mich meiner Haut zu wehren. Außenminister Fischer hielt sich aus der Schusslinie. Rudolf Scharping, der Verteidigungsminister, sprang mir bei – etwas gönnerhaft zwar, aber letztlich auch in der Überzeugung, dass es weitreichender Reformen bedurfte. Ich überlebte die Debatte, das »stehende Heer« ging unter. Vier Jahre später waren die Panzerarmeen eingemottet, Schiffe der Ostseeflotte bei der Rostocker »Hanse Sail« als Museumsstücke zu besichtigen. Mein Vorstoß bedeutete den Beginn einer sicherheitspolitischen Reformpolitik, die später bis zur Abschaffung der Wehrpflichtarmee führte.

Beflügelt wurde meine Initiative Anfang 1999 durch ein Treffen mit Ján Kubiš, dem Generalsekretär der OSZE, die die ehemaligen feindlichen Blöcke des Ost-West-Konflikts umfasst, ein Gebiet von Vancouver bis Wladiwostok. Wir kannten uns aus der parlamentarischen Versammlung der OSZE. Er war verzweifelt und hatte ein massives Problem. Immer öfter gab es die Anforderung an die OSZE, Personal für internationale zivile Einsätze zur Verfügung zu stellen. Das betraf Langzeitmissionen, mit denen die Organisation die Entwicklungen in einer Krisenregion beobachtete, etwa im Kaukasus oder den baltischen Staaten. Gebraucht wurden Wahlbeobachter, Vermittler bei Konflikten, Aufbauhelfer für Verwaltung und Justiz.

Die größte Herausforderung hatte die »Kosovo-Verifikationsmission« mit sich gebracht. Um den Waffenstillstand zu überwachen, den der amerikanische Unterhändler Holbrooke dem Despoten in Belgrad, Milošević, abgehandelt hatte, sollten Ende 1998 2000 OSZE-Beobachter in die Krisenregion entsandt werden, 300 alleine aus Deutschland. Aber wer sollte das sein, woher sollten die Leute kommen? Die Mission zeigte, dass für solche Aufgaben gar kein Personal zur Verfügung stand. Überall, auch bei uns, mussten ad hoc Leute zu dieser Aufgabe abkommandiert werden, die dafür nicht ausgebildet waren. So wurden einzelne Beamte, Polizisten, pensionierte Richter, außer Dienst gestellte Soldaten und humanitäre Helfer entsandt, ohne angemessene Vorbereitung und Ausrüstung, mit unklarem Mandat. Oft waren sie in ihren Dienststellen nur kurzzeitig abkömmlich und die Suche nach Ersatz brachte dieselben Probleme. Wegen der Polizisten musste mit den zuständigen Landesministerien verhandelt werden, die nicht immer ein Einsehen in die Erfordernisse der internationalen Politik, jedoch einen engen Stellenplan hatten.

Manche Zyniker behaupteten, die Nato hätte die OSZE absichtlich in die »mission impossible« im Kosovo manövriert, um dieser Organisation, die als aufkommende Konkurrenz verstanden wurde, politisch den Dolchstoß zu versetzen. Ihre Unfähigkeit sollte sich im Experiment erweisen. Nach der Auflösung des Warschauer Paktes war nämlich auch die Nato in eine Identitätskrise geraten. Die OSZE hatte in der Charta von Paris 1991 ein neues, stärker zivil ausgerichtetes Sicherheitsmodell für das 21. Jahrhundert verabschiedet. Ihr selbst kam dabei eine zentrale Rolle zu: »OSZE first«.

Bei den Grünen hatte ich diese Wendung unter dem Slogan »Die Nato in die OSZE auflösen« in die Programme bekommen. Also nicht die Nato abschaffen, wie immer wieder falsch kolportiert wurde, sondern sie in eine umfassendere Sicherheitsstruktur, in ein System gegenseitiger kollektiver Sicherheit, das die ehemaligen Feindstaaten des Kalten Krieges aufnahm, überführen. Über die Einsätze auf dem Balkan jedoch eroberte sich die Nato ab Mitte der 1990er Jahre politisches Terrain zurück. So einigten sich die Mitgliedsstaaten von OSZE, Nato, EU, GUS und Europarat auf die Formel von den *interlocking mutual reinforcing institutions*, den verschränkten, sich gegenseitig stärkenden Institutionen. Doch auch bei Arbeitsteilung und eingeschränktem Gewicht galt: Die OSZE brauchte, sollte sie sicherheitspolitisch eine Rolle spielen, ein Instrumentarium und einen Personalpool zur Erfüllung ihrer Aufgaben.

Das war der Hauptgehalt meiner Ankündigung gegenüber der Presse. Die Arbeit im Auswärtigen Amt hatte bereits begonnen. Mit den Beamten der UNO- und der OSZE-Abteilung hatte ich besprochen, dass wir eine Personalreserve für internationale Friedenseinsätze schaffen sollten. Es ging nicht nur darum, dem bestehenden sicherheitspolitischen Instrumentarium ein weiteres Element hinzufügen. Wir wollten möglichst viele militärische Elemente durch zivile ersetzen. Die zivile Krisenbearbeitung sollte handlungsmächtiger werden. Bisher musste, wenn die klassische Diplomatie nicht mehr weiterkam, das Militär ran. Angesagt war nun die Erfüllung des Koalitionsversprechens, die Außenpolitik zu zivilisieren. Neue Instrumente ermöglichten andersartige Mandate.

Bei den meisten zuständigen Beamten im Auswärtigen Amt rannte ich damit offene Türen ein. Sie hatten nur darauf gewartet, dass endlich ein frischer Wind die Ängstlichkeit und Fantasielosigkeit der Kinkel-Ära aus den Amtsstuben blies. Die allgegenwärtigen Bedenkenträger waren bald in der Defensive. Die eigentliche Schwierigkeit bestand in der Einrichtung einer fachübergreifenden Steuerungsgruppe, der unter Federführung des Auswärtigen Amtes das Verteidigungs-, das Innen- und Entwicklungsministerium angehörten, zudem der Bundesnachrichtendienst, das Technische Hilfswerk und Vertreter von Nichtregierungsorganisationen. Denn eine neue kohärente Sicherheitspolitik musste verschiedene Ressorts integrieren. Dort war man diese enge Form von Kooperation nicht gewohnt. Ministerien waren auf Abstand bedacht, Abteilungen benahmen sich gern wie selbstständige Ministerien. Mein Vorstoß irritierte wirkungsvoll. Rot-Grün brachte eingeigelte Bürokratien in Bewegung. Letztlich akzeptierte auch die Hardthöhe, dass Sicherheit nicht mehr allein dem Militär überlassen werden könne und das Auswärtige Amt von seinem im Geschäftsverteilungsplan der Regierung fixierten Recht Gebrauch machte, die Grundlinien der Sicherheitspolitik festzulegen. Später entstand aus der Steuerungsgruppe der feste »Koordinierungskreis«. Geleitet vom ehemaligen Generalsekretär der OSZE, dem deutschen Botschafter a. D. Wilhelm Höynck, arbeitete die Gruppe ein Konzept aus, das ich im Auswärtigen Amt und Bundeskabinett durchsetzen konnte. Die Idee lautete, dem Auswärtigen Amt eine Durchführungsorganisation an die Seite zu stellen, die Personal für internationale Friedenseinsätze rekrutierte, ausbildete, in Einsätze entsandte und betreute. Erfahrungen sollten ausgewertet und in die internationale Diskussion getragen werden.

Bald wurden die ersten Pilotkurse durchgeführt, mit so großer Resonanz bei Initiatoren, Beteiligten und Beobachtern, dass die Beharrungskräfte, die in Auswärtigem Amt und der Regierung noch existierten, überwunden werden konnten. Geplant wurde nun die Institutionalisierung durch die Gründung eines »Zentrums für internationale Friedenseinsätze«. Zwei Jahre noch dauerte das Gezerre hinter den Kulissen um Rechtsform, Finanzierung, Personal- und Kompetenzausstattung, Beteiligung der anderen Ministerien, des Parlaments und der Nichtregierungsorganisationen, dann war es geschafft. Anfang 2002 konnte ich das Zentrum, das ZIF, wie es kurz heißt, am Ludwig-Kirch-Platz in Berlin einweihen, als Untermieter der Stiftung Wissenschaft und Politik, deren stellvertretender Direktor nun Leiter des ZIF wurde. Winrich Kühne hatte bereits den Planungsprozess mit einer wegweisenden Expertise begleitet.

Das ZIF nahm eine rasante Entwicklung. Die Zahl der Kurse stieg enorm, es wurden Aufbau- und Spezialtrainings eingerichtet, die ersten internationalen Teilnehmer kamen nach Berlin. Nach kurzer Zeit gab es einen Personalpool von mehreren Hundert qualifizierten Fachleuten, von denen immer mehr in Missionen von OSZE, UNO oder Europäischer Union entsandt wurden. Die Anfänge machten der zivile Wiederaufbau im Kosovo, die Grenzbeobachtung zwischen Georgien und Aserbeidschan, die Beobachtung des russischen Truppenrückzugs im Baltikum, die Wahlbeobachtung im Kaukasus und die Waffenstillstandskontrolle in Mazedonien – alles systematisch ausgewertet von einer Analyseeinheit im ZIF, die das Konzept nun ständig weiterentwickelte. Krisenprävention wurde zu einem Markenzeichen der rot-grünen Außenpolitik. Manch einer hatte mich gefragt, warum ich zu Beginn des Kosovo-Kriegs als Staatsminister nicht aus Protest zurückgetreten sei. Es gab zwei Antworten. Die eine hatte mit der internen Entscheidungsdynamik, bezogen auf den Kosovo, zu tun und ist an entsprechender Stelle dieses Buches erläutert worden. Die zweite lautete: Gerade jetzt muss jemand die nicht militärischen Instrumente und Strategien weiterentwickeln, damit bei einem erneuten Konflikt mehr Handlungsmöglichkeiten verfügbar sind und sich eine militärische Beteiligung vielleicht erübrigt. Ein neues ziviles Instrumentarium ermöglicht der UNO auch, einer neuen Art ziviler Missionen ein völkerrechtliches Mandat zu verleihen.

Das ZIF war nicht nur ein rot-grünes Leuchtturmprojekt in der innenpolitischen Debatte um Krieg und Frieden, sondern wurde auch international als Modell geschätzt und nachgeahmt. Heute ist es weltweit vernetzt und leistet über die Trainings und die Einsatzbetreuung hinaus wesentliche Beiträge zur Erfassung von Krisen, zur Untersuchung und Bilanzierung von Kriseneinsätzen und zur Optimierung dieses sicherheitspolitischen Ansatzes. Regelmäßig ist die Arbeit der Einrichtung im Internet zu verfolgen (www.zif-berlin.de).

Angefeindet wurde meine Politik aber nicht nur durch die Lobbyisten der Rüstungsindustrie und Anhänger deutschnationaler »Normalisierung«. Auch die Gegenseite, meine alten Freunde aus der Friedensbewegung, setzten mir zu. Das alles war ihnen viel zu wenig. Durch die Einsätze im Kosovo und Afghanistan wurde diese Kritik noch schärfer im Ton. Im Januar 2002 reagierte ich mit einem ausführlichen Essay. »Was bleibt vom Pazifismus?«, fragte ich angesichts des militärischen Kampfes gegen den transnationalen Terrorismus.[57] Eine heftige Debatte setzte ein. Vordenker der Friedensbewegung warfen mir vor, mit dieser Frage dem Pazifismus den Todesstoß versetzen zu wollen. In vielen Repliken war erkennbar, dass die Autoren in der Zeit der »neuen Bedrohungen«, des transnationalen Terrorismus, noch nicht angekommen waren. Man versuchte trotzig, die Theoreme zu retten, die lange Gültigkeit besessen hatten, nun aber auf eine völlig neue Realität stießen. Zehn Jahre später verstanden die meisten meinen Text so, wie er gemeint war: als Versuch einer genauen Bestimmung der politischen Reichweite pazifistischer Ethik angesichts privatisierter Gewalt und globaler Unsicherheit. Bis zu welchem Punkt ist sie wirkungsvoll, wo stößt sie an ihre Grenzen? Heute wird der Text andersherum gelesen, so wie er damals gemeint war: Gut, dass sich angesichts der zur Routine gewordenen Militäreinsätze überhaupt noch einer an pazifistischen Normen orientiert. Es bleibt etwas vom Pazifismus: Die Norm muss verteidigt werden, auch wenn in der Praxis manchmal Militäreinsatz notwendig ist. Mir persönlich hat der Meinungswandel nichts mehr genützt. Auch wenn der Text in Schulbücher aufgenommen wurde – meine alten Freunde entzogen mir damals ihre Unterstützung für eine erneute Kandidatur zum Bundestag und zur Verteidigung meiner Position als Staatsminister.

Rot-Grün wollte nicht nur die Krisenprävention und das zivile Konfliktmanagement ausbauen. Klassische militärische Abrüstung blieb ein wesentlicher Teil des Programms. Wie hässlich, dass FDP-Außenminister Klaus Kinkel als eine seiner letzten Amtshandlungen kurz vor der Übernahme des Auswärtigen Amtes durch die Grünen verfügt hatte, die Abrüstungsabteilung aufzulösen. Dafür mag es verwaltungsintern plausible Gründe gegeben haben. Aber man stelle sich vor, die erste Amtshandlung des grünen Außenministeriums hätte in Schlagzeilenform gelautet:»Grüne lösen Abteilung für Abrüstung auf.« In letzter Minute entdeckte ich Kinkels Weisung, und es gelang mir, die Umsetzung zu stoppen.

Der Start in die Realität der traditionellen Sicherheitspolitik war nicht einfach. Gerade frisch vereidigt, saß Außenminister Joschka Fischer im Flugzeug zur UNO-Jahrestagung. Dort sollte über einen Antrag von Nicht-Atomwaffenstaaten zur atomaren Abrüstung abgestimmt werden. Unsere politische Basis zu Hause erwartete eine Zustimmung. Fischer befürchtete für diesen Fall eine harsche Reaktion der USA. Konnte Rot-Grün es sich politisch leisten, mit der ersten internationalen Aktion die westliche Vormacht zu brüskieren? Der Außenminister rief mich aus dem Flieger an und erbat quasi die Erlaubnis, sich enthalten zu dürfen. Und hoffte, dass sein einstiger innerparteilicher Widersacher ihm den Rücken gegenüber Kritikern freihielte. Was ich auch tat. Ich fand – ehrlich gesagt – selbst die Enthaltung, das Maximum, das sich Deutschland in dieser Lage erlauben konnte, schon mutig. Es sollte nicht die einzige Szene bleiben, in der ich für Fischer den Ausputzer spielte.

Der amerikanische *Undersecretary*, mein Gesprächspartner, jedenfalls sprach mich etwa zeitgleich eindringlich auf die UNO-Abstimmung an:»Will Fischer die Nato kaputt machen oder muss er wegen der Leute zu Hause so reden?« Die Frage kam nicht überraschend; wir wussten dass Außenpolitik in den USA allzu oft eine innenpolitische Funktion hat, wie bei uns leider auch. Zudem hatte das amerikanische State Department ein unklares Bild von den Grünen. Als Vorsitzender hatte ich wenige Jahre zuvor eine Parteidelegation angeführt, die unsere Verbündeten auf eine grüne Regierungsbeteiligung einstimmen wollte. Wir hatten dort Sympathien für unsere Ablehnung von Atomwaffen geerntet. Lob von der atomaren Supermacht! Paradox? Der scheinbare Widerspruch löste sich überraschend auf, als das Gespräch auf die Nato-»Nachrüstung« kam. Den Amerikanern saß noch Helmut Schmidts Beharren auf der Stationierung atomarer Mittelstreckenraketen in Deutschland in den Knochen. Wir nun schienen eine Sorte Deutsche zu sein, von denen man derlei Zumutungen nicht zu erwarten hatte. Aber jetzt, bei der anstehenden Entscheidung in der UNO – so fragte sich die Clinton-Administration –, waren die Grünen da nicht ein bisschen zu naiv, gar ein Sicherheitsrisiko? Wir hätten tatsächlich gern einen Knoten in den Lauf einer Pistole gemacht, so wie es bei der Plastik auf dem UNO-Vorplatz in New York zu besichtigen ist. Doch war es klug, sich zum internationalen Einstand ausgerechnet mit der Regierung des liberalen Demokraten Bill Clinton zu überwerfen? Manchen Desperados in der grünen Anhängerschaft war dies gleichgültig, der US-Imperialismus musste geschlagen werden, wo immer man ihn treffen konnte. Erst die Erlebnisse mit George W. Bush brachten einige zur Besinnung und ließen sie begreifen, was wir an Bill Clinton hatten.

In der rot-grünen Regierungscrew jedenfalls war klar: Wir waren keine Vasallen Washingtons; das wiedervereinigte und souveräne Deutschland konnte und durfte eigene Ideen von Außen- und Sicherheitspolitik entwickeln. Aber ein nationaler Alleingang gegen die Verbündeten kam nicht infrage. Jede Idee musste im westlichen Diskurs für Zustimmung werben und allgemein überzeugen. Differenzen mit den USA mussten, wo sie auftraten, zwar ausgetragen, aber zugleich so eng wie möglich beschrieben werden. Ein pauschaler Antiamerikanismus war schädlich. Würde der Atlantik breiter, hätten wir nicht weniger, sondern mehr Probleme. Diese Einschätzung dem linken Flügel der Grünen, der für die Mehrheit von Rot-Grün entscheidend war, zu vermitteln, war meine selbstgestellte Aufgabe. Nicht immer ganz einfach. Dabei gaben wir unsere programmatischen Ansprüche nicht auf.

Es ging letztlich um nicht weniger, als dem sicherheitspolitischen Traditionalismus, der sich in der »realistischen Schule« ausdrückt, ein anderes Gedankengebäude, ein anderes Paradigma, gegenüberzustellen. Der »Realismus« denkt sich die Welt als anarchisches Neben- und Gegeneinander von Staaten und Staatengruppen, die rigoros ihre eigenen nationalen Interessen verfolgen. Er hat primär militärische Bedrohungen im Auge, die militärisch zu beantworten seien, im Interesse der eigenen Nation. Der neue »integrative« Ansatz hingegen beruht auf »konstruktivistischen« Ideen. Er stellt Kooperation und Multilateralismus, die Geltung des Völkerrechts und die UNO als die wichtigste internationale Instanz zur Konfliktregulierung, Selbstbindung und nationalen Machtverzicht zugunsten gemeinsamer Sicherheit, Dialog und interkulturelle Zusammenarbeit ins Zentrum. Und zwar nicht als geschickte Mittel zur Durchsetzung nationaler Interessen, sondern als Verfassungselemente einer heraufziehenden Weltgesellschaft, die das Nationalstaatsdenken ablöst. »Globale Verantwortung statt nationales Interesse« lautet die Leitidee. »Wir wollen nicht internationale Politik im nationalen Interesse, sondern deutsche Politik im globalen Interesse« – diese Formel, mit der ich nach der Wende die grüne Außenpolitik zu umreißen suchte, findet sich bis heute so oder ähnlich als Stehsatz in jedem grünen Bundesprogramm. Folgerichtig bildet nicht mehr das Militär die wichtigste Sicherheitsinstanz, auch wenn es seine Rolle nicht gänzlich verliert. Stattdessen treten mehr zivile Akteure auf den Plan, neben der klassischen Diplomatie neu gegründete Institutionen wie das ZIF, internationale Gerichtshöfe und Schiedsstellen sowie vielfältige Nichtregierungsorganisationen. Nicht das Recht des Stärkeren soll gelten, sondern die Stärke des Rechts.

Außenminister Fischer drängte ich, diesen Ansatz schnellstmöglich institutionell abzusichern. So verabschiedete der Bundessicherheitsrat, dem die sicherheitsrelevanten Ministerien angehören, bereits 1999 Leitlinien zur Krisenprävention. Sie folgten weitgehend unseren Formeln im Koalitionsvertrag. 2004 wurden sie umgegossen in einen »Aktionsplan Krisenprävention«, der in 130 Punkten Erfahrungen und weitere Pläne festhält und vom Bundestag gebilligt wurde. Im Auswärtigen Amt initiierte ich eine Reihe weiterer Maßnahmen: Ein »Forum globale Fragen« brachte Diplomaten, Beamte und andere Offizielle mit Vertretern von Wissenschaft, Wirtschaft und NGOs im regelmäßigen Dialog zusammen. Die Akteure der Staatenwelt und der Gesellschaftswelt konnten endlich ihre Perspektiven der internationalen Beziehungen verschränken. Die bisherige militärische Ausstattungshilfe für Entwicklungsländer wurde umgewidmet für Konversions- und Demokratisierungsprojekte, Militärkrankenhäuser etwa wurden für Zivilisten geöffnet, Soldaten umgeschult zu Polizisten und Katastrophenhelfern, und ehemalige Kindersoldaten wurden in die Gesellschaft reintegriert. Das Auswärtige Amt bekam einen Sonderetat für die Unterstützung von ausländischen Ansätzen zur Krisenprävention und Friedensbildung. Kurz, die rot-grüne Bundesregierung tat alles, um die von UNO-Generalsekretär Boutros-Ghali geforderte »Kultur der Prävention« mit Leben zu füllen.

»Krisenprävention« war mein Hauptthema geworden. Dafür stand ich in der Regierung. Die deutsche Doppelpräsidentschaft von EU und G8 im ersten Halbjahr 1999 bot Gelegenheit für internationale Vorstöße. So konnte ich anregen, auch auf europäischer Ebene diesen Ansatz zu implementieren. Auf einem Sondergipfel in Helsinki im Dezember 1999 beschloss der Europäische Rat daraufhin einen EU-Aktionsplan zur zivilen Krisenprävention und Konfliktbearbeitung, der auf unseren Texten basierte und später fast wörtlich in die »Europäische Sicherheitsstrategie«[58] einfloss. Auch die G8 verabredete auf ihrem Kölner Gipfel im Juni 1999 eine intensivere Auseinandersetzung mit dem Plan. Er wurde Leitthema des Außenministertreffens im Dezember 2000 in Berlin. Die OSZE empfahl auf ihrem Gipfel in Istanbul im November 1999 analog zum geplanten ZIF allen Teilnehmerstaaten den Aufbau von zivilen Krisenreaktionskräften (REACT). Im Mai 2001 wurde bei einem ersten Treffen von Sicherheitsexperten der OSZE und südostasiatischen ASEAN-Staaten über institutionelle und regionale Fragen der Krisenprävention Interesse an einer politischen Kooperation jenseits von Wirtschaftsinteressen bekundet. Und schließlich nahm 2004 das bereits erwähnte Kofi-Annan-Zentrum in Ghana, dessen Gründung wir unterstützt hatten, die Arbeit auf.

Krisenprävention sollte keine Sonderveranstaltung der Sicherheitspolitik sein, keine eigene Sparte, sondern ein theoretisches Konzept, eine politische Philosophie, die alle Bereiche der internationalen Beziehungen durchzieht. So wie etwa der Ökologiegedanke sich nicht reduziert auf Umweltpolitik als eine Spartenpolitik, sondern alle Politikbereiche, besonders die Ökonomie und Technologie, prägen soll. Deshalb reagierte ich auch reserviert, als Friedensfreunde in der guten Absicht, den Präventionsgedanken zu fördern, eine eigene Dienststelle dafür, gar eine Stabsstelle im Kanzleramt forderten. Ich fand es bereits grundfalsch, als der Außenminister auf des Kanzlers Drängen hin verdiente Recken der Friedrich-Ebert-Stiftung im Auswärtigen Amt platzieren musste und einen von ihnen als »Präventionsbeauftragten« installierte. Damit wurde der eigene Neuansatz, der wirkungsmächtig zu werden begann, trotz der vorhandenen Kompetenz des Kollegen strukturell herabgestuft zu einer Nebenveranstaltung.

Neben der allgemeinen Philosophie gab es praktische Projekte, die versuchten, eskalierende Konflikte unter die Gewaltschwelle zu drücken oder im Rahmen des *Post-Conflict-Peacebuilding*, der Friedenskonsolidierung, aus Feinden Freunde zu machen. Beispiele aus meiner Zeit wurden bereits erwähnt, wie etwa der Aufbau einer kooperativen Sicherheitsstruktur im südlichen Afrika der SADC-Staaten, das westafrikanische Kofi-Annan-Zentrum, Friedenskonferenzen wie die in Burundi, mit der vielleicht ein Völkermord wie 1994 in Ruanda zukünftig verhindert werden konnte. Gefördert wurden zudem lokale Gruppen und Institutionen, die in Krisenregionen Verständigungs-, Vermittlungs- und Versöhnungsarbeit leisteten. Ziel war es, nicht nur einen »negativen Frieden« herzustellen, die Abwesenheit von Gewalt, sondern einen »positiven Frieden«, einen selbsttragenden Prozess einzuleiten, der Sicherheit mit Wohlfahrtssteigerung für alle Beteiligten verband.

Beispiel Osttimor. Der Ostteil der Sunda-Insel wollte sich aus dem indonesischen Staatsverband lösen, in den er nach seiner Unabhängigkeit von Portugal 1975 zwangsweise einverleibt worden war. Es kam zu einem langwierigen Sezessionskrieg. Als Student hatte ich damals zu den Unterstützern der Befreiungsbewegung gehört. Der 1998 amtierende indonesische Übergangspräsident, Jusuf Habibie, wollte

Osttimor behalten, stimmte später aber einem von Australien, den USA und der UNO geforderten Referendum über die Alternative »begrenzte Autonomie oder staatliche Unabhängigkeit« zu. Am 30. August 1999 erklärte Osttimor die Unabhängigkeit. Die unterlegene indonesische Seite zettelte nun einen blutigen Aufstand an, der mit internationalem militärischem Druck im Oktober niedergeschlagen wurde.

Als ich just zu dieser Zeit Habibie in Jakarta besuchte, haderte er sichtlich mit dem Gang der Dinge. Doch dem gelernten Ingenieur lag auch viel an guten Beziehungen zu Deutschland; er hatte dort lange gelebt und gearbeitet, war Ehrenmitglied der RWTH Aachen und hoffte auf regen Technologietransfer. Die Regierung Helmut Kohl hatte enge Kontakte zu der despotischen Vorgängerregierung Mohamed Suhartos gepflegt, der auch Habibie angehört hatte. Man machte Geschäftchen, diskutierte die Lieferung ausgemusterter DDR-Fregatten und kümmerte sich nicht um die Timor-Frage. Jetzt war es meine Aufgabe, dem indonesischen Präsidenten die Werteorientierung der neuen rot-grünen Außenpolitik zu vermitteln. Habibie schien überrascht. Neue Töne aus Deutschland. Doch er war zugänglich und nahm eine konstruktive Haltung ein. Ihm persönlich half es allerdings wenig; bei der anstehenden ersten freien Wahl wurde er durch konsequentere Reformer ersetzt.

Nachdem sich die Lage in Osttimor beruhigte, konnte die »Friedenskonsolidierung« beginnen. Nun kamen auch die neuen personellen und finanziellen Ressourcen zum Einsatz, die wir im Auswärtigen Amt zu schaffen begonnen hatten. Deutsche Fachleute engagierten sich fortan im Rahmen einer UNO-Mission beim Aufbau der Zivilverwaltung des neuen Staates. Wie definiert sich ein Staat? Durch ein Territorium, eine Ordnungsmacht und ein Volk. Aber wer gehörte dazu? Es waren entsandte Beamte aus dem Bonner Einwohnermeldeamt, vom ZIF nachgeschult, die Personenregister aufbauten und das Staatsvolk zu bestimmen halfen.

Die neue deutsche Politik hatte ich übrigens nicht nur mit dem timoresischen Freiheitskämpfer, Außenminister und Friedensnobelpreisträger José Ramos-Horta abgestimmt, sondern auch mit dem UNO-Beauftragten für Osttimor, Sergio de Mello. Einige Male saßen wir zusammen, planten gemeinsam und gingen freundschaftlich die Weltprobleme durch. Am 19. August 2003 gehörte er zu den Diplomaten, die einem Bombenanschlag auf das UNO-Büro in Bagdad zum Opfer fielen. Nicht nur Soldaten tragen ein hohes Risiko. An den Freund und seine Mitstreiter erinnert heute eine Plakette im UNO-Gebäude in New York.

Obwohl die UNO eine Kultur der Prävention eingefordert hatte, werden der Etat und der gesamte Ansatz der Krisenprävention immer wieder infrage gestellt. Die entsprechenden Finanzmittel erscheinen im Verhältnis zum Verteidigungsetat geringfügig, können aber einiges bewirken. Es gehört zu ihren Vorzügen, dass Prävention meist preiswerter zu haben ist als ein Militäreinsatz. Umso bedauerlicher ist es, dass die Nachfolgeregierungen von Rot-Grün den Haushaltstitel kürzten. Leider hat die Strategie der Prävention ein Vermarktungsproblem. Denn es ist logisch unmöglich, ein Nicht-Ereignis auf eine bestimmte Ursache zurückzuführen. Wenn ein Krieg nicht ausbricht, ist schwer zu sagen, ob die gezielte Prävention dafür ursächlich verantwortlich ist oder ob schlicht niemand einen Krieg wollte.

Hinzu kommt eine »optische Täuschung«, vermittelt durch das Fernsehen. In der öffentlichen Eindruckskonkurrenz hat das »action-orientierte« Militär die bessere Performance. Kriege mit Rauch, Feuer und Getöse, rasselnden Panzerketten, martialischen Flugzeugträgern, heulenden Kampfjets, Leuchtspurmunition und explodierenden Geschossen sind unterhaltsamer als Bilder von grau gewandeten Diplomaten, die in sterilen Kongressräumen mit nichts anderem als ihren Worten Kriege verhindern. In die Hinterzimmer gibt es überhaupt keinen Einblick. »Nichts Bessers weiß ich mir an Sonn- und Feiertagen, als ein Gespräch von Krieg und Kriegsgeschrei«,[59] lesen wir schon in Goethes Faust. Krisenprävention kann hier nicht liefern. Und so wird sie von manchem, obwohl effektiver als Kriegsführung, gar nicht besprochen, gilt höchstens als »weiche« Politik, als *Soft Power*, die beiseitegeschoben werden kann, wenn – oder weil? – die harten Jungs mal wieder ransollen.

Integrative Sicherheitspolitik hat sich dennoch neben dem klassischen Realismus etabliert. Heute kämpfen diese beiden Paradigmen um ihre Geltung. Beide haben ihre Hardliner, beide ihre vermittelnden Kräfte. In zivil-militärischen Projekten kommt es inzwischen oft zu gedeihlicher Kooperation. Auch wenn das Militär mit den Interventionen seit Beginn der 90er Jahre reüssierte – ob legal, legitim, effektiv oder nicht –, es ist nach allgemeiner Überzeugung nicht in der

Lage, einen nachhaltigen Friedensprozess zu organisieren. Dazu braucht es andere Kräfte.

Diese Auseinandersetzung dürfte zukunftsweisend sein. Krisenprävention hat allerdings mit dem klassischen Sicherheitsdilemma zu kämpfen und ist deshalb kein Allheilmittel gegen Militarismus und Gewalt. Denn Krisenprävention setzt letztlich auf die Kooperation von Konfliktparteien, will dafür durch integrative Politik einen Rahmen schaffen oder sie durch Sanktionen erzwingen. Aber wie geht sie damit um, wenn einer der Beteiligten absolut nicht kooperationswillig ist, sondern auf Konfrontationskurs geht und die Vermittlungsangebote nur als Schwäche abtut? Den guten Willen als Harmlosigkeit missdeutet und zum Angriff übergeht? Daher ist die Rolle des Militärs als »letztes Mittel« nicht ausgespielt.

Deshalb aber immer nur über das »letzte Mittel« zu diskutieren ist fantasielos, altbacken, nicht zeitgemäß. Das Gerede vom Militär als der *ultima ratio* täuscht darüber hinweg, dass es heute darum geht, die *prima ratio*, die nicht-militärischen »ersten Mittel«, *early warning* und *early action*, so auszubauen, dass die militärischen nicht mehr eingesetzt werden müssen. Nicht die »Normalisierung«, die Stärkung Deutschlands als Nationalstaat – von Konservativen wie Linksradikalen in die rot-grüne Beteiligung am Kosovo-Krieg hineingedichtet – machte die Essenz der rot-grünen Außenpolitik aus. Den Diskurs über Alternativen zum Nationalstaatsgedanken und zur traditionellen militärischen Sicherheitspolitik auch auf Regierungsebene zu beginnen war die historische Aufgabe von Rot-Grün.

»Frieden schaffen ohne Waffen« hatte Anfang der 1980er Jahre die Friedensbewegung der BRD skandiert. Die Grünen verlangten zudem einseitige Abrüstung und die Auflösung der Militärblöcke. Der Rigorismus dieser Forderung drückte die Stimmung der Massenbewegung gegen die atomare Rüstung vortrefflich aus, konnte aber in seiner Radikalität nicht wirklich auf Realisierung hoffen. »Schwerter zu Pflugscharen« – der biblische Slogan der unabhängigen Friedensbewegung der DDR war nicht weniger radikal und schien ebenso weit hergeholt. Doch zehn Jahre später konnten die Friedenskräfte erleben, wie der Ostblock kollabierte, die Nationale Volksarmee vom gesamtdeutschen Verteidigungsminister Volker Rühe demobilisiert und demontiert wurde. Ihre Offizierskader verließen die Bunker und suchten eine neue politische Heimat in der SED-Nachfolgepartei

PDS/Linke, wo sie zu Pazifisten wurden, weil nicht die NVA, sondern die Bundeswehr den Kalten Krieg »gewonnen« hatte.

Der rigorose Pazifismus der 80er Jahre war nicht mehr haltbar, als die Gräueltaten auf dem Balkan und der transnationale Terrorismus auch den Einsatz von Militär unumgänglich machten. Deshalb aber den pazifistischen Gedanken gänzlich über Bord zu werfen ist genauso falsch wie das trotzige Beharren auf alten Gewissheiten. Heute braucht man statt eines gesinnungsethisch motivierten, radikalen Pazifismus eine differenziertere Sicht der Dinge, einen verantwortungsethisch motivierten politischen Pazifismus.

Gelten muss das Primat der Politik. Diese und nicht das Militär entscheidet über bewaffnete Einsätze. Und gelten muss der Vorrang ziviler Mittel. »Krisenprävention, zivile Konfliktbearbeitung, Friedenskonsolidierung«[60] – so heißt der Dreiklang einer modernen nicht militärischen Sicherheitspolitik. Mit zivilen Methoden muss versucht werden, einen eskalierenden Konflikt unter die Gewaltschwelle zu drücken. Konflikte in Gesellschaften sind dabei nicht das Problem. Zu vermeiden ist die gewaltsame Austragung des Konflikts. Erst sie, da sie mit Tod und Elend verbunden ist, markiert die Krise, die es zu vermeiden gilt. Und erst wenn nachweislich alle zivilen Mittel versucht wurden und dennoch kein Erfolg eintritt, kann und muss über militärische Komponenten nachgedacht werden. Die internationale Gemeinschaft muss stets aufmerksam verfolgen, wo und wann eine krisenhafte Eskalation droht, um rechtzeitig eingreifen zu können. Vorausschauende Sicherheitspolitik statt reaktivem Aktionismus.

Beurteilen kann man den Sinn von Militärinterventionen danach, ob sie legal, legitim und effektiv[61] sind. Legalität umfasst die völker- und verfassungsrechtliche Ebene. Legitimität meint die ethisch-moralische Berechtigung oder Verpflichtung. Effizienz oder Effektivität gibt Auskunft darüber, ob das Problem gelöst wurde oder nicht oder gar neue, gravierendere Probleme geschaffen wurden. Diese Ebenen dürfen nicht vermischt werden. Wenn sich z. B. herausstellt, dass ein Einsatz nicht effektiv ist, kann man daraus nicht zurückschließen auf mangelnde Legalität bei der entsprechenden Beschlussfassung. Legalität und Legitimität können durchaus in Widerspruch zueinander stehen. Der Kosovo-Einsatz war nicht legal, aber legitim und halbwegs effektiv, wenn auch tragisch. Der Afghanistan-Einsatz war zumindest anfangs legal, legitim und effektiv. Später konnte man Zweifel an der Legitimität und Effektivität bekommen. Der Irak-Krieg war weder legal, noch legitim, noch effektiv, sondern ein Desaster mit verbrecherischen Zügen.

Die Aufhebung des pazifistischen Rigorismus kann aber nicht Beliebigkeit bedeuten, einen richtungslosen Pragmatismus, der sich situativ an Interessen und dem verfügbaren Instrumentenkasten orientiert. Integrative, krisenpräventive Sicherheitspolitik muss trotz oder gerade wegen des Revivals militärischer Strategien weiterentwickelt und gestärkt werden. Sie wird aber ihre Geltung in der Praxis nur verteidigen und ausbauen, wenn sie nicht Philosophie, Ethik oder Gesinnung bleibt, sondern wirklich handlungsmächtig wird. Ein reines Nein zu Militäreinsätzen reicht nicht. Krisenpräventive Sicherheitspolitik muss Alternativen zu militärischen Mitteln schaffen, die mindestens so effektiv sind. Angesichts einer veränderten Sicherheitslage mit neuen Bedrohungen dennoch an der Vision des Immanuel Kant vom »ewigen Frieden« weiterzuarbeiten, das ist die Aufgabe eines »politischen Pazifismus«.

Nachwort

Zivilisierung und Relativität

Zivilisierung der Außenpolitik – so lautete eine der wichtigsten Leit-
ideen rot-grüner Parlaments- und Regierungsarbeit. Bereits zum Ende
des Kalten Krieges hatte die damalige Opposition im Deutschen Bundestag, Sozialdemokraten und Grüne, diese Zielsetzung ausgerufen.
Das Ende des Ost-West-Konflikts sollte nicht nur die Rüstungsausga-
ben senken und dadurch materielle Ressourcen, die »Friedensdividende«, freisetzen, mit der globale Probleme gelöst werden könnten,
sondern auch das »Neue Denken«, das vom sowjetischen Generalsekretär Michail Gorbatschow gefordert worden war, in den Köpfen
verankern. Nach Jahrzehnten der Konfrontation zwischen Ost und
West stand nun, zum Ende des 20. Jahrhunderts, Kooperation historisch auf der Tagesordnung. Die internationalen Organisationen, allen voran die OSZE, mahnten, es solle fortan nicht das Recht des
Stärkeren, sondern die Stärke des Rechts die internationalen Beziehungen bestimmen. Ein friedlicher Interessenausgleich solle an die
Stelle machtpolitischer Staatenkonkurrenz treten. Die Jugoslawien-
Kriege in den 1990er Jahren machten jedoch einen Strich durch die
Rechnung. Ehe erste Ansätze für eine neue friedliche Weltordnung
realisiert werden konnten, brachen lange verschüttete Konflikte wieder auf. Die disziplinierende Wirkung der globalen Blockstruktur fiel
weg, Nationalismen brachen sich oft grausam Bahn.
  Musste das Ziel der Zivilisierung wieder aufgegeben werden? War
es Illusion? Einfach naiv? Stimmte es doch, was die alten Liberalen
behauptet hatten, nämlich dass der Mensch dem Menschen ein Wolf[62]
sei? Oder erforderten gerade die »neuen Kriege«[63] und die »privatisierte Gewalt«, ausgeübt etwa durch Warlords, die von Kriegsökonomien profitierten, verstärkte Anstrengungen, friedliche Mechanismen

213

an die Stelle militärischer zu setzen? Die Aufgabe der Zivilisierung stellte sich unter erschwerten Bedingungen. Die Neuordnung der Staatenwelt nach dem Ende des Ost-West-Konflikts verband sich mit der Globalisierung der Wirtschaftswelt und der zunehmenden Ungleichheit in der Gesellschaftswelt.

Überformt wurde der Prozess durch den Siegeszug der neoliberalen Ideologie, die behauptet, dass das hemmungslose Streben nach persönlichem Profit nicht nur individuelles Glück, sondern auch Wohlstand für alle garantiere. Der Westen, der Sieger im Kalten Krieg, übersteigerte die Verheißung noch, indem er allüberall Demokratien nach seinem Muster entstehen sah. Globalisierung, Neoliberalismus, Demokratie – nur dieser Dreiklang schien Fortschritt zu versprechen. Manch einer rief bereits das »Ende der Geschichte«[64] aus. Sollte diese eine Vollendung haben, so sei nun die Zeit gekommen. Der sich immer enthemmter gebärdende Turbokapitalismus, der alle nicht kapitalistischen Formen des Lebens und Arbeitens in sich hineinsaugte, erfuhr so seine quasireligiöse Überhöhung. Wo blieb da die Idee einer solidarischen Gesellschaft, einer solidarischen Weltgesellschaft? Einer gesellschaftlichen Vision, die nach Kooperation statt Konkurrenz ruft? Konnte die Idee einer zivilisierten Außenpolitik überleben, die nicht das nationale Interesse – ohnehin meist identisch mit dem Interesse von Konzernen und Banken –, sondern die internationale Verantwortung zur wichtigsten Leitlinie erklärt?

Zivilisierung – was soll das eigentlich bedeuten? Woher stammt der Begriff? Er bedeutet nicht, mit Messer und Gabel essen zu können, Etikette, Knigge. Er stammt aus dem klassischen Altertum, aus den antiken Republiken, in denen die *Civitas*, die Zivilgesellschaft, die *Res publica*, die öffentlichen Angelegenheiten mitbestimmen wollte. Die *Civitas* grenzte sich ab vom Militär. Die Militärführer sollten nicht die gesamte Gesellschaft kommandieren. Die Republik brauchte zu ihrer Entwicklung andere Verkehrsformen als Befehl und Gehorsam. Zivile Führungsfiguren versuchten, das Militär in die politischen Grundsatzentscheidungen einzubinden. Militärchefs hingegen wollten gern Imperatoren werden, Cäsaren, Kaiser. Das Militär, dessen Kerngeschäft die Konfrontation war, und Zivilisten, die auf Freiwilligkeit und Arbeitsteilung beruhende Kooperation stärken wollten, konkurrierten um Einfluss auf die gesellschaftliche Entwicklung.

Die Sozialanthropologie wie auch die moderne Entwicklungsbiologie zeigen, dass es die Fähigkeit zur bewussten Kooperation, nicht die zur Konfrontation war, welche die Menschwerdung des Affen bewirkte. Sie erst führte zur Bildung komplexer Zivilisationen. Sie macht den Unterschied der Gattung Mensch zum Tierreich aus. Warum sonst hätte sich Sprache herausbilden sollen, wenn nicht zu dem Zweck, gezielte Kooperation zu ermöglichen und Erfahrungen an Nachkommen weiterzugeben? Für selbstsüchtig-aggressives Verhalten hätten auch Grunztöne ausgereicht.

Kooperation als spezifisch menschliche Verhaltensweise hat sich über die Jahrtausende hinweg gesellschaftlich immer stärker durchgesetzt. Der »Prozess der Zivilisation«[65] lässt sich beschreiben als Lerngeschichte der Menschheit, in deren Verlauf innergesellschaftliche Gewalt abnahm und Menschen ihre individuellen Ansprüche zunehmend friedlich regelten. Hier findet sich nicht zuletzt der Ursprung unseres Rechtswesens. Die These wird auch nicht widerlegt durch die grauenhaften Rückschläge, die der Prozess der Zivilisation im 20. Jahrhundert durch massenmörderische, totalitäre Ideologien und Herrschaftssysteme erfuhr. Der Nationalsozialismus mit Angriffskrieg und Holocaust brach mit jeder Vorstellung von Zivilität. Dass die anthropologische Grundtendenz damit nicht ein für alle Male zerstört war, machten die Nürnberger Kriegsverbrecherprozesse deutlich. Als Maßstab zur Beurteilung der Nazi-Verbrechen zogen die Richter auch überhistorische, allgemein menschliche Standards heran und bestätigten so die über Jahrtausende errungenen Fortschritte in der Humanisierung menschlicher Existenz als verpflichtende Ethik für alle Lebenden.

Die humanitären Normen, welche die Verurteilung der Nazis ermöglichten, sollten nun auch Eingang finden in die internationalen Beziehungen. Die Menschheit war gewillt, aus den Katastrophen des 20. Jahrhunderts zu lernen, Verbrechen gegen die Menschlichkeit zu bestrafen und für alle Zeit zu ächten. Auch sollte Gewalt so weit wie möglich aus der Welt geschafft werden zugunsten friedlicher Streitbeilegung und Kooperation. Die Staaten gründeten die Organisation der Vereinten Nationen, die UNO. Die Charta der Vereinten Nationen wurde zum Meilenstein in der Zivilisierung der internationalen Beziehungen.

In grauer Vorzeit war es nicht nur nicht verboten, andere Völker, Städte, Dörfer anzugreifen, auszuplündern und zu unterjochen. Es war geradezu das Geschäftsmodell der herrschenden Fürsten, auf diese Weise ihren eigenen Reichtum und Wohlstand zu mehren. Das Kooperationsgebot galt nur intern, im eigenen Fürstentum. Nach außen hin galt fressen oder gefressen werden – ein historisch gewachsenes Muster. Menschwerdung vollzog sich zunächst über die Bildung von Horden. Was für deren Zusammenleben galt, galt nicht gleichermaßen für die Begegnung mit der Außenwelt. Man hatte die Erfahrung gemacht, dass es oft leichter war, einer anderen Horde Hab und Gut zu rauben, als selbst den Kampf mit der Natur aufzunehmen. Nun wusste man nicht, wenn man einer anderen Horde begegnete, ob diese ihrerseits friedlich gesinnt oder auf Beutezug war – der Beginn dessen, was heute das »Sicherheitsdilemma« genannt wird. Weil man nicht weiß, ob die andere Seite kooperativ oder konfrontativ motiviert ist, wappnet man sich für den Worst Case, das Schlimmste, und löst so bei der anderen Seite dieselben Unsicherheiten aus, die man selber verspürt. Die Rüstungsspirale beginnt.

Mit dem Westfälischen Frieden von Münster und Osnabrück zum Ende des Dreißigjährigen Krieges im Jahre 1648 wurden zum ersten Mal seit dem Untergang des römischen Imperiums in Europa Schritte unternommen, den beliebigen Kampf aller gegen alle zum eigenen Vorteil einzudämmen. Von da an durften nur noch anerkannte Staaten gegeneinander Krieg führen, die private Gewalt selbsternannter Warlords war verboten. Angriffskriege aber blieben erlaubt, waren normale und übliche Methode der Wahrung eigener Interessen. Krieg als Fortsetzung der Politik mit anderen Mitteln war akzeptiert, wenn er sich nur an ein Minimum an Ordnung hielt. Eine formelle Kriegserklärung musste her, und Kombattanten durften nur anerkannte Heere des jeweiligen Fürsten sein. Jeder kannte »seinen Clausewitz«[66]. Später kam das humanitäre Kriegsvölkerrecht hinzu, das der Zivilbevölkerung, Diplomaten, Verwundeten auf dem Schlachtfeld und Kriegsgefangenen Schutzrechte einräumte. Auch wenn die Rechte den Betroffenen oft nichts nützten, ist allein ihre Formulierung ein weiterer Hinweis darauf, dass eine bereits halbwegs zivilisierte Menschheit ungehemmter Gewaltausübung Grenzen setzen wollte.

Der Wiener Kongress 1815, der die napoleonischen Eroberungskriege beendete, befasste sich mehr mit der machtpolitischen Neuordnung Europas im Fürsteninteresse als mit der Frage einer weiteren Humanisierung der Staatenwelt. Knapp 100 Jahre später zogen stolze

Nationen, genötigt durch Bündnisverpflichtungen und getrieben von der Dummheit anmaßender Adliger in Wien, St. Petersburg, Berlin, Paris und London, mit fröhlicher Kavallerie übermütig in den Ersten Weltkrieg, die Urkatastrophe der Moderne. Nachdem sie aus dessen »Stahlgewittern«[67] gelernt hatten, welch schreckliche Auswirkungen die Moderne haben kann, versuchten klügere, demokratische Politiker, allen voran der amerikanische Präsident Woodrow Wilson, den Nationalstaaten Fesseln anzulegen. Doch ihr Versuch, einen »Völkerbund« zur Friedenssicherung zu schmieden, scheiterte. Immerhin gelang es, mit dem Briand-Kellogg-Pakt von 1928, den neben 61 anderen Nationen auch das Deutsche Reich unterzeichnete, Angriffskriege zu ächten.[68] Zumindest normativ. Real fand bald ein Rückfall in schlimmste Gewaltexzesse statt: Die Nationalsozialisten ignorierten den Vertrag. Ihre Angriffskriege waren an Vernichtungswillen kaum zu überbieten – verbrecherisch in juristischer, politischer und ethischer Hinsicht.

Die UN-Charta, 1945 von den Siegermächten initiiert, brachte einen Quantensprung in der Zivilisierung der internationalen Beziehungen. Ab sofort war das Führen von Angriffskriegen allgemein verboten. Deutschland übernahm das Völkerrecht in das Grundgesetz und das nationale Recht. Das Gewaltverbot war absolut, mit zwei Ausnahmen: Nach wie vor anerkannt wurde das Recht eines angegriffenen Staates auf Selbstverteidigung. Es wurde abgeleitet aus dem Naturrecht, das jedem Individuum die Legitimation verleiht, sein Leben zu verteidigen gegen den, der es nehmen will. Die andere Ausnahme bildeten Einsätze der UNO selber oder ihrer Beauftragten, um internationale Krisen einzudämmen oder zu lösen.

Das Kapitel VI der UN-Charta definiert friedenserhaltende Maßnahmen. Mit Zustimmung der Konfliktparteien kann die UNO »Blauhelme« entsenden, die strikt neutral versuchen sollten, Waffenstillstands- und Friedensvereinbarungen zwischen den Konfliktparteien zu überwachen. Das Kapitel VII definiert Interventionen zur Friedenserzwingung. Auf dieser Basis kann die internationale Gemeinschaft auch ohne die Zustimmung einer oder mehrerer Konfliktparteien eingreifen, um eskalierte Konflikte durch Sanktionen und begrenzte Militäroperationen unter die Gewaltschwelle zu drücken. Während der Balkan-Kriege zeigte sich, dass die Kapitel-VI-Einsätze nicht schlagkräftig genug waren, um der internationalen Gemeinschaft eine effektive Handhabe gegen die Verletzung des Völkerrechts zu geben. Auch wurden Blauhelmsoldaten oft selber in den Krieg hineingezogen, als Geisel genommen oder direkt bekämpft. Die UNO behalf sich deshalb mit sogenannten »Kapitel VI ½«-Einsätzen: Blauhelmsoldaten durften sich zur Selbstverteidigung oder zur Verteidigung ihrer Mission auch schwerer Waffen bedienen. Letztlich aber sank die Bereitschaft wichtiger Truppensteller wie der USA, überhaupt ein UNO-Mandat zu übernehmen, wenn es ihnen nicht weitestgehende Handlungsfreiheit bot. Kapitel-VII-Einsätze zur Friedenserzwingung wurden deshalb zum Standardmodell einer völkerrechtlich legitimierten Intervention.

Über viele Jahrzehnte führte die UNO ein Schattendasein, da die Welt in Atem gehalten wurde durch die atomare Abschreckungspolitik von Nato und Warschauer Pakt. Stellvertreterkriege an der Peripherie, in der Dritten Welt, folgten eher der Blocklogik als dem UNO-Auftrag zur friedlichen Streitbeilegung. Erst seit dem Ende des Ost-West-Konflikts und mit dem Auftauchen neuer Bedrohungen wurde die UN-Charta wieder relevant als normativer Maßstab für staatliche Außenpolitik.

Komplexe Regionalkonflikte wie im zerfallenden Jugoslawien und der Völkermord in Ruanda bewiesen, dass eine Krisenintervention meist zu spät kommt. Immer dringlicher forderte die UNO deshalb eine »Kultur der Prävention«. Was sich wie eine unbestimmte Klausel anhört, hat in Wirklichkeit enorme Auswirkungen auf die Politik. Denn: Mit der UN-Charta wurden bisher zwar Angriffskriege verboten, Weltfrieden und regionale Stabilität wurden zur obersten Norm erhoben. Diese verteidigen aber durfte man auch mit militärischen Mitteln. Doch mehrmals führten von der UNO beschlossene und deshalb legale Militäroperationen zu gewaltsamen Eskalationen, die eigentlich hatten verhindert werden sollen, etwa die von den USA geführten Interventionen im Koreakrieg und in Kuwait zur Befreiung von den irakischen Aggressoren. Spätestens die »neuen Bedrohungen« – der internationale Terrorismus, »ethnische Säuberungen«, Staatszerfall, internationale organisierte Kriminalität – zeigten, dass so manche Krise nicht, nicht allein oder nicht in erster Linie militärisch zu bewältigen war. Militäreinsätze wurden immer teuer, blieben aber, was die Effektivität angeht, hinter den Erwartungen zurück.

Konflikte sind normal für eine Gesellschaft; erst ihre destruktive, gewaltsame Austragung führt zu Krisen, die gekennzeichnet sind durch Mord, Totschlag und Massenelend. Immer mehr Akteuren, die sich dem Weltfrieden verschrieben hatten, wurde bewusst, dass es darauf ankäme, die Zuspitzung von Konflikten zu Krisen zu verhindern, statt im Nachhinein militärisch einzugreifen. Zivile Krisenprävention hieß: Das Zurückdrängen von Gewalt, die Zivilisierung, war nicht nur das erklärte Ziel, die zivilisatorischen Normen sollten sich nun auch auf die Mittel erstrecken, mit denen Gewaltfreiheit erreicht werden sollte.

Die internationale Politik begann, Methoden der innergesellschaftlichen Konfliktaustragung auf die internationale Ebene zu heben. Längst hatte sich innerhalb der meisten Gesellschaften das staatliche Gewaltmonopol durchgesetzt. Kein Individuum war länger berechtigt, außer zur unmittelbaren Notwehr und Nothilfe private Gewalt anzuwenden. Das in fast allen Weltreligionen zentrale Tötungsverbot wurde institutionell verankert. Das beschriebene Sicherheitsdilemma des Einzelnen brauchte ein allgemeingültiges Lösungsmuster statt persönlicher Selbsthilfe, die jede weitere gesellschaftliche Entwicklung gehemmt hätte. Die gegenseitige Versicherung der Gewaltfreiheit im Umgang miteinander und der Glaube daran, garantiert durch das staatliche Gewaltmonopol, machten es erst möglich, dass die bürgerlich-revolutionären Versprechungen von Freiheit, Gleichheit, Geschwisterlichkeit realisiert werden konnten. Nur noch der Staat sollte Gewalt anwenden dürfen – zum Schutz der Bürger. Die modernen Rechtsstaaten gingen einen Schritt weiter und entzogen diktatorischer oder despotischer Staatsgewalt die Legitimation. Auch staatlicher Gewalteinsatz hatte sich an Gesetze und Regeln zu halten, etwa den Grundsatz der Verhältnismäßigkeit der Mittel: Staatlicher Gewalteinsatz durfte nicht mehr Probleme schaffen, als er löste.

Der Idee des Rechtsstaats folgte nun die Idee, dass auch die internationalen Beziehungen allgemeingültigen Rechten unterworfen werden sollten. Staatliche Selbsthilfemaßnahmen sollten ersetzt werden durch internationale Regularien. Die Völkergemeinschaft, repräsentiert in der UNO, sollte zugleich effektiver werden und versuchen, möglichst viele militärische, also gewaltförmige Elemente durch zivile zu ersetzen. Es dämmerte die Vision einer Weltgemeinschaft herauf, die sich ähnlich reguliert wie eine nationale Gesellschaft. Auch wenn eine wirkliche Weltinnenpolitik kaum zu erreichen ist, weil es keine integrierte Weltgesellschaft, sondern nur viele Staatsvölker gibt, fordert die Philosophie der Prävention und zivilen Konfliktbearbeitung mit ihrem umfassenden Geltungsanspruch die traditionellen militärgestützten Strategien der Sicherheits- und Verteidigungspolitik heraus. Lange Zeit wurden das außen- und sicherheitspolitische Denken und Handeln vom sogenannten »Realismus«[69] bestimmt. Diese Theorie versucht, die Welt als eine anarchische Konkurrenz von Einzelstaaten zu erklären, die, jeder gegen jeden, mehr oder weniger aggressiv versuchten, ihre nationalen Interessen durchzusetzen. Die Ursprünge der Theorie reichen zurück in die Zeit, als ein Angriffskrieg legitim war und die Staaten durch wechselnde Bündnisse versuchten, ein Gleichgewicht der Kräfte herzustellen. Der Neorealismus heutiger Zeit verständigte sich darauf, dass militärische Zusammenschlüsse nur der Verteidigung dienen. Als oberstes Ziel der Politik aber sieht er immer noch das nationale Interesse, auch wenn die Nation in ein Bündnis eingebunden ist.

Ein »erweiterter Sicherheitsbegriff« nimmt die neuen Bedrohungen ebenso auf wie die Philosophie von Prävention und ziviler Konfliktbearbeitung und sperrt sich gegen das enge Deutungsmuster des Neorealismus. Denn die modernen Formen nicht militärischer Sicherheitspolitik sind in Teilen dem Realismus fremd. Das wichtigste: Nicht mehr das nationale Interesse steht im Vordergrund, sondern die internationale Verantwortung. Dies bedeutet, dass das nationale Eigeninteresse auch einmal zurückstehen muss.

Nun streitet sich die Wissenschaft. Die eine Seite behauptet, dass freiwilliger Machtverzicht und ethische Orientierung – besonders für eine exportorientierte Mittelmacht wie Deutschland – unter wirtschaftlichen Gesichtspunkten im Grunde die schlaueste nationale Interessenpolitik darstellten und damit eigentlich unter den Realismusbegriff fielen. Die andere Seite meint: Die wertegeleitete Berücksichtigung fremder Interessen führe zu einer multiperspektivischen Sichtweise und zu einer neuen außenpolitischen Ethik, die einen neuen Theorierahmen benötigten. In ihm würde die Staatenwelt nicht mehr als anarchische Konkurrenz, sondern als kooperative Gemeinschaft begriffen.

Als außenpolitischer Praktiker ist man etwas verwundert über den Streit in der Wissenschaft. Denn die Theorien erheben beide den Anspruch, die Hauptgesetzmäßigkeiten der Staatenwelt plausibel zu erklären und konkurrierende Erklärungsmodelle ausschließen zu können. Als Politiker erlebt man hingegen widersprüchliche Realitäten zur selben Zeit. Zahlreiche politische Entscheidungsträger verhalten sich so, wie die Realisten es beschreiben. Nicht zuletzt deshalb, weil viele Politiker auch Bücher lesen und glauben, wenn die Wissenschaft eine »realistische«, »realpolitische« Analyse des Weltgeschehens anbietet, müssten sich Politiker entsprechend verhalten. Wissenschaft führt so zu einer sich selbst erfüllenden Prophezeiung. Realismus, als analytische Theorie gemeint, mutiert zur politischen Handlungsstrategie. Daneben, ja dagegen positionieren sich immer mehr Anhänger eines wertegeleiteten kooperativen Ansatzes, der sich weigert, mit den Prinzipien des Realismus identifiziert zu werden.

Die realistische Theorie meint, dass die Strukturen, die sie in der Staatenwelt zu erkennen glaubt, den Staaten als Wesen immanent sind. Ist es aber nicht in Wirklichkeit so, dass die beobachteten Phänomene nichts anderes sind als Attribute, die den Staaten in bestimmten Zeiten und Räumen von den jeweiligen politischen Entscheidungsträgern verliehen wurden? Wenn die These stimmt, dass der Staat eine institutionelle Verdichtung gesellschaftlicher Kräfteverhältnisse darstellt,[70] dann drücken sich auch in seiner Außenpolitik Macht und Herrschaft aus und nicht eine zu sich selbst findende staatliche Wesenhaftigkeit.

Wie relativ die »realistische« Sicht der Dinge ist, zeigt ein Blick auf die neuen Bedrohungen. Es ist nicht mehr in erster Linie die anarchische Staatenkonkurrenz mitsamt zwischenstaatlichen Kriegen, die das Fürchten lehren. Diese haben deutlich abgenommen. Der Realismus verfängt sich mit seiner Fixierung auf militärische Sicherheit und nationales Interesse deshalb in strategischen und konzeptionellen Sackgassen. Denn aus ihm ergeben sich keine überzeugenden Handlungsoptionen für die neuen Bedrohungen. Zudem wird in der Öffentlichkeit Sicherheit nicht mehr nur als Sicherheit von Staaten gegen Angriffe verstanden. Immer deutlicher artikuliert sich das Bedürfnis nach Sicherheit von Individuen und ethnischen Gruppen auch in der internationalen Politik. »Menschliche Sicherheit« hat begonnen, staatliche Sicherheit als Politikziel zu verdrängen. Denn aus der Sicht des Einzelnen ist es gleichgültig, ob er durch Krieg, Terror, Folter, Seuchen, Kriminalität oder Dürrekatastrophen zu Tode kommt. Zumindest in den meisten Demokratien existiert die Verpflichtung sozialstaatlicher Daseinsvorsorge, die den Menschen vor all diesen Gefahren schützen soll. Die Fixierung auf staatliche Sicherheit steht dabei eher im Wege. Hier liegen für die internationale Gemeinschaft ein Problem und eine Chance zugleich. Denn die neuen Bedrohungen müssen notwendigerweise zu einer Weiterentwicklung des Völkerrechts führen. Das klassische Völkerrecht ist im Prinzip kein Völker-, sondern ein Staatenrecht. Dieses garantiert das Recht des Staates auf territoriale Integrität und verbietet die »Einmischung in innere Angelegenheiten«. Was aber geschieht, wenn das staatliche Gewaltmonopol missbraucht wird, um ethnische Säuberungen durchzusetzen, gar einen Teil des Staatsvolks zu vernichten, Völkermord zu begehen? Frühere Versuche, Völkermord zu ächten, waren nicht in die UN-Charta eingeflossen. Mit den völkermörderischen Vorgängen auf dem Balkan, in Ruanda, im Sudan und anderswo rückte diese Debatte wieder ins Zentrum. Immer deutlicher wurde, dass das staatliche Gewaltmonopol theoretisch mit dem Wohlfahrtsgedanken verbunden ist. Das Gebot der Nichteinmischung in die inneren Angelegenheiten eines Staates konnte deshalb nur so lange gelten, wie ein Staat sein Gewaltmonopol zum Nutzen des gesamten Staatsvolks einsetzte. So entstanden erste Forderungen an die Staatsführungen nach *Good Governance*. Die Verletzung der Standards guter Regierungsführung konnte geahndet werden, etwa durch den Entzug von Wirtschaftshilfe. Bei massiven Verletzungen der Menschenrechte durfte und musste die internationale Gemeinschaft eingreifen. Genozide und Massenmorde durch den Staat erzwangen geradezu eine internationale Einmischung.

Nachdem die UNO-Mitglieder eine Zeit lang über »humanitäre Interventionen« diskutierten, verdichtet sich seit einigen Jahren über politische Resolutionen der Generalversammlung und Beschlüsse des Sicherheitsrats die Idee von der *responsibility to protect*, der Schutzverantwortung. Auch sie lässt sich aus dem Naturrecht ableiten. Ähnlich wie im deutschen Bürgerlichen Gesetzbuch wird der Notwehr die Nothilfe als legitime und verpflichtende Norm zur Seite gestellt. Auch diese Entwicklung markiert einen Meilenstein im Prozess der Zivilisation. Die internationale Gemeinschaft darf externe Gewalt anwenden, um interne staatliche Gewalt einzudämmen – ein Schritt in die Richtung eines globalen Gewaltmonopols der Völkergemeinschaft. Während traditionelle Sicherheitspolitiker dabei insbesondere den Bedeutungszuwachs militärischer Macht im Auge haben und Medien gern die gesamte Komplexität auf die Frage von Bundeswehreinsätzen reduzieren, bahnt sich in Wirklichkeit ein epochaler Paradigmenwechsel an.

Neben die Traditionalisten sind Akteure getreten, die sich einer alternativen außenpolitischen Philosophie verpflichtet fühlen – globale Werteorientierung statt nationalen Interessenkampfs. Zivilität nicht nur innerhalb der Horde, sondern möglichst auch in ihren Außenbeziehungen zu den anderen, bis sich alle gemeinsam als integrierte Weltgesellschaft verstehen. Es ist offensichtlich, dass dieses neue Denken eher zu Lösungen für die Weltprobleme kommt. Ob es sich durchsetzt, ist eine andere Frage. Denn zu viele gewissenlose Gestalten verdienen gut am Elend anderer. Und die neoliberale Ideologie verleiht dem schnöden Egoismus höhere Weihen.

Die neue außenpolitische Philosophie wird in der Wissenschaft unter dem Begriff »Konstruktivismus«[71] diskutiert. Der Konstruktivismus geht davon aus, dass staatliche Strategien und Ziele, auch außenpolitische, von Menschen gemacht sind und nicht den Staaten als Wesensmerkmal anhaften. Die Fixierung auf nationale Interessen und militärische Machtprojektion sind demnach nicht Eigenschaften der Staaten an sich, sondern Konzepte der handelnden Akteure, die im Prinzip frei sind, sich auch für andere Handlungsmuster zu entscheiden. Eigentlich ist der Konstruktivismus eine Metatheorie, die im Grunde nicht mehr tut, als alle Theorien für menschengemacht zu erklären. Er hat damit aber einen entscheidenden Beitrag zur Zivilisierung geleistet: Er hat dem Realismus seinen ontologischen Anspruch entrissen. Er ist damit Wegbereiter eines Pragmatismus, der sich nicht mehr hinter »alternativlosen«[72] »Sachzwängen«[73] verschanzen darf, sondern in Freiheit und Verantwortung seine Strategien rational wählen kann und begründen muss.[74] Da die Entscheidungsmöglichkeiten, von denen der Konstruktivismus ausgeht, die integrativen, multilateralen, zivilen Strategien ebenso wie die »realistischen« mit einschließen, gilt er – nicht ganz korrekt – als Gegenmodell des Neorealismus. Nennen wir das Gegenmodell zur »realistischen« nicht »konstruktivistische«, sondern besser »integrative« Außenpolitik.

Unterschätzt wird der epochale Wandel vom Realismus zum integrativen Konstruktivismus auch von Anhängern eines Liberalismus, der davon ausgeht, dass Wirtschaftsverflechtung an sich friedensfördernd wirke.[75] Geschlussfolgert wird deshalb: Je mehr wirtschaftliche Integration und freier Welthandel, desto geringer die Kriegsgefahr. Der Nachweis konnte bisher nicht angetreten werden. Eher im Gegenteil: Fast alle Kriege wurden auch aus wirtschaftlichen Interessen geführt, für Ressourcen, für Standortvorteile, für Handelswege, für Absatzmärkte. Aus der Geschichte wissen wir, dass Unternehmen im Kriegsfall nicht nur von der Kriegswirtschaft der eigenen Nation profitierten, sondern durchaus auch profitablen Handel mit dem Feind trieben. In zerfallenden Staaten etablieren sich oft Kriegsökonomien, deren Geschäftsmodell auf der Pflege von Feindseligkeiten beruht. Ob der internationale Rüstungs-, Drogen- und Menschenhandel einen Friedensauftrag verspürt, darf ebenfalls bezweifelt werden. Ihre Zuspitzung findet die liberale Theorie in der Verherrlichung der Globalisierung. Alles, was dort betrieben wird an sozialer Verwilderung, an ökologischer Verwüstung, an kultureller Zerstörung, wird verteidigt mit dem Argument, dass Marktwirtschaft letztlich auch zur Demokratie, zur Achtung der Menschenrechte und zu einer friedlichen Welt führe. Bei den Betroffenen hingegen werfen die Auswirkungen des Neoliberalismus einen bösen Schatten auf den Demokratiebegriff.

Daraus resultiert eine unbequeme Frage: Ist das westliche Selbstbewusstsein, das sich in solchen Ideologien spiegelt, eigentlich berechtigt? Ist es gerechtfertigt, dass die westlichen Industrienationen meinen, ihre Grundwerte und Leitkulturen in die gesamte Welt exportieren und dort mehr oder weniger aggressiv durchsetzen zu dürfen? Sind die westlichen Werte universelle Werte, oder sind sie relativ? Gibt es andere Wertesysteme und Kulturmuster, die den Anspruch erheben könnten, zumindest für eine bestimmte Region geeigneter zu sein als die westlichen? Seit Jahrzehnten wird diese Debatte in der Sozial- und Kulturanthropologie geführt unter der Fragestellung: Kulturnormativismus oder Kulturrelativismus. Der »Eurozentrismus« wurde infrage gestellt. Seit dem Ende des Ost-West-Konflikts ist die Diskussion etwas verebbt. Die westliche Welt hat sich in dem Selbst-Missverständnis verfangen, sie habe nicht nur den Kalten Krieg gewonnen, sondern biete mit ihren Normen die Lösung für die gesamte Menschheit, und diese sei dankbar dafür. Oft ist sie inzwischen mit ihrer Hybris auf die Nase gefallen. Manchmal hat sie es nicht bemerkt. Wer in Zentralchina etwa an einer euro-asiatischen Wirtschaftskonferenz teilnimmt, kann erleben, dass die EU nicht einmal erwähnt wird. So irrelevant ist sie aus dortiger Sicht: Europa – das sind aufstrebende Schwellenländer wie Russland, die Ukraine, die Türkei.

Wenn hinter dem normativen Anspruch des Westens ein Fragezeichen gemacht werden muss, bedeutet dies, dass es überhaupt keine universellen Werte gibt? Doch, es gibt sie und zwar insoweit, als sie von den Vereinten Nationen als Standards für die gesamte internationale Gemeinschaft festgelegt worden sind. Kodifiziert sind sie – neben der Allgemeinen Erklärung der Menschenrechte von 1948 – vor allem in den Menschenrechtspakten von 1966. Ja, Pakte, Plural! Auch hier muss mit einem westlichen Missverständnis aufgeräumt werden: Menschenrechte umfassen nicht nur «bürgerliche und politische Rechte« (der sogenannte Zivilpakt). Sie umfassen gleichermaßen die »sozialen und kulturellen Rechte« sowie das Recht auf Entwicklung (der Sozialpakt)! Gerne wird der zweite Menschenrechtspakt von der westlichen Welt, die sich wie der Artikel 1 (2) unseres Grundgesetzes zur Unverletzlichkeit der Menschenrechte bekennt, übersehen. Man mokiert sich über Menschenrechtsverletzungen in anderen Ländern und hat dabei nur die politischen Freiheitsrechte im Blick. Die gleichwertigen sozialen Rechte werden ignoriert. Man könnte sonst den westlichen Eigenbeitrag zur sozialen Verelendung in großen Teilen der Welt nicht so gut verdrängen.

Besonders deutlich wird die Einseitigkeit z. B. im Verhältnis zu China. Dem dortigen Regime wird nicht zu Unrecht vorgeworfen, die politischen und kulturellen Rechte des UN-Kanons systematisch zu verletzen. Übersehen wird dabei, dass China es geschafft hat, die sozialen Grundrechte weitestgehend zu erfüllen. Die Grundbedarfssicherung für fast eine Milliarde Menschen zu organisieren, die vor wenigen Jahrzehnten noch vor dem Verhungern standen, ist eine ungeheure historische Leistung. Die Grundbedürfnisstrategie, das zu Recht heiligste Credo deutscher Entwicklungspolitik, eher schlecht als recht verwirklicht in Afrika und Lateinamerika – China hat sie umgesetzt, für fast ein Fünftel der Menschheit. In kleinerem Maßstab gilt das übrigens auch für Kuba. Hingegen kann man längst nicht von allen westlich orientierten, demokratischen und pseudodemokratischen Entwicklungsländern behaupten, dass sie die sozialen Grundrechte ähnlich effektiv erfüllt hätten. Prominentestes Beispiel ist Indien, das trotz enormer gesamtwirtschaftlicher Wachstumsraten in

Bezug auf die durchschnittliche Lebenserwartung, das Inlandsprodukt pro Kopf, die Alphabetisierungsrate weit hinter China zurückliegt. Auch die unmittelbaren Nachbarn der USA in Zentralamerika, Guatemala, Honduras, El Salvador, schneiden miserabel ab.

Es täte dem Westen gut, sich der Diskussion um Menschenrechte, Grundwerte, Entwicklungsrichtungen und Sicherheitsbegriffe erneut zu stellen. Die universellen Grundwerte zu verteidigen, und zwar beide, die politischen wie die sozialen, ist Aufgabe eines jeden Staates, der westlichen wie aller anderen, und Kritik ist berechtigt, wenn sie nicht einseitig ausfällt. Nun existieren neben den von der UNO kodifizierten universellen Normen allerhand regionale Kulturmuster, die sich mit der westlichen Leitkultur nur schwer vertragen – arabisch-islamisch-nomadische, animistisch-afrikanische, die konfuzianischen *Asian Values*, die hinduistische Vielgötterei, die buddhistische Innerlichkeit, um nur einige zu nennen. Hat der Westen das Recht, seine Muster hierhinzuexportieren und den Gesellschaften mehr oder weniger sanft aufzudrücken? Ist alles, was für uns gut ist und was wir gegen jede Anfeindung verteidigen würden, auch für andere Völker gut? Es gibt keinen Grund zu glauben, dass der westliche Lebensstil mitsamt seinen bigotten Egotrips, seiner Rastlosigkeit, seinem Snobismus, seinem Wachstums- und Konsumwahn die Lösung für die gesamte Menschheit darstellt. Im Gegenteil: Würde er universalisiert, die Erde wäre ein unbewohnbarer Ort. Dass chinesische Eliten sich mittlerweile ebenso benehmen, ist kein Beweis für die Richtigkeit des Modells, sondern für den Reiz, Vorbildern nachzueifern, und seien es die falschen. Die Eliten des buddhistischen Königreichs Bhutan jedenfalls lehnen westlichen Stil ab, haben als Entwicklungsmaßstab das Bruttoinlandsprodukt durch einen Glückskoeffizienten ersetzt und regieren, obwohl keine Demokratie, das nach eigenem Empfinden glücklichste Volk der Erde.

Kulturrelativismus muss nicht auf einen »Kampf der Kulturen« hinauslaufen.[76] Im Gegenteil, friedliche Koexistenz und wechselseitiges Lernen sind möglich, solange nicht ein Kulturkreis meint, seine spezifischen Muster für alle anderen verbindlich machen zu müssen. Eine wichtige Antwort auf die totalitäre Gottesstaat-Ideologie von al-Qaida wäre der interkulturelle Dialog mit der arabisch-islamischen Welt, als anerkannter Zivilisation, in gegenseitiger Achtung. »Respekt« – dieses Attribut kommt uns bekannt vor. Gern wird es von deklassierten Jugendlichen mit Migrationshintergrund eingefordert, die außer Sonnenbrille und Smartphone nichts anderes haben als das Selbstbewusstsein, dieselbe Menschenwürde zu besitzen wie der reiche Pinkel aus dem Nachbarbezirk. Menschenwürde – das könnte die Idee sein, mit der unterschiedliche Kulturen überwölbt werden. Sich daran zu orientieren wäre alles andere als anti-westlich. Das Bekenntnis zur Unantastbarkeit der Menschenwürde bildet den ersten Satz unseres Grundgesetzes.

Auch die Geschichtsphilosophie zeigt, dass der Westen keinen Grund für arrogante Auftritte hat. Von ihr wissen wir, dass Demokratie die Herrschaftsform der bürgerlichen Gesellschaft ist. Man muss diese These nicht so absolut setzen, wie es der Marxismus getan hat. Als weiche These aber dürfte sie stimmen: Die Existenz eines breiten Bürgertums begünstigt das Entstehen von Demokratien. Im Umkehrschluss: Wo es keine bürgerliche Gesellschaft gibt, tut sich Demokratie schwer. Und: Wo bürgerliche Schichten deklassiert werden, droht Demokratieverlust. Dürfen wir Demokraten, die wir in einer entwickelten bürgerlichen Gesellschaft leben, nun andere Länder, die eine andere Sozialstruktur aufweisen, weil sie sich in einer anderen Entwicklungsphase befinden, wegen ihres Demokratiemangels anklagen? Bedauern, ja; darüber reden, ja; aber anklagen?

Der historische Materialismus der Marxisten ging aus von einem Ziel der Geschichte, einem gesetzmäßigen Fortschreiten des Feudalismus über die bürgerliche Demokratie zum Sozialismus. Auch die bürgerliche Politik unterstellt eine solche Gesetzmäßigkeit, wenn sie alle Entwicklungen, die nicht der eigenen entsprechen, als defizitär ansieht und zu Anstrengungen auffordert. Sie setzt sich selbst als Maßstab und Ziel von Entwicklung. Damit aber bezeugt sie implizit, dass Länder, die nicht das Produktivitätsniveau einer bürgerlichen Gesellschaft aufweisen, demokratische Standards schwerlich stets zur vollsten Zufriedenheit erfüllen können. Warum aber klagt der Westen dann immer wieder an? Wie stand es denn um die Demokratie in Deutschland, als wir hier ein Produktivitätsniveau hatten wie heute ein Schwellenland? Deutschland war eine Vielvölkerregion, ohne gefestigte nationale Identität, regiert und tyrannisiert durch eine Riege von Fürsten, Oligarchen und Warlords, undemokratisch, willkürlich, militaristisch. Unsere Gegend war gekennzeichnet von kriegerischen Entwicklungsdespotien wie Preußen, Österreich-Ungarn, Bayern,

Sachsen, Dänemark. Erst mit der industriellen Revolution wurde langsam, sehr langsam und mit vielen Rückschritten die Wende eingeleitet. Eine vollständige Demokratie haben wir erst seit gut zwei Jahrzehnten.

Bei den anderen westlichen Staaten sieht es nicht viel besser aus: Abschaffung der Sklaverei, Abschaffung des Klassen- und Einführung des Frauenwahlrechts, Abschaffung der Hutpflicht für Frauen in der Öffentlichkeit, Abschaffung der Prügelstrafe – das ist alles noch nicht so lange her. Was also gibt uns das Recht, den Mund so voll zu nehmen? Man vergleiche die Blitzgeschwindigkeit von Mikroprozessoren mit dem Passgang eines Kamels. Beides – Mikroprozessor wie Lasttier – sind Produktionsmittel. Beide werden gleichzeitig wirtschaftlich eingesetzt. Nur weil man sich selber rühmt, im IT-Zeitalter angekommen zu sein, kann man von einem Beduinen nicht verlangen, mit einer Nerd-Brille durch die Wüste zu ziehen.

Wendet man sich dieser historischen Betrachtungsweise zu, sieht man, dass nicht für alle Regionen dieser Erde zeitgleich dieselbe Regierungsform verlangt werden kann. Die Kulturmuster sind ohnehin unterschiedlich gewachsen. So existieren jedenfalls zur gleichen Zeit unterschiedliche Ausdrucksformen des Menschseins. Ob es zeitversetzt, zu ungleichen Zeiten, die gleichen Ausdrucksformen gibt, ist offen. Ungleichzeitigkeit nennt die Philosophie diesen Umstand. Vielleicht gibt es konvergente Prozesse, vielleicht aber auch eigenständige Weiterentwicklungen.

Deshalb sollte man einen Gedankenschritt weitergehen und fragen, ob die Nicht-Existenz westlicher Kulturmuster überhaupt als Defizit diagnostiziert werden kann, welches mit Entwicklungshilfe und neumodischen Strategien wie *Nation Building* und *Institution Building* abgebaut werden muss. Warum muss eigentlich ein Staat nach westlichem Muster die angemessene Organisation für eine Region darstellen? Warum etwa soll der Kongo, auf der Berliner Kongo-Konferenz, die Afrika 1884 unter die europäischen Kolonialmächte aufteilte, ausdrücklich als staatsfreie Wildnis definiert, heute wie ein demokratischer Nationalstaat funktionieren? Nur weil die Nachbargebiete von den Kolonialmächten mit Staatsgrenzen umgeben wurden, muss doch die von diesen ausgegrenzte Kongoregion sie nicht auch als Grenze eines eigenen Staates empfinden, dessen Bewohner sich, ob sie wollen oder nicht, als Staatsvolk begreifen müssen, das einer zentralen Staatsmacht bedarf. Ähnliches gilt für Afghanistan oder Somalia. Wenn das Bewusstsein, Staat oder Nation zu sein, nur gering ausgeprägt oder gar nicht vorhanden ist, was dann? Gibt es nicht auch Steuerungsmöglichkeiten bei begrenzter oder auch ganz ohne Staatlichkeit?[77]

Sollte man nicht anerkennen, dass andere Räume, die sich in anderen Zeiten befinden, eine eigene Entwicklungslogik aufweisen, die sich von der westlich-kapitalistischen fundamental unterscheiden kann? Gibt es in der Menschheitsentwicklung so etwas wie eine Raum-Zeit-Relation? Nicht so mechanisch wie in der Physik, denn schließlich ist der Mensch frei, Entscheidungen zu treffen, aber identifizierbar und deshalb in außenpolitischen Strategien zu berücksichtigen. Gefragt ist so etwas wie eine »politische Relativitätstheorie« für die internationalen Beziehungen.

These 1: Geografische Räume bilden kulturelle Räume und verfügen über einen eigenen, endogenen Zeitbegriff.

These 2: Da die sozialen Zeitbegriffe sich unterscheiden, haben sie auch einen unterschiedlichen Bezug zur physikalischen Zeit.

These 3: Daraus folgt, dass Gesellschaften einem unterschiedlichen Takt gehorchen.

Eine moderne, relativistische Sicht der komplexen globalen Interessen- und Wertestruktur und der Wille, die Zuspitzung allgegenwärtiger Konflikte zu Krisen zu verhindern, ziehen notwendigerweise neue politische Handlungsstrategien nach sich.[78] Die klügeren Akteure der staatlichen Außenpolitik haben längst erkannt, dass die angesichts der Globalisierung dramatisch gestiegene Bedeutung nicht staatlicher Akteure auch bei der eigenen politischen Strategie berücksichtigt werden muss. Die Gesellschaftswelt ist in den internationalen Beziehungen – von Wirtschaft und Handel über Sport und Tourismus bis hin zur individuellen Begegnung – längst in einem bis dahin nicht bekannten Ausmaß mit eigenen Aktivitäten und Geltungsansprüchen neben die Staatenwelt getreten.[79] Beide Welten miteinander in Verbindung zu bringen, untereinander kommunikationsfähig zu machen, auch das war Ziel der rot-grünen Außenpolitik.

Gesteuert wird das internationale Geschehen heute durch eine hochkomplexe Struktur, in dem außenpolitische Entscheidungen eines Staates nur noch ein Element unter vielen sind. Von der UNO bis zum Ballermann – wo internationale Begegnung stattfindet, entsteht gegenseitiges Verständnis oder Misstrauen. Hier verdichtet sich Erfahrung zu rationaler Strategie oder irrationaler Animosität. Geschichte wird immer weniger von »großen Männern« gemacht. Die internationalen Beziehungen werden heute in zahlreichen großen und kleineren Knotenpunkten in einem dichten globalen Netzwerk gesteuert und geregelt. Diese Prozesse, die in Wissenschaft und Politik als *Global Governance*[80] begriffen werden, prägen heute eine Weltgemeinschaft, die Ansätze zur Weltgesellschaft aufweist. Regelung darf dabei nicht technokratisch missverstanden werden; auch bei multilateralen und transnationalen Prozessen sind Machtunterschiede wirksam. Das Ziel umfassender Gerechtigkeit konkurriert immer noch mit partikularen Profitinteressen. An die Stelle der »anarchischen Staatenkonkurrenz« der Realisten sind jedoch Ansätze einer gezielten internationalen Strukturpolitik getreten, die bewusst nach Regelungsmöglichkeiten sucht. Die Welt kann nicht mehr der liberalen Illusion der Selbstregulierung überlassen werden.

Eine moderne präventive Außen- und Sicherheitspolitik verlangt neben den Instrumenten zur Verhinderung einer aktuell auftretenden Krise eine vorausschauende Weltordnungspolitik, welche die Eskalation von Konflikten zu Krisen schon im Ansatz unterbindet. Nicht weitere De-Regulierung, sondern Re-Regulierung lautet deshalb das Gebot der Stunde. Das betrifft die internationalen Finanzmärkte, um den entfesselten Kasino-Kapitalismus wieder zu bändigen, spekulatives Kapital in investives zu verwandeln und den Zerfall ganzer Volkswirtschaften zu verhindern, der für das gesamte internationale Gefüge gefährlich ist. Das betrifft die Verteilung des globalen Reichtums, um die Lebenschancen aller Völker tendenziell anzugleichen und soziale Aufstände und ihre gewaltsame Niederschlagung zu vermeiden. Das betrifft den Schutz des Weltklimas, um die natürlichen Lebensgrundlagen zu erhalten und Völkerwanderungen, die in Verdrängungskriegen enden würden, zu verhindern.

Grob polarisierend können die Handlungsoptionen, die sich aus den beiden gegensätzlichen Konzepten ergeben, in Begriffspaaren dargestellt werden: globale Verantwortung versus nationales Interesse, zivile statt militärischer Mittel, *Soft Power* statt *Hard Power*, Primat der Politik statt der Militärstrategie, Multilateralismus versus unilaterale Selbsthilfe, Kulturdialog statt Machtprojektion, Krisenprävention statt militärischer Intervention, Ausbau des internationalen Rechts statt nationaler Macht, Stärkung der UNO statt der Nato, integrative statt konfrontativer Politik.

Die Entscheidung für die eine oder andere Konzeption führt zu einem markanten Unterschied im außenpolitischen Engagement: Realisten lassen den Dingen ihren Lauf und greifen erst ein, wenn Gefahr droht. Konstruktivisten betreiben eine vorausschauende Politik zur Gestaltung der Welt. Integrative Außenpolitik versucht, alle Probleme und Akteure einzubeziehen. Sie strebt eine im Kern gemeinsame Strategie aller Ministerien an, die in den Außenbeziehungen Gewicht haben, koordiniert vom Außenministerium. Realisten akzeptieren die Beteiligung anderer Ministerien an dem, was sie »vernetzte Sicherheit« nennen, sehen aber das Verteidigungsministerium letztlich als die Kernbehörde.

Die Differenzen, die in den Begriffspaaren zum Ausdruck kommen, müssen nicht unbedingt antagonistisch gesehen werden. Die Positionen könnten sich sogar ergänzen. Schließlich war auch der Neorealismus mit seinen Bündnisbildungen und der Beschränkung auf militärische Defensive ein Fortschritt in der Zivilisierung angesichts des früheren offensiven Kampfes aller gegen alle. Auch integrative Konstruktivisten, die auf eine weitere Zivilisierung der internationalen Beziehungen hinarbeiten, erkennen für den Fall, dass andere Akteure nicht kooperativ, sondern konfrontativ handeln, eine militärische Rückversicherung als angebracht an. Dennoch werden sie immer zuerst versuchen, alle Staaten und Völker, die von einem Problem betroffen sind, integrativ einzubeziehen und unter Achtung kultureller Differenzen pro-aktiv einen fairen Interessenausgleich herzustellen. Staaten, die in diesem Prozess einen Teilverzicht nationaler Interessen anbieten, also in einseitige Vorleistung treten, müssen aber die Selbst-Sicherheit besitzen, für den Fall, dass andere Seiten falsch spielen, sich wieder auf das engere nationale Interesse zurückziehen und dieses notfalls auch militärisch schützen zu können. Militärische Potenziale dienen in diesem Modell also nicht der Durchsetzung nationaler Interessen, sondern der Eigensicherung gegenüber Akteuren, die den integrativen Verhandlungsansatz als Schwäche interpretieren und machtpolitisch auszunutzen versuchen.

Warum aber soll ein Staat dann nicht in Verhandlungssituationen von vornherein defensiver agieren? Weil zahlreiche Erfahrungen zeigen, dass sich nichts bewegt, wenn nicht einer mutig vorangeht. Das Warten auf eine gleichzeitige Lösung für alle kann Ewigkeiten dauern, wie etwa der Nahost-Konflikt zeigt. Die Friedensbewegung in der BRD der 1980er Jahre hat gefordert, die Militärblöcke aufzulösen und mit einseitigen Schritten bei uns zu beginnen. Die Bundesrepublik sollte in Vorleistung treten und einseitig abrüsten. Wie wir wissen, ernteten die Pazifisten von der konservativen Bundesregierung nur Hohngelächter. Die Blockkonfrontation aber ging zu Ende, als eine andere Seite unverhofft mit einseitigen Abrüstungsschritten voranging. Die Sowjetunion, aus ökonomischen Gründen zum Wandel gezwungen, setzte mit einer schrittweisen Verkleinerung ihres Atomraketenarsenals die Nato unter Handlungsdruck. Und plötzlich war der Ost-West-Konflikt zu Ende.

Beide Denkschulen finden ihre praktizierenden Verfechter. Offensichtlich vertreten die USA den neorealistischen Ansatz, während die Europäische Union zur integrativen Politik neigt. Die USA denken gar nicht daran, ihre Position als atomare Supermacht zur Disposition zu stellen, die Europäische Union favorisiert die *Soft Power* einer »Zivilmacht«[81] einschließlich ihrer wirtschaftlichen Potenziale. Bei den amerikanischen Demokraten kann man – ohne dass sie den Supermachtstatus in Zweifel ziehen – einige konstruktivistische Tendenzen erkennen, während die Republikaner ihre Werteorientierung nicht in multilaterale Verhandlungsprozesse einfließen lassen, sondern mit »realistischen« Methoden, notfalls per Kreuzzug, der Welt aufdrücken wollen.

In den deutschen Parteien sind jeweils beide Denkschulen präsent, aber mit unterschiedlicher Gewichtung. Bei CDU, CSU und FDP haben Neorealisten und Neoliberale ein deutliches Übergewicht. Wenn sie zur Zurückhaltung mahnen, dann nicht, weil nationale Machtpolitik ihren Werten widerspräche, sondern weil sie Deutschland nicht als potent genug ansehen, sich stärker aufzuplustern. Zurückhaltung ist hier also Ausdruck nationalen Interesses. Grüne und Sozialdemokraten vertreten eher den integrativen Zivilmachtansatz, die Grünen ausgeprägter als die SPD. Bei der SPD gibt es starke Verfechter eines nationalen Interessenstandpunkts. Bei den Grünen wiederum sind einflussreiche Gruppen bereit, für Menschenrechte auch unkalkulierbare militärische Abenteuer einzugehen. Die Linkspartei verfolgt einen verquasten Linksnationalismus, der meint, globale Werteorientierung mit nationalem Trotz durchsetzen zu können. Euro-Gegner vertreten einen Interessennationalismus pur.

Auch wenn sich in der bundesdeutschen Gesellschaft ein Mainstream entwickelt hat, der sich, gemessen am Militarismus und Chauvinismus eines früheren Großdeutschlands, als wohltuend zivilisiert darstellt, stehen bei Bundestagswahlen unterscheidbare Varianten zur Abstimmung: Selbstgenügsame Beschränkung auf die eigene Wohlstandssicherung oder pro-aktives Eintreten für eine weitere Zivilisierung der Weltgesellschaft.

Anhang

Was bleibt vom Pazifismus? [82]

Pazifismus und Gewissen – sie sind letzte Berufungsinstanz für alle, die eine deutsche Beteiligung an den militärischen Maßnahmen zur Bekämpfung des Terrorismus ablehnen. Ein solcher Pazifismus setzt sich als universelle Ethik, an deren Ansprüchen der Pragmatismus jeder Regierung scheitert. Aber: Kann die pazifistische Gesinnung diesen Absolutheitsanspruch mit Recht erheben? Oder drücken sich nicht viele, die sich Pazifisten nennen, vor der Verpflichtung, die politische Bedingtheit ihrer Grundeinstellung zu bedenken und zur Debatte zu stellen?

Das biblische Tötungsverbot muss gewiss die ethische Grundlage allen politischen Handelns bilden. Religionsgemeinschaften legen es zugrunde, wenn sie ethische Leitlinien für den Waffengebrauch aufstellen. Doch sie wissen, dass Ethik nicht in eine einzige Handlungsmoral zu übersetzen ist. Das tun nur religiöse Fundamentalisten. Wer keinen Gottesstaat will, lässt der Politik die Freiheit der Entscheidung, mahnt jedoch zu einem abgewogenen Urteil. Gerade indem die Kirchen sich als außerpolitische Instanz begreifen, erfüllen sie ihre normative Aufgabe. Innerhalb des Politischen ist ein abstrakter gesinnungsethischer Pazifismus handlungsunfähig.

Anders der politische Pazifismus. Er ist normengeleitet, aber er ist sich gleichermaßen seiner historischen Bedingtheit bewusst. Jede Zeit hat ihre eigenen Bedrohungen und Feindbilder. Der politische Pazifismus wendet sich nicht nur gegen falsche Feindbilder, sondern beansprucht auch, Antworten auf die Bedrohung selbst zu bieten. Die pazifistische Konsequenz der einen Zeit gibt nicht unbedingt plausible Antworten auf die Bedrohungen einer anderen.

Der politische Pazifismus der frühen Sozialisten, der sich gegen das Tschingderassabum eines nationalstaatlichen Imponiergehabes wehrte, hatte sein Recht. Die armen Schlucker der Arbeiterklasse mochten das Gefühl gehabt haben, für die Expansionsinteressen hoher Herren verheizt zu werden. Aber sind solche Motive heute noch triftig? Im Proletkult der DDR und der neuen Linken Westdeutschlands kam diese Stimmung auch nach dem Zweiten Weltkrieg wieder hoch. Aber sie verschwand, wie auch der heroische Auftrag der Arbeiterklasse zur Bildung einer neuen Gesellschaft an Überzeugungskraft verlor. In den Zeiten moderner Demokratien hat der klassenkämpferische Pazifismus ausgedient.

»Nie wieder Krieg, nie wieder Auschwitz!« So lautete die pazifistische Konsequenz aus den Erfahrungen mit Nationalsozialismus, Antisemitismus und Militarismus. Diese Haltung der Nachkriegszeit, die Protestbewegungen bis in die späten 60er-Jahre hinein prägte, war ein epochaler Fortschritt. Selbst wenn dieser strenge »Ohnemich«-Pazifismus in der Minderheit blieb, so wurde er doch in gemäßigter Form zur Grundhaltung der Nachkriegsgenerationen. Aber im Laufe der Zeit verschwand die aus der jüngsten Geschichte herrührende Angst vor den Deutschen. Das deutsche Ansehen in der Welt wuchs, gerade auch wegen der militärischen Zurückhaltung und des Selbstverständnisses als zivile Macht.

Auch dieser Nachkriegspazifismus der 50er- und 60er-Jahre gibt keine Antwort mehr auf heutige Fragen. Mehr noch, der Kosovo-Krieg hat gezeigt, dass die pazifistischen Postulate »Nie wieder Krieg, nie wieder Auschwitz« nur noch schwer zu vermitteln waren: Wer den Antimilitarismus retten wollte, musste das faschistische und völkermörderische Treiben gegen die Kosovo-Albaner hinnehmen. Wer ethnische Säuberungen, als Konsequenz aus der faschistischen Vergangenheit, verhindern wollte, musste Ja sagen zu einem bedingten Militäreinsatz.

In den 70er-Jahren speiste sich der Pazifismus als Folge des Vietnam-Kriegs aus antiimperialistischen Motiven. Für eine Politik der Industriestaaten gegen die Entwicklungsländer, für den Kampf gegen Befreiungsbewegungen wollten viele Menschen nicht zu den Waffen greifen. Auch dieser Pazifismus hatte gute Gründe, gibt aber keine Antwort auf heutige Fragen. Das militärische Eingreifen der Allianz gegen den Terror in Afghanistan dient nicht der Unterdrückung des afghanischen Volkes, sondern seiner Befreiung. Nicht Knechtung ist das Ziel, sondern Emanzipation. Nicht Rohstoffinteressen sind bestimmend, sondern Verteidigung gegen neue terroristische Angriffe. Gegen ein Sendungsbewusstsein, das sich zum massenmörderischen Wahn gesteigert hat, helfen meist keine Verhandlungen. Notfalls muss es niedergerungen werden. Dafür gibt es Beispiele in der Dritten Welt selbst: Erst der Einmarsch der Vietnamesen in Kambodscha legte den Roten Khmer das blutige Handwerk, und erst die Intervention Tansanias stoppte den Massenmörder Idi Amin in Uganda. Überlebt hat sich auch der in den 80er-Jahren entwickelte Nuklear-Pazifismus. Die Konfrontation zweier hochgerüsteter Militärblöcke, die nukleare Abschreckungsstrategie, die Gefahr, dass mutwillig oder fahrlässig der atomare Holocaust ausgelöst werden könnte, trieb Hunderttausende auf die Straße. Auch dieser Pazifismus, die »neue Friedensbewegung«, war legitim, gibt aber keine Antwort auf heutige Fragen. Die Kontrolle und Abrüstung von Massenvernichtungswaffen bleibt als wichtige Aufgabe bestehen, auch wenn die Zuspitzung der 80er-Jahre durch die Auflösung des Warschauer Paktes, die START-Verträge und die Annäherung von Nato und Russland beseitigt wurde. Massenvernichtungswaffen in den Händen von Terroristen – das ist die neue Gefahr, eine reale, nicht nur ein falsches Feindbild. Die Parole »Kampf dem Atomtod« wird al-Qaida wenig beeindruckt haben.

Die aufgelöste Blockstruktur hinterließ ein Vakuum. Die Großorganisationen beeilten sich, sich als Ordnungsmacht auf dem politischen Markt anzubieten und als Garanten einer neuen Friedensordnung darzustellen: Der Pazifismus der 90er-Jahre versuchte nunmehr, OSZE und EU gegenüber der Militärorganisation Nato stärker zur Geltung zu bringen. Er wollte die Nato in eine – stärker nicht militärische – Sicherheitsstruktur auflösen, die die ehemaligen Feindmächte von Vancouver bis Wladiwostok umfasste. Auch dieser Pazifismus hatte politische Perspektiven, die keine Antwort auf die neue Bedrohung geben können. Inzwischen nähern sich bei der Bekämpfung des Terrorismus die ehemaligen Blockvormächte USA und Russland, ebenso ihre ehemaligen Verbündeten und Satelliten, in einer Art und Weise an, wie die Vertreter einer gesamteuropäischen Sicherheitsgemeinschaft es sich immer gewünscht hatten.

Das neue Jahrhundert begann mit einer neuen Bedrohung, einem neuen Feind. Für Pazifisten waren Feinde oft nur Projektionen, Vorwände derer, die aus Eigeninteresse – Macht, Geld – Krieg führen wollten. Das Eintreten gegen Feindbilder war deshalb eine der vornehmsten Aufgaben des Pazifismus. Doch heute gilt: Es gibt nicht nur eingebildete Feindbilder, es gibt auch wirkliche Feinde, Feinde, die nicht in den Kategorien zwischenstaatlicher Konflikte zu fassen sind. Nicht mehr Staaten und Völker kämpfen gegeneinander, nicht mehr Blöcke rüsten auf. Mit extremer verbrecherischer Energie kämpft eine international vernetzte Nichtregierungsorganisation gegen die moderne globalisierte Welt. Eine verbrecherische Schattengesellschaft will die Grundlagen der Moderne unterminieren. Diese »privatisierte Gewalt« (Eppler) ist nicht als falsches Feindbild abzutun.

Doch es ist verblüffend, welche Verdrängungsleistung manche Pazifisten aufbringen, um das bisherige Weltbild gegen neue Erkenntnisse abzuschotten. Erst wollen sie die Anschläge in New York und Washington nicht als bewaffneten Angriff begreifen. Dann wird – das Verblassen der schockierenden Bilder und die allgemeine Verdrängung nutzend – der kritische Blick auf die gerichtet, die den aktiven Kampf gegen den Terror aufnehmen. Man lehnt sich zurück und kritisiert die Strategie, prangert die an, die beim Kampf gegen den Terror auch Unschuldige treffen. Unversehens werden antiimperialistische Muster neu aufgelegt – Opfer zu Tätern erklärt. So erübrigt sich auch die Antwort auf die Frage nach der besseren Strategie.

Ein Pazifismus, der als politische Kraft ernst genommen werden will, darf nicht die Realitäten verdrängen, um ein Weltbild zu retten. Er darf nicht nur die anderen kritisieren, er muss selbst Antworten geben. Frühere Pazifisten haben dies versucht. Die Nuklearpazifisten forderten Abrüstung und Auflösung der Militärblöcke – eine Kritik an der geltenden Sicherheitspolitik, aber zugleich die, wenn auch umstrittene, Antwort auf die zugrunde liegende Bedrohung. Der Pazifismus der 90er-Jahre kritisierte nicht nur das Revival der Nato, er entwickelte die Idee einer gesamteuropäischen Sicherheitsgemeinschaft. Heute ist eine Antwort auf die »privatisierte Gewalt» verlangt. Wer redlich argumentiert, wird zugeben, dass militärische Mittel allein die Terroristen nicht in die Knie zwingen werden. Umgekehrt aber können nicht militärische Mittel allein dieses Ziel ebenso wenig erreichen.

Zudem erwartet die internationale Gemeinschaft längst einen deutschen Beitrag, auch militärischer Art, zur Lösung regionaler und globaler Konflikte. Aber weiterhin gilt: Deutschland darf nicht dominant auftreten, das große Land im Zentrum Europas muss eingebunden bleiben in internationale Strukturen. Selbsteinbindung und Selbstbeschränkung, dies sind zwei Leitlinien einer deutschen Außenpolitik, die Nachbarn die Sorge nimmt – vor deutscher Aggressivität und vor deutscher Verweigerung. Militärische Machtprojektion um politischer Ziele willen – solche Drohgebärden konservativer Nationalstaatlichkeit wollen unsere Nachbarn nicht mehr erleben. Aber Verunsicherung und Befremden verursachen die Deutschen auch, wenn sie sich zwar einbinden in internationale Organisationen, die dort getroffenen Entscheidungen aber selber nicht umsetzen wollen, mit Rücksicht auf die verbrecherische Geschichte. So entsteht der Verdacht, sie wollten sich hinter der Geschichte verstecken und anderen die Lasten aufbürden.

Ein Pazifismus, der bewaffnete Gewalt minimieren will, hat eine wichtige Aufgabe: die Rolle des Militärischen zurückzudrängen und dafür zu sorgen, dass nicht unter dem Vorwand der terroristischen Gefahr militärische Mittel für ganz andere Ziele eingesetzt werden. Politischer Pazifismus heute heißt: Einsatz für das Primat der Politik und die Unterordnung militärischer Schritte unter politische Strategien, für die zentrale Rolle der Vereinten Nationen, die Geltung des humanitären Kriegsvölkerrechts und die Verhältnismäßigkeit der Mittel, für humanitäre Hilfe und Menschenrechte, für Auswärtige Kulturpolitik und den Dialog der Kulturen, für Entwicklungshilfe und Institutionenbildung, für *Global Governance* und eine internationale Strukturpolitik, die auf globale Gerechtigkeit zielt. Pazifismus heute kann militärische Gewalt als *ultima ratio*, als letztes Mittel, nicht leugnen, kämpft aber für die *prima ratio*, die zivilen Mittel der Krisenprävention. Der Ort eines so verstandenen politischen Pazifismus ist nicht das politische Niemandsland. Auch nicht der des folgenlosen Protests. Es gilt, Verantwortung und Risiken mitzutragen.

Beim Kampf gegen den Terror hat die internationale Staatengemeinschaft, legitimiert durch die UNO, zum ersten Mal in der Geschichte der Menschheit ansatzweise im Sinne einer Weltinnenpolitik gehandelt. Der 11. September hat diese neue Epoche eingeleitet. Noch ist der Wandel nicht perfekt. Noch ist das Völkerrecht um die Gestalt des zwischenstaatlichen Konflikts konstruiert, muss »privatisierte Gewalt« territorialstaatlich zuordnen. Erst in Ansätzen ist auch in der Sicherheitspolitik Globalisierung zu erkennen, die in Wirtschaft und Umweltfragen längst unser Bewusstsein bestimmt. Doch war es nicht Weltinnenpolitik, was Pazifisten wollten? Wer realistischerweise nicht erwartete, dass Gewaltkonflikte plötzlich verschwinden, konnte nur hoffen, dass sie in rechtlichen Bahnen bewältigt würden, die zunehmend stärker den Maximen der Innenpolitik demokratischer Staaten folgten.

Die USA, verdächtigt, die UNO zu schneiden, eigene Interessen unilateral zu verfolgen und sich zu wenig um globale Fragen zu scheren, entdecken inzwischen, dass sie Freunde brauchen, und liebäugeln wieder mit dem Multilateralismus. In der Tat, vielleicht nur aus der Not geboren. Russland und China orientieren sich neu in der Sicherheitspolitik. Sicherlich nicht uneigennützig. Doch gerade jetzt wäre es doch Aufgabe der Pazifisten, statt dies ideologiekritisch zu denunzieren, die Chance zu nutzen. Gerade jetzt muss eine multilaterale Weltordnungspolitik gegenüber unilateraler Supermachtpolitik gestärkt werden. Gerade jetzt verlangt die schwierige Beziehung der islamisch-arabischen Welt mit dem Westen den von Pazifisten seit langem geforderten interkulturellen Dialog. Noch nie waren die Aussichten so groß, dass sich die internationale Staatengemeinschaft auf Methoden zur Krisenprävention und zivilen Konfliktbearbeitung verständigt. Die Bundesregierung hat ihre eigenen Mittel dafür energisch ausgebaut.

Die Perspektive einer Weltinnenpolitik, so undeutlich sie noch sein mag, bietet auch die Chance zur Versöhnung verschiedener außenpolitischer Denkschulen. Der klassische Realismus, der nur eine anarchische Konkurrenz von Nationalstaaten kannte, die mit allen Mitteln zu ihrem jeweiligen Vorteil arbeiten, hat rapide an Boden verloren. Langsam haben sich sogenannte institutionelle Ideen als Leitmotive internationaler Politik durchgesetzt: Es nützt dem eigenen Staat, wenn er sich in regionale Bündnisse einbindet. Es dient dem eigenen Sicherheitsinteresse und dem Schutzbedürfnis der Partner. Die Terroranschläge waren Anlass, dieses Denken auf die globale Ebene zu übertragen. In der Weltinnenpolitik treffen sich die Gedanken der etablierten Außenpolitik und eines neuen politischen Pazifismus. Sollen die alten Pazifisten ausgerechnet jetzt aus der Politik aussteigen, nur weil militärische Mittel nicht ganz verzichtbar sind?

Dank

Nachdem ich 2007 begonnen hatte, die vorliegenden Texte nach und nach auf meiner Website (www.ludger-volmer.de) zu veröffentlichen, ergab sich Ende 2012 unverhofft der Kontakt zum wiedergegründeten Europa Verlag. Zu danken habe ich Verleger Christian Strasser für die freundliche Annahme des Manuskripts, Martin Häusler für die Vermittlung, Annette Barth für das Lektorat und Bärbel Keiderling für Schreibarbeiten. Nicht zuletzt habe ich all den Freunden und Kollegen zu danken, mit denen ich mehr als zwei Jahrzehnte lang an der Baustelle »Zivilmacht Deutschland« arbeiten durfte.

Anmerkungen und Quellenangaben

1   Mc Cormack, R.W.B. (2002): *Mitten in Berlin. Feldstudien in der Hauptstadt*, München, S. 164.

2   Das »Amt« hört sich zwar niedlich an, ist aber eins der personalstärksten Ministerien. Es ähnelt einem internationalen Konzern, mit über 2000 Mitarbeitern in der Zentrale und etwa 10 000 in circa 230 Auslandsfilialen, den deutschen Vertretungen. Ressortchef ist der Außenminister. Er führt die Geschäfte selbstständig, im Benehmen mit dem Bundeskanzler, trägt die Gesamtverantwortung und hat das letzte Wort. Die Amtsleitung besteht aus dem Minister, zwei Staatsministern und zwei beamteten Staatssekretären (unser Jargon: The Big Five). Die allmorgendlich tagende erweiterte Leitung umfasst die Direktoren der Abteilungen und einige Stabsstellen (D-Runde). Die Staatsminister, die gegenüber dem Ausland als stellvertretende Außenminister gelten, sind dem Amt »beigegeben«. Sie sind per definitionem Abgeordnete des Deutschen Bundestags, als solche nur ihrem Gewissen verpflichtet und deshalb keine Weisungsempfänger des Ministers. Umgekehrt können sie nicht die Beamtenschaft anweisen. Sie sind also auf ihre Überzeugungskraft und ihre »Hausmacht« in Partei, Parlament und Beamtenapparat angewiesen.

3   Volmer, Ludger (1998): *Die Grünen und die Außenpolitik – ein schwieriges Verhältnis*, Münster.

4   Die österreichische Kollegin Ferrero-Waldner wurde später EU-Außenkommissarin.

5   Gustav Nachtigal war ein deutscher Arzt, Afrikaforscher und Pionier des deutschen Kolonialismus. Nahm 1884 als »Reichskommissar für Deutsch-Westafrika« Togoland in deutsche Schutzhaft. Bekämpfte den Sklavenhandel.

6   Siebold, Thomas (1993), in: Nohlen, Dieter; Nuscheler, Franz: *Handbuch der Dritten Welt 4*, Hamburg, S. 227 ff.

7   Heute im Höheren Dienst eines Bundesministeriums tätig.

8   Paul von Lettow-Vorbeck war bis zum Ende des Ersten Weltkriegs Oberkommandierender des deutschen Ost-Afrika-Korps. Hatte zuvor in »Deutsch-Südwest« an der völkermörderischen Niederschlagung des Herero-Aufstands teilgenommen.

9   Als wir Bischof Tutu verließen, stand vor der Kirchentür eine Gruppe von Demonstranten gegen uns. Es handelte sich um eine US-amerikanische, rechtsradikale Politsekte, die Petra Kelly fast ununterbrochen verfolgte. (Die Sekte gehörte dem Netzwerk von LaRouche an, das damals als »Europäische Arbeiterpartei« firmierte und heute noch in Deutschland als »Bürgerbewegung Solidarität« bei Wahlen antritt.) Zu Hause angekommen, fehlten in unserem Gepäck, das in Johannisburg bei der Lufthansa aufgegeben worden war, viele Dinge mit Informationswert wie Kassetten, private Aufzeichnungen, Hausschlüssel. Da musste ein Geheimdienst die Koffer durchwühlt haben. Woher wussten er und die Sekte von unserer Aktion, die heimlich organisiert worden war? Wer weiß? Der Chef des deutschen Verfassungsschutzes hieß damals Heribert Hellenbroich. Eine Führungsfigur des LaRouche-Netzwerks hieß Anno Hellenbroich. Sie waren Brüder. Vgl. http://www.agpf.de/LaRouche-Konzern.htm#Hellenbroich.

10 Birnbaum, Michael (2000): *Die schwarze Sonne Afrikas*, München.

11 Nyerere, Julius K. (1977): *Bildung und Befreiung*, Frankfurt/Main.

12 Leakey, Edward/Lewin, Roger (1978): *People of the Lake (Wie der Mensch zum Menschen wurde)*. Leakey, Edward (1984): *One Life* (Autobiografie).

13 Michener, James A. (1990): *Karibik*. Düsseldorf, Wien, New York, S. 15.

14 Frithjof Schmidt war später selber Europa- und Bundestagsabgeordneter.

15 Mulisch, Harry (1993): *Die Entdeckung des Himmels*. Reinbek bei Hamburg.

16 Humboldt, Alexander von (1858): *Reise in die Äquinoktial-Gegenden des Neuen Kontinents*. Erster Band, S. 13, Frankfurt/Main und Leipzig 1999.

17 Ingrid Betancourt wurde Anfang Juli 2008, nach sechsjähriger Geiselhaft, befreit. Sie sprach sich vehement gegen Verhandlungen und für ein hartes Vorgehen gegen die Kidnapper aus.

18 MacShane, Dennis/Volmer, Ludger (2002): *Kolumbien – Zeit für einen Neuanfang.* Abgedruckt u. a. in: International Herald Tribune, 1. April 2002.

19 1975, Drehbuchautor war Antonio Skármeta, der uns gleich noch begegnen wird.

20 Eindrucksvoll schildert der preisgekrönte halb dokumentarische Spielfilm »No!«« des chilenischen Regisseurs Pablo Larraín aus dem Jahr 2012 die Vorgänge: die brutale Arroganz der Macht, die Zweifel der Opposition, den Willen des Volks zur Selbstbefreiung, die feindlichen Kampagnen, Angst und Hoffnung der Bevölkerung.

21 Skármeta, Antonio (1978), in: *Napasonada (Nix passiert,* Darmstadt 1980).

22 Siehe vorhergehendes Kapitel.

23 Juche. Spricht sich nicht »Juchhee!«, sondern etwa »Dsutsche«. Beim Ds wird dabei die Zunge wie beim englischen »th« zwischen die Zähne geschoben.

24 Theweleit, Klaus (2004): *Tor zur Welt. Fußball als Realitätsmodell,* Köln.

25 Der »Spiegel« nutzte seine Chance nicht, über die Reise zu berichten. Zwar hatte Jürgen Hogrefe (später Schröder-Biograf) einen langen Fortsetzungsartikel geschrieben. Aber die Zentrale lehnte ab. (»Nichts Positives über Volmer«, sei dort die Devise, berichtete mir später ein Redakteur.) Richard Meng berichtete in der »FR« ausführlich. Der »SZ«-Redakteur Henrik Bork war Asienkorrespondent, berichtete ebenfalls ausführlich und besuchte in der Folge bis heute oft Nordkorea.

26 *James Bond. Stirb an einem anderen Tag,* USA/UK 2002.

27 Schröder, Gerhard (2005): *Entscheidungen. Mein Leben in der Politik,* Hamburg, S. 110.

28 taz, 12. April 1999: *Die Rambouillet-Lüge. Was wusste Joschka Fischer?* Von Andreas Zumach. Auf diesem Artikel fußten zahlreiche weitere »Enthüllungen«, etwa der Monitor-Beitrag *Es begann mit einer Lüge* vom 8. Februar 2001.

29 Schätzing, Frank (2006): *Lautlos.* München, S. 675 ff.

30 Z. B. Joetze, Günter (2001): *Der letzte Krieg in Europa? Der Kosovo und die deutsche Politik,* Stuttgart–München. Joetze hat u. a. anhand der ihm offengelegten offiziellen Dokumente und Protokolle recherchiert.

31 Als späterer Verkehrsminister in Baden-Württemberg konnte er den Bahnhofsumbau Stuttgart 21, den er ablehnte, auch nicht verhindern.

32 Kant, Immanuel (1795): *Zum ewigen Frieden,* Königsberg.

33 Schätzing, a. a. O., S. 344.

34 Huntington, Samuel P. (1996): *The Clash of Civilizations and the Remaking of World Order.* Dt.: *Kampf der Kulturen. Die Neugestaltung der Weltpolitik im 21. Jahrhundert,* München/Wien.

35 Ipsen, Knut (2004): *Völkerrecht.* 5. Aufl., München, S. 1087.

36 Solche Schrulligkeiten reichen, um sich als »linkes« Gegengewicht im grüninternen Gerangel zu gerieren und im Zuge des inneren Links-Rechts-Ausgleichs Landesverkehrsminister zu werden.

37 Z. B. Le Duc Tho, Menachem Begin, Nelson Mandela, Jassir Arafat.

38 Die politische Sozialpsychologie hat seit den 30er Jahren des letzten Jahrhunderts den Zusammenhang von sexueller Repression, autoritärem Charakter und Gewaltbereitschaft untersucht. Es begann mit Reich, Wilhelm (1931): *Der masochistische Charakter. Eine sexual-ökonomische Widerlegung des Todestriebes* und kulminierte in den Schriften des »Instituts für Sozialforschung« der »Frankfurter Schule«, z. B. in der *Theorie der Nekrophilie* in: Fromm, Erich (1974): *Anatomie der menschlichen Destruktivität.* Stuttgart.

39 Follett, Ken (1986): *Die Löwen.* Bergisch-Gladbach. Kaye, M. (1978): *Palast der Winde.* Roman (Kapitel: 8. Buch), Frankfurt/Main.

40 http://www.newamericancentury.org/lettersstatements.htm: *Letter to President Clinton on Iraq,* January 26, 1998 (»... auf lange Sicht heißt dies, Saddam und sein Regime von der Macht zu verdrängen. Genau das muss nun das Ziel amerikanischer Außenpolitik werden. Wir bitten Sie nachdrücklich, dieses Ziel zu formulieren und die Aufmerksamkeit Ihrer Administration der Durchsetzung einer Strategie zur Verdrängung Saddams von der Macht zuzuwenden. Dies wird den vollen Einsatz diplomatischer, politischer und militärischer Anstrengungen erfordern ...«).

41 Ebd.: *Letter to President Bush on the War on Terrorism,* September 20, 2001. Interessant, dass die Neocons im weiteren Text dieses Briefes Colin Powell zuschreiben, Saddam Hussein im Zusammenhang mit Osama Bin Laden genannt zu haben. (»... Aber selbst wenn eine Verbindung des Irak mit den Attacken nicht unmittelbar erkennbar ist, muss jede Strategie zur Beseitigung des Terrorismus und seiner Förderer eine entschiedene Anstrengung einschließen, Saddam Hussein von der Macht im Irak zu entfernen. Unzulänglichkeiten beim Unternehmen einer solchen Anstrengung werden eine frühzeitige und vielleicht entscheidende Niederlage im Krieg gegen den internationalen Terrorismus begründen ...«).

42 Blix, Hans (2004): *Mission Irak. Wahrheit und Lügen,* München, hier S. 197.

43 Der Zwischenfall im Golf von Tongking war für die USA 1964 der Vorwand zum Eingreifen in Vietnam.

44 Auch Blix datiert die Entscheidungsfindung in der Bush-Administration, vgl. Blix, Hans, ebd. S. 24, und den Beginn der amerikanisch-britisch-spanischen Kampagne zur Irreführung der Weltöffentlichkeit, vgl. ebd. S. 85, auf diesen Zeitpunkt.

45 »Namentlich nennen, anklagen, verurteilen«.

46 Volmer, Ludger, *Bundestagsreden,* in: Deutscher Bundestag Plenarprotokoll 15/10 vom 14. November 2002, S. 543 ff.; 15/24 vom 12. Februar 2003, S. 1850 f.; und besonders ausführlich in Plenarprotokoll 15/26 vom 13. Februar 2003, S. 1899 ff.

47 1993 hatte ich als Parteivorsitzender gemeinsam mit Marianne Birthler die offiziellen Parteibeziehungen zum Zentralrat der Juden in Deutschland unter dem Vorsitz von Ignaz Bubis hergestellt (nachdem insbesondere Antje Vollmer immer wieder informelle Kontakte gesucht hatte).

48 Herzog, Roman (2007): *Jahre der Politik. Die Erinnerungen,* München, S. 359.

49 Vgl. dazu Volmer, Ludger (1998): *Die Grünen und die Außenpolitik – ein schwieriges Verhältnis,* Münster, Kap. II 6.3 und III 3.3.

50 Mit Marianne Tritz MdB und den Nahost-Experten Jörn Böhme, vor Ort begleitet von Christian Sterzing, Ex-MdB (Heinrich-Böll-Stiftung Ramallah) und Julia Scherf (Heinrich-Böll-Stiftung Tel Aviv).

51 Vgl. dazu Kapitel 11.

52 Außer Libyen sind das Tunesien, Algerien, Marokko, Mauretanien.

53 Der Barcelona-Prozess hat einen erfreulichen Nebenaspekt: Deutschland liegt am Mittelmeer!

54 Jassir Arafat erklärte mir gegenüber bei einem späteren Treffen, er habe von der Initiative gewusst und sie gebilligt. Von israelischer Seite sind mir keine ähnlichen Äußerungen bekannt. Vgl. zum Gesamtkomplex Perthes, Volker (2003): *Geheime Gärten. Die neue arabische Welt.* Berlin, S. 177 ff.

55 Micha Brumlik (2012): *Siedlungen gefährden Israels Demokratie,* in: Süddeutsche Zeitung, 3. Dezember 2012.

56 Boutros-Ghali, Boutros (1992): *Agenda für den Frieden. Vorbeugende Diplomatie, Friedensschaffung und Friedenssicherung.* Bericht des Generalsekretärs, 17. Juli 1992 (www.un.org).

57 Im Anhang dieses Buches dokumentiert.

58 Europäische Union (2003): *Ein sicheres Europa in einer besseren Welt,* Brüssel.

59 Goethe, Johann Wolfgang von (1808): *Faust, Eine Tragödie. Erster Teil. Vor dem Tor,* in: Goethes Werke in sechs Bänden, Wiesbaden, S. 278.

60 So lautet auch das Thema eines Hauptseminars, das ich seit 2006 am Otto-Suhr-Institut der Freien Universität Berlin anbiete.

61 Vgl. S. 131.

62 Ursprünglich stammt der Spruch vom römischen Komödien(!)-Dichter Titus Plautus: »Homo homini lupus est.« Der Liberalismus missbrauchte ihn zur Begründung seiner sozialdarwinistischen Gesellschaftstheorie.

63 Münkler, Herfried (2002): *Die Neuen Kriege,* Reinbek bei Hamburg.

64 Fukuyama, Francis (1992): *The End of History and the Last Man.* Dt.: *Das Ende der Geschichte,* München.

65 Elias, Norbert (1939): *Über den Prozess der Zivilisation,* 2 Bände, Basel (Neuauflage 1976 Frankfurt/Main).

66 Das Standardwerk des preußischen Kriegstheoretikers Clausewitz, Carl von (1832–1834): *Vom Kriege,* 3 Bände, Berlin.

67 Vergleiche die von nationalkonservativen deutschen Mannsbildern immer noch – aus angeblich literarischen Gründen – geschätzte verlogene Verherrlichung des Gemetzels bei Jünger, Ernst (1920): *In Stahlgewittern.* Roman (Neuauflage Stuttgart 2008), mit der Schilderung der Schlacht an der Somme bei Follett, Ken (2010): *Sturz der Titanen.* Köln.

68 Auch bekannt als »Vertrag von Paris«. Frank B. Kellogg war amerikanischer, Aristide Briand französischer Außenminister. Deutschland gehörte zu den elf Erstunterzeichnern. Das Nürnberger Tribunal nahm diesen Vertrag als Grundlage zur Beurteilung des nationalsozialistischen völkerrechtswidrigen Angriffskriegs.

69 Begründet von Morgenthau, vgl. Rohde, Christoph (2004): *Hans J. Morgenthau und der weltpolitische Realismus,* Wiesbaden. Vgl. auch hier im Text, S. 205.

70 So die Staatstheorie von Poulantzas, Nicos (1978): *Staatstheorie,* Hamburg.

71 Die Theorie wird entwickelt etwa bei Lebov, Richard N./Risse, Thomas (1995): *International Relations Theory and the End of the Cold War,* New York.

72 Lieblingswort von Angela Merkel.

73 Lieblingswort von Helmut Schmidt.

74 Gemeint ist der von Charles Sanders Pearce, William James und John Dewey Mitte des 19. Jahrhunderts begründete philosophische Ansatz, der die menschliche Entscheidungsfreiheit gegenüber religiösen Destinationslehren betont. Die richtungslose »Praxelei«, die sich in der Politik finden lässt, hat damit nichts gemein.

75 Kritisch dazu vgl. Hirsch, Joachim (1995): *Der nationale Wettbewerbsstaat,* Berlin.

76 Vgl. Huntington, Samuel (1996): *Kampf der Kulturen. Die Neugestaltung der Weltpolitik im 21. Jahrhundert,* München (siehe auch Fußnote 34). Vgl. dazu Senghaas, Dieter (1998): *Zivilisierung wider Willen. Der Konflikt der Kulturen mit sich selbst,* Frankfurt/ Main, sowie Müller, Harald (1999): *Das Zusammenleben der Kulturen. Ein Gegenentwurf zu Huntington,* Frankfurt/Main.

77 Die Fragestellung wird am Sonderforschungsbereich 700 an der Freien Universität Berlin untersucht.

78 Wegweisend waren hier das Institut für Entwicklung und Frieden in Zusammenarbeit mit der Universität Duisburg-Essen sowie das Berghof-Institut Berlin. Vgl. z.B. Debiel, Tobias/Fischer, Martina/Matthies, Volker/Ropers, Norbert (1999): *Effektive Krisenprävention. Herausforderungen für die deutsche Außen- und Entwicklungspolitik,* in: Reihe *Policy Paper* der Stiftung Entwicklung und Frieden, Nr. 12, Bonn. Das »zivilisatorische Hexagon« bietet ebenfalls Orientierung, vgl. Senghaas, Dieter (1994): *Wohin driftet die Welt?,* Frankfurt/Main, S. 17–49.

79 Vgl. Czempiel, Ernst-Otto (1991): *Weltpolitik im Umbruch. Das internationale System nach dem Ost-West-Konflikt*, München. Ders. (1999): *Kluge Macht. Außenpolitik für das 21. Jahrhundert*, München.

80 Vgl. z. B. Zürn, Michael (1998): *Regieren jenseits des Nationalstaates*, Frankfurt/Main. Vgl. Brand, Ulrich, et al. (2000): *Global Governance. Alternative zur neoliberalen Globalisierung?*, Münster. Vgl. Brozus, Lars (2002): *Globale Konflikte oder Global Governance? Kontinuität und Wandel globaler Konfliktlinien nach dem Ost-West-Konflikt*, Wiesbaden.

81 Vgl. Maull, Hanns W. (2007): *Deutschland als Zivilmacht*. In: Schmidt, Siegmar/ Hellmann, Gunther/Wolf, Reinhard (Hg.): *Handbuch zur deutschen Außenpolitik*, Wiesbaden.

82 Volmer, Ludger (2002): »*Was bleibt vom Pazifismus?*« Internes Papier, zuerst abgedruckt auf der Seite Dokumentation der Frankfurter Rundschau vom 7. Januar 2002; nachgedruckt in: Brücher, Gertrud (Hg., 2005): *Pazifismus als Diskurs. Studienmaterial der Fernuniversität in Hagen*. Ausschnittsweise in: Kaiser, Otto Petersen, Rohlfing (Hg., 2006): *Sammlungen für den Kirchen-, Schul- oder Unterrichtsgebrauch*. (Schlichting). Hier in leicht redigierter Form nachgedruckt.

Personen- und Sachregister